VERSAILLES. — IMPRIMERIE CERF, RUE DU PLESSIS, 59.

SUPPLÉMENT

À LA

GÉNÉALOGIE

DE LA

MAISON DE BREHANT

EN BRETAGNE

IMPRIMÉE EN 1867

SUIVI D'UN INDEX ALPHABÉTIQUE GÉNÉRAL
DES NOMS PROPRES

PARIS

LIBRAIRIE BACHELIN-DEFLORENNE

3, QUAI MALAQUAIS, 3

—

1869

TIRAGE :

150 Exemplaires sur papier glacé.

AVANT-PROPOS

—

Comme on peut s'étonner que le dernier représentant d'un nom sur le point de disparaître ait consacré tant de pages au passé de sa famille, il croit nécessaire d'entrer à cet égard dans quelques explications, pour qu'on ne lui prête pas des intentions autres que celles qui l'ont dirigé. Voici ce qu'il a eu surtout en vue : 1° fournir, en ce qui concerne les Brehant, quelques nouveaux documents à l'Histoire généalogique de la noblesse bretonne, dans l'hypothèse qu'un ouvrage traitant de cette matière sera plus tard l'objet d'un travail spécial ; 2° mettre en ordre, autant que possible, la Généalogie des Brehant, « si embrouillée jusqu'ici, » disent MM. J. Geslin de Bourgogne et A. de Barthélemy dans leurs *Anciens évêchés de Bretagne* ; 3° compléter jusqu'à nos jours la filiation de la branche de Galinée, de Mauron et de Plélo, et rectifier les erreurs capitales qui se sont glissées dans les diverses généalogies manuscrites et imprimées de cette branche, et 4° enfin, constituer les autres branches de la famille sur lesquelles on ne possédait antérieurement que des informations courtes, tronquées et souvent fautives. Là, il a eu beaucoup à faire, car ce qu'il a dit précédemment de ces diverses branches laissait à désirer. Le présent *Supplément* obvie, en grande partie, à cette insuffisance, sans pourtant y satisfaire entièrement. Est-on jamais complet, et toujours rigoureusement exact en matières généalogiques, malgré toutes les peines qu'on se donne pour obtenir ce résultat, surtout quand on remonte au-delà de 1400 ?

L'on fera remarquer en outre que les Brehant ne sont pas seuls intéressés dans leur Généalogie, et qu'en raison de leurs nombreuses alliances, beaucoup de familles nobles, appartenant à la Bretagne et aux autres provinces de France, y sont citées et mentionnées plus ou moins longuement.

Ainsi qu'on a pu le voir à la page 207 de la *Généalogie de Brehant*, l'on n'était alors que très-peu renseigné sur la *Branche du Chesnaye, de Lourme et de la Marche;* mais l'on est parvenu récemment à réunir un certain nombre de pièces authentiques qui ont permis de remplir cette lacune. Suivant ces pièces qu'on trouvera aux Preuves n° 32, tous les membres de cette branche étaient possessionnés dans la paroisse de Plestan et les paroisses limitrophes. Il est très-probable qu'avec Charlotte de Brehant, dame de la Ville-Gicquel, et Marguerite-Suzanne, filles de François de Brehant (XI), a fini la branche du Chesnaye, dont aucun membre n'est mentionné dans l'*Armorial général mss. de* 1696. Il y a tout lieu de croire aussi que Charlotte de Brehant avait épousé un membre de la famille Henry, seigneur du Vaurouel, de la Ville-Gicquel etc.

Quelques actes anciens que la *Généalogie de la maison de Brehant* se contente de mentionner ou d'analyser succinctement et que, pour cette raison, l'on avait l'intention de faire figurer *in extenso* dans ce *Supplément*, n'ont pu être retrouvés dans les archives de Chabrillan. Il est cependant incontestable que l'auteur de la *Généalogie mss.* (qui date maintenant de près de deux cents ans) a eu sous les yeux les originaux ou copies authentiques des actes qui en constituent les preuves, et que c'est sur eux qu'il a basé son travail. Que depuis lors plusieurs de ces actes aient disparu, cela n'a rien d'étonnant, si l'on fait la part des chances de perte auxquelles ils ont été exposés pendant une si longue période d'années, en y comprenant la révolution de 89 qui a passé dessus et contribué, plus encore que la main du temps, à l'annihilation et à la dispersion des titres de la noblesse. Au surplus les titres absents ne sont, relativement parlant, que d'une importance très-secondaire.

Les copies et extraits des actes et pièces provenant des Archives des Côtes-du-Nord, et qui sont reproduits dans ce *Supplément*, ont été délivrés par M. Boulanger, archiviste-adjoint du département.

PREMIÈRE PARTIE

ADDITIONS ET CORRECTIONS

A LA

GÉNÉALOGIE DE LA MAISON DE BRÉHANT

IMPRIMÉE EN 1807 (1)

ORIGINE ET PREMIERS SUJETS.

A la p. 71, l. 23 de la *Généalogie de Brehant*, il faut lire : « C'est un honneur auquel ils ne croient pas avoir le » droit de prétendre. »

A la p. 73, l. 2 de la même généalogie, au lieu de : « Norman signe jusqu'à Gén, mss. », *lisez :* « Norman signe » comme témoin à la fondation du prieuré de Lamballe, » faite par Geoffroi, duc de Bretagne, en date du 24 juillet » 1121. Guillaume de Brehant, fils de Norman, est présent » à la fondation du prieuré de Jugon par Olivier de Dinan, » en l'an 1109 : *ex parte vero Oliverii, ipse Oliv. Guillelmns* » *filius Norman de Brihant.* » (*D. Morice*, t. 1, col. 520, tirés de Marmoutiers).

---

(1) L'on a placé à la suite des *Additions et Corrections* les pièces principales qui en justifient pour qu'on ne soit point obligé de recourir aux *Preuves.*

1

Henricus Brehant, à la croisade en 1249 (note communiquée par M. L. Briant de Laubrière, auteur de l'*Armorial général de Bretagne*).

BRANCHE DE GALINÉE DE MAURON ET DE PLÉLO.

PREMIER DEGRÉ.

Jeanne de la Motte, qui épousa Pierre de Brehant, troisième fils de Jehan de Brehant, devait être la fille de Rolland de la Motte. On lit, d'une part, dans le *Nobiliaire et Armorial de Bretagne*, de M. P. de Courcy, à l'article *la Motte-Rouge* : « Rolland, chevalier du bailliage de Penthièvre à l'ost du duc en 1294. » (*D. Morice*, t. 1, col. 1110-1114) (1), de l'autre, l'on voit dans l'*Accord entre Guillaume et Jean de Brehant de* 1309 (D. Morice, t. I, col. 1224), où il est question de Pierre de Brehant qui épousa Jeanne de la Motte, figurer par son sceau et nominativement au nombre des témoins, *monsour Rolland de la Motte, chevalier*. Il est donc incontestable que le Rolland de l'acte est le même que celui cité dans l'*Ost du duc de Bretagne*, et qu'il était le père de Jeanne de la Motte, car à quel autre titre aurait-il pris part à l'*Accord de* 1309 ? Il est à remarquer, en outre, que les dates de 1294 et 1309, relativement à Rolland de la Motte et à Jeanne, considérée comme sa fille, concordent parfaitement. Malheureusement, la plupart des sceaux qui accompagnaient l'acte de 1309, n'existaient déjà plus du vivant même de D. Morice. L'on avait d'abord pensé que celui *chargé d'hermines* était le sceau de la maison de Dinan, c'est-à-dire le sceau de Rolland de la Motte, avant que les la Motte-Rouge eussent adopté les armes qu'ils portent présentement ; mais la note même de D. Morice, et la teneur de l'acte de 1309, semblent repousser cette hypothèse et démontrer que ce sceau était celui de la cour de Penthièvre. « Et ces choses ainsi faites, » fut jugé par jugement, le jugement de nostre cour mai-

---

(1) Madame C. de la Motte-Rouge a publié, d'après le texte original du fonds de la Chambre des comptes de Nantes, *Les Osts du duc de Bretagne*, document beaucoup plus complet que la copie de D. Morice.

» nant, etc. Donné tesmoing notre sceau establi ès contrats
» de Penthièvre, à la requeste d'iceux monsour Jehan et
» Guillaume, etc. »

IIᵉ DEGRÉ.

Guillaume de Brehant est employé dans la montre de
Bertrand du Guesclin du 1ᵉʳ juillet 1371, ainsi qu'on peut le
voir à la page 70, ligne 22 de la *Généalogie de Brehant*.
C'est de lui sans doute qu'il est question dans les extraits
d'actes de 1387 et 1411 empruntés aux archives des Côtes-
du-Nord. Voilà ce qu'en dit l'auteur de la *Généalogie mss.
de la maison de Brehant* : « Guillaume de Brehant, ainé,
» dont la postérité s'alla perdre dans la maison de Ché-
» millé et dans l'ancien Molac, après divers degrés et
» alliances que j'ignore et qu'il ne m'est pas possible de dé-
» tailler, par suite de la dispersion des titres qui a suivie
» celle des terres et des biens. »

D'après cela, n'est-il pas très-présumable, selon la concordance des dates et des lieux, que les sujets du nom de
Brehant qu'on va citer, tous possessionnés, avec Guilllaume
de Brehant, dans les paroisses de la même circonscription,
notamment Brehant-Moncontour, se rattachaient par des
liens d'étroite parenté à celui-ci, qui devait être leur as-
cendant.

1º Honoré de Brehant, qui vivait en 1391.
2º Jehan de Brehant, qui vivait en 1411. Il fut marié, mais
on ignore le nom de sa femme.
3º Marguerite de Brehant, mariée à N*** du Bocénic,
dont elle eut Allain du Bocénic. Elle ne vivait plus en
1413.
4º Bertrand de Brehant, qui vivait en 1421.
5º Guillemette de Brehant, morte avant 1432.
6º Guillaume de Brehant, qui vivait en 1432. Il fut héritier
de Guillemette, mais on ignore à quel titre.

(*V. Preuves nº 27*, IIIᵉ DEGRÉ).

IIIᵉ DEGRÉ.

Au sujet de Guillaume de Brehant, mentionné à la
page 81, ligne 25 de la *Généalogie de Brehant*, voir *Branche J.*, Vᵉ *degré.*

IV° DEGRÉ.

Thomine de Dinan, mariée à Jean de la Haye, seigneur de Passavant. Elle était sœur de Bertrand de Dinan, baron de Châteaubriant en 1430, qui épousa : 1° Marie de Surgères; 2° Jeanne de Harcourt, et fille de Charles de Dinan, sieur de Montafilant, et de Jeanne de Beaumanoir.

Extrait d'un Armorial mss. de Bretagne du xvii° *siècle.*

Il s'agit ici de Thomine de Dinan, première femme de Geoffroi de Brehant (IV).

Il résulte des pièces suivantes : 1° que le père de Thomine Annor de Penthièvre aurait eu nom Alain; que Geoffroi de Brehant mourut en janvier 1433 et non en 1435, comme il est dit p. 82 de la *Généalogie;* 3° que Thomine vivait encore en 1453, ainsi que l'atteste en outre son testament en date du 24 novembre de la même année, mais qu'elle mourut peu de temps après. Le testament de Thomine Annor de Penthièvre, dont on cite, à la page 82 de la Généalogie imprimée, un passage emprunté à la *Gén. mss.* de Brehant, n'a pas été retrouvé dans les archives de Chabrillan.

1393-94. *Extrait du compte-rendu par le receveur de Lamballe, f° 11 et 32.* Dou rachat Alain Annor par le rapport de Geoffroi de Brehant, mari de Thomine, femme, héritière principale dud. Alain (Maroué).

1434-35. *Extrait du compte de Charles Mansel, receveur de Lamballe, f° 37.* Du rachat des terres et rentes et héritages qui furent Geoffroi de Brehant, décédé au mois de janvier l'an mil IIIIXXXIII (1433), rapporté par Eonnet de Brehant, principal héritier dud. deffunt.

Douaire déduit au profit de Thomine Annor, veuffve dud. deffunt. Lamballe, 3° B°, 12.

1435. *Extrait du compte d'Antoine de Brehant, receveur de Lamballe, pour les années* 1445-46, *f° 34.* Douaires selon le compte de Charles Mansel fait en février 1435, Thomine Annor, femme de feu Geoffroi de Brehant, décédé en janvier 1433, sauva III perées et tiers de quart froment. Elle vit.

1449. *Extrait du compte de la S^rie de S. Melaine, f° 34.*

Restes dûs au terme de la décollation de S. Jehan, 1449... Geoffroi de Brehant. 10 s.

En 1455, c'est Eonnet de Brehant qui doit les 10 s.

1455, 1er janvier, Maroué par. Eon de Brehant pour le rachat de Thomine Annor, pour l'hôtel, maison et dépendances de Canernotp etc.

Arch. des Côtes-du-Nord.

Pour compléter l'article concernant Thomine Annor de Penthièvre, par rapport à sa mère, l'on citera le passage suivant de la *Gén. mss. de Brehant* de la collection des Blancs-Manteaux :

> Thomine Annor, fille d'Aliette Madeuc, sœur de Roland Madeuc, et de Renée Madeuc, première femme de Pierrot le Vayer, seigneur de Trégomart, et fille d'Alain, dit Rolland Madeuc, chevalier, et d'Yvorec (ou Yvonnette) de Der

Mathurine de Brehant, .e de Geoffroi, dont il est question à la page 85 de la *Généalogie de Brehant*, mourut en décembre 1464.

> F° 191. Le rachat feue Mathurine de Brehant, femme de Roland Boschier d'Ourxigné, décédée en décembre l'an mil IIIILXIIII (1464).

Il existe un autre minu pour le rachat de Mathurine, en date de 1465 (par. d'Andel), par son fils Guillaume Boschier. *Arch. des Côtes-du-Nord.*

ANNOR DE PENTHIÈVRE.

C'est à tort qu'il est dit dans la *Généalogie de Brehant*, aux pages 6 et 141, que la maison Annor de Penthièvre se fondit dans celle de Brehant par le mariage de Geoffroi avec Thomine Annor de Penthièvre, héritière de sa maison; c'est héritière de la branche aînée qu'il aurait fallu dire. En effet, les Annor du Penthièvre ne s'éteignirent que beaucoup plus tard, car on les voit employés dans les Réformations de l'évêché de Saint-Brieuc des années 1423, 1427 et 1535.

> 1423. Par. de Noyal : Pierre Annor, noble homme.
> 1427. Par. de Noyal : Jehan Annor, noble.
> 1535. Par. de Noyal : Maison noble des Mouëres à Jehan Annor, noble.

A la p. 84 de la *Généalogie* on lit : « 3° Ivon de Brehant, » écuyer, dont on ne sait rien, etc. » D'après l'Extrait des comptes de 1469-71, rendus par le receveur de Lamballe, Yvon fut un des chapelains de la Trinité-des-Ponts-neufs. Le même compte nous apprend qu'il mourut le 6 août 1470. Des Lettres antérieures (1450) du duc François, nomment Yvon chapelain de la chapelle de la Trinité-des-Pontsneufs.

> 1450. Lettres du duc François (de Bretagne) nommant Yvon de Brehant chapelain de la chapelle de la Trinité des Ponts-Neufs, fondée en 1397 par Jehan de la Motte. Il est dit qu'il sera célébré bien dévotement trois messes par semaine, moyennant quoi il sera payé 20 s. mon. sur la recette de Lamballe (Lamballe, au supplément de la par. de Morieux).
> *Extrait du compte de 1469-71, rendu par le receveur de Lamballe, f° 46.* « Décharge du receveur à messire » Yves de Brehant, l'un des dits chapelains de la Tri- » nité des Ponts neufs, appareil, gaiges de ordonnance » a paié led. cadet pour demy an commencé le quart » jour de février mil IIIILXIX (1469), et finy le tiers » jour d'aougst l'an mil IIIILXX (1470). » En marge » est écrit : « Mort. » Au verso, on lit ; « Et par le » deceix d'yceluy messire Yves de Brehant, qui fut » le 6° jour du mois d'aougst au dit an LXX, » fut institué et ordonné par le dict notre souverain, » etc. »   *Archives des Côtes-du-Nord.*

Jeanne de Brehant, mentionnée à la page 86 de la *Gé- néalogie de Brehant*, comme fille de Gabriel de Brehant (V), l'était de Jean de Brehant, frère de ce dernier, et qua- trième fils de Geoffroi de Brehant (IV), et de N*** Baron. Cette rectification essentielle est basée sur le minu qui suit :

1481, 2 ou 22 février. — Minu fourni à la Seigneurie de

Moncontour pour le rachat de Jehan de Brehant par Alain Budes, son héritier (au Supplément).

Arch. des Côtes-du-Nord.

VIᵉ DEGRÉ.

Selon l'acte de partage de Jehan de Brehant (VII), Eonnet de Brehant et Marguerite du Bois-Buissel, sa femme, sont décédés, l'un et l'autre, vers 1480.

Quel est cet Eonnet, un des chapelains de la collégiale de Notre-Dame de Lamballe, vivant à la même époque qu'Eonnet de Brehant, seigneur de Belleissue, et qui, cependant, ne peut avoir aucun rapport avec ce dernier, si ce n'est sans doute un de parenté (V. *Preuves*, nº 27, VIᵉ DEGRÉ) ? L'explication la plus plausible à donner de cette singulière circonstance consiste à supposer que cet Eonnet fut le parrain d'Eonnet de Brehant, seigneur de Belleissue, et peut-être son oncle, c'est-à-dire un des fils puinés de Geoffroi de Brehant.

Gabriel de Brehant mourut le 15 août 1500, et non en 1502. Roland de Brehant, frère puiné du précédent, mourut le 12 avril de la même année (V. *Généalogie de Brehant*, p. 87 et 88).

> 1500, 27 février. — Minu par Jehan de Brehant, Sʳ de Belleissue, pour le rachat de ses frères Roland et Gabriel de Brehant, Srˢ de Belleissue, décédés, le premier le 12 avril, et le deuxième le 15 aout 1500 (Lamballe 14 Bᵒ, 72).

Page 89 de la *Généalogie de Brehant*. Marie de Brehant, femme de Jean Boudan, mourut en janvier 1530.

> 1531. P. d'Andel, Minu, en date du 29 mai, pour le rachat de Marie de Brehant par Jacques Boudan, son fils. Lamballe, 95 Bᵒ, 3.
>
> 1529-31. Au compte de cette date, fᵒ. 46, on rapporte ce rachat, et on ajoute que la dite Marie est morte en janvier 1530.

1531. Prisage, en date du 5 octobre, des biens détaillés dans le minu fourni par Jacques Boudan pour le rachat de Marie de Brehant, dame de la Lande. (Lamballe, 18e B, 74).

Page 86 de la *Généalogie de Brehant*, ligne 13, *lisez :* « titre de 1464, » au lieu de « titre de 1164. »

VIIe DEGRÉ.

Il est incontestable, d'après l'*Induction d'actes* produits par Jean de Brehant (XI), en 1668, que Louis de Brehant, recteur de Brehant-Moncontcour, etc., n'était pas le cinquième fils de Jehan de Brehant, ainsi qu'il est dit à la page 91 de la *Généalogie de Brehant*, et l'on croit être dans le vrai en lui donnant pour père François de Brehant, viie degré de la *Branche de la Roche-Brehant*. L'on fonde cette opinion sur ce que Guillaume Eder, évêque de Cornouailles et abbé de Saint-Gildas et de Boquen, devait tenir de près à Anne Eder qui épousa Jacques de Sesmaisons, père de Christophe, marié à Françoise de Brehant, fille de Thibault (VIII), seigneur de la Roche-Brehant. L'on pense que ce fut en raison des liens de parenté qui unissaient les la Roche-Brehant aux Sesmaisons, que Guillaume Eder choisit Louis de Brehant pour son procureur (V. *Preuves* no 29, viie degré).

VIIIe DEGRÉ.

Mathurine de Brehant (p. 91 et 92 de la *Généalogie*), mourut au mois d'octobre 1538.

> 1539. Minu, en date du 4 octobre, de Gilette des Cougnets pour le rachat de Mathurin de Brehant, décédé au mois d'octobre 1538 (Lamballe, 15e Be, 74).
> *Arch. des Côtes-du-Nord.*

Selon l'*Induction d'actes* produits en 1668 par Jean de Brehant (XI), et insérée aux Preuves no 27 du présent *Supplément*, Gilette des Cognets, devenue veuve, épousa en secondes noces le « sieur de la Villelouays de Saint-Méloir, » dont elle n'eut pas d'enfants. L'on ne possède sur cette famille de la Villelouays que les seuls renseignements donnés par M. Pol Potier de Courcy dans son *Nobiliaire et Armorial de Bretagne*.

> 1510, 4 novembre. Minu de Claude de Brehant, écuyer, Sʳ de la Villecorbin, pour le rachat de Gilette des Cognets, dame de la Belleissue et de Galinée, sa mère. Moulin de Morfouace et bailliage de la Corbinaye en Saint-Potan (Lamballe 165ᵉ Bᵉ, 3).
> *Arch. des Côtes-du-Nord.*

La *Généalogie*, p. 92, l. 28, rapporte, d'après la *Gén. mss.*, que Gilette des Cougnets mourut en février 1543. Il est donc à croire que la date du minu ci-dessus n'est pas exacte, ou que le rachat de Gilette n'eut lieu que trois ans après son décès.

IXᵉ DEGRÉ.

Voir au sujet d'Hélène de Brehant les observations à la suite de la *Descendance d'Hélène de Brehant et de Louis le Vayer (Preuves n° 27, ixᵉ degré)*.

Xᵉ DEGRÉ.

Page 97 de la *Généalogie de Brehant* : « François de Brehant, né en 1613, etc., » mourut en 1686, selon le minu suivant :

> Minu, en date du 29 décembre 1636, d'Anne de Lesmeleuc, dame de la Lande-Galinée, pour le rachat de François de Brehant, Sʳ du dit lieu, son mari (Lamballe, 19ᵉ Bᵉ, 82).   *Arch. des Côtes-du-Nord.*

Jacquemine de Brehant, femme de Pierre de la Moussaye, dont il est question à la page 98, ligne 25 de la *Généalogie de Brehant*, vivait encore en mars 1712, mais elle était veuve à cette époque.

> 1712. Extrait de la sentence de réception de l'aveu fourni au duché de Penthièvre, le 25 mars 1712, par Guillaume-Dinan du Breil, chevalier, Sʳ de Rays de l'ancienne Châtellenie du Plessix-Balisson.
> On lit à l'article 54 : « L'avons maintenu dans la mou-
> » vance sur une quantité de marais contenant 7 jour-

» naux et demi possédés par Jacquemine de Brehant
» de la Moussaye comme tutrice. En Ploubalay »
(Lamballe).

Il y a lieu de rectifier ainsi qu'il suit ce qu'on a dit de
Perronnelle de Brehant à la p. 90 de la *Généalogie de Brehant* :

« Perronnelle de Brehant, née le 19 avril 1612, épousa :
» 1° en 1630, Julien Chaton, seigneur du Quilliou, fils de
» François, seigneur du Boisbigueul, dont elle n'eut pas
» d'enfants ; 2° le 25 novembre 1635, Toussaint Rouxel,
» seigneur de Ranléon et de la Lande, fils aîné et héritier
» noble de Nicolas, seigneur de Ranléon, et de Guillemette
» Boudart. Perronnelle ne vivait plus en 1643. »

Il existe au château des Rochers, dont il est souvent ques-
tion dans les Lettres de madame de Sévigné, un portrait de
Radegonde de Visdelou, femme de Claude-Maurille de
Brehant, mentionné à la p. 93 de la *Généalogie de Brehant*.

XIᵉ DEGRÉ.

Guy le Borgne, p. 32 de son *Armorial de Bretagne*, dit :
« De Brehant, sieur de Galinée, l'un des anciens conseillers
» en la cour du parlement, C. porte *de gueules à sept mâcles
» d'or*, 3. 3. 1. Le vicomte de l'Isle et autres de la même
» famille, idem. »
Les armes de la branche de Galinée à laquelle appartenait Jean de Brehant, sont, comme on l'a dit précédemment,
de gueules au léopard d'argent, ainsi que celles de la Roche-
Brehant, etc. Seuls les Brehant-Glécoët et les Brehant, vicomtes de l'Isle, portaient les *mâcles* dans les leurs (V. *Généalogie de Brehant*, p. 57 et 124).
A l'article suivant, il est dit : « Brehault, *de gueules au
» léopard d'argent*. » Il y a évidemment là confusion de la
part de Guy le Borgne, les Brehault portant *de gueules à trois
épées d'argent en pal, les pointes en bas, surmontées de trois
besants d'or*.
Cette erreur de Guy le Borgne qui lui fait confondre les

Brehant avec les Brehault, a été reproduite plusieurs fois
après lui par d'autres auteurs ; ainsi, dans la *Liste* des chevaliers de Malte, et dans le *Catalogue général des familles
nobles de France* de Saint-Allais, Louis-Antoine de Brehant de l'Isle est nommé Louis-Antoine de *Brehault* de l'Isle.

Au sujet des armes de Brehant, il est à remarquer que
d'Avoine porte, comme eux, *de gueules au léopard d'argent.*

La devise des Brehant est, ainsi qu'on l'a vu plus haut :
Foy de Brehant mieux vault qu'argent, ou *Fides Brihen-
tensium ;* mais, dit l'auteur de la *Gén. mss.* : « quelques-
» uns de leurs ancêtres ont eu pour cri de guerre : *De plus
» Brehant,* ce qui prouve leur bonne renommée. »

Généalogie de Brehant, page 100, *ajoutez,* après la
ligne 18 :

> D. Claude-Marie de Brehant, née le 24 février 1679,
> morte jeune et sans avoir été mariée.

Claude-Agatif-Hyacinthe de Brehant, dont il est question
à la page 100 de la *Généalogie de Brehant,* fut reçu conseiller au Grand-Conseil le 4 août 1703, et mourut le 20
mars 1765.

L'on voit par le minu suivant que Françoise Bouan,
femme de Claude de Brehant (V. *Généalogie de Brehant,*
page 99), mourut vers 1724.

> 1724. Minu par Claude-Hyacinthe de Brehant, pour le
> rachat de dame Françoise Bouan, veuve de Claude de
> Brehant, et mère du premier (Lamballe, 19º Bº, 84).
> *Arch. des Côtes-du-Nord.*

XIIᵉ DEGRÉ.

Maurille de Brehant fut nommé lieutenant des maréchaux
de France, pour les sénéchaussées d'Auray et de Rhuys, par
Lettres en date du 18 novembre 1694.

Maurille de Brehant mourut le 22 janvier 1688, et fut inhumé dans la chapelle de l'Ange gardien des Carmes Déchaussés de Vannes et non de Rennes, comme il est rapporté aux pages 16 et 163 de la *Généalogie de Brehant*.

Extrait d'une lettre de M. l'archiviste du département du Morbihan, à M. Anatole de Barthélemy.

Vannes, le 1er juillet 1868.

Après avoir reçu votre lettre, je suis allé aux Carmes-Déchaussés (actuellement l'Évêché); la chapelle nouvellement restaurée, ne renferme plus aucune pierre tumulaire. Le cimetière n'existe plus, mais j'ai trouvé dans un coin de l'ancien cloître trois fragments de tombes en marbre noir: l'un d'eux porte une longue inscription française mutilée où manquent le nom du personnage (on voit seulement que c'était un *magistrat* très regretté de sa fidèle épouse) et la date du décès. Les deux autres fragments, provenant d'une même pierre également incomplète, m'ont révélé pourtant le nom de Maurille de Brehant, sieur de Mauron, conseiller au Parlement de Bretagne (*suprema Armoricæ curia*), et la date : *V des ides de janvier 1688*. D'où je conclus que la famille de Brehant avait en effet un enfeu aux Carmes; mais je n'ai rien trouvé relativement à Mme de Brehant, née de Quelen. (*V. Généalogie de Brehant*, p. 163).

La paroisse de Brehan-Loudéac qui porte maintenant le vocable de Notre-Dame, faisait partie de l'archidiaconé de Goello, évêché de Saint-Brieuc; elle était comprise dans l'étendue du duché de Rohan, sous la juridiction de la châtellenie de la Chèze, démembrement du comté de Porhoët.

Généalogie de Brehant, p. 17, l. 10, *lisez* : « Guébriant » au lieu de Goësbriant. Les Goësbriant appartiennent à une maison d'ancienne chevalerie datant de 1200, encore existante, mais complètement étrangère à celle de Budes de Guébriant.

Louis-Hyacinthe de Brehant, comte de Plélo, naquit le 3 novembre 1664 et non 1660, comme il est dit à la page 101 de la *Généalogie de Brehant*. Il épousa Sainte du Gouray en

1688, et fut inhumé le 7 décembre 1704 dans la chapelle du couvent de Bonne-Nouvelle de Rennes.

Jeanne-Marguerite de Brehant, marquise Charles de Sévigné, naquit le 13 décembre 1659, et non en 1668, comme il est dit à la page 101 de la *Généalogie de Brehant*. Voir à cet égard l'*Appendice* du t. xii des *Lettres de madame de Sévigné*, page 103. Publication de la maison Hachette.

XIIIe DEGRÉ.

XIII. Jean-René-François-Almaric de Brehant, comte de Mauron, etc., épousa le 17 novembre 1694, et non le 23 septembre, Catherine le Febvre de la Faluère, et mourut le 24 mai 1738 et non le 5 mai de la même année, comme il est dit, par suite d'une erreur typographique, à la page 101 de la *Généalogie de Brehant*, et fut inhumé à Saint-Sulpice. (V. à la page 170 de la même Généalogie, l'acte du décès du comte de Mauron *Extrait des registres des convoys de l'église paroissiale de Saint-Sulpice*).

XIVe DEGRÉ.

Louise-Amélie de Brehant de Plélo mourut à l'abbaye de Port-Royal de Paris le 26 octobre 1743 (*Généalogie de Brehant*, p. 102, l. 33).

L'on peut voir à Saint-Roch le nom de Louis-Robert-Hippolyte de Brehant, comte de Plélo, au nombre de ceux des bienfaiteurs de la paroisse, à la date de 1734, année de sa mort.

A. BRANCHE DE BREHANT-GLECOËT.

IIe DEGRÉ.

Guille (Guillaume probablement) de Brehant, employé dans la Réf. de 1426 (par. de Brehant-Loudéac), « à son

« manoir de Glécoët, » et possesseur de la Villeneuve, devait être le fils aîné, mort sans postérité, de Geoffroi de Bréhant (II), sire de Glécoët, et le même que N*** de Brehant, auquel appartenait à la même époque la Ville-Glécoët. (V. *Preuves*, nº 28).

Vᵉ DEGRÉ.

Généalogie de Brehant, page 107, ligne 25. Au lieu de :

      1º François de Brehant, qui suit ;
      2º Jean de Brehant, mineur en 1469, etc.

Lisez :

      1º Jean de Brehant, seigneur de Glécoët et de Coëtuhan, mineur en 1469, employé dans la Réf. de 1513, épousa Margilie de Penmarc'h, fille de Henri, seigneur de Pénmarc'h, et de Jaquette le Forestier. Il ne laissa pas de fils pour continuer la filiation, et, à sa mort, son frère François lui succéda dans l'aînesse de sa branche ;
      2º François de Brehant, qui suit.

VIIᵉ DEGRÉ.

René de Brehant (VII), seigneur de Glécoët et de Coëtuhan, dont il est question à la page 108 de la *Généalogie*, avait épousé, avant 1563, Catherine Le Bigot.

      1563, 15 avril. René de Brehant et Catherine Le Bigot, dame de la Ville-Bougault, son épouse. Procédure entre Mgr du Tillet, évêque de Saint-Brieuc, et les susdits, devant la juridiction royale de Dinan, par renvoi, au sujet de la Ville Moro (sous le fief des regaires de Saint-Brieuc, et autres biens). Défaut du 15 avril 1563.   *Arch. des Côtes-du-Nord.*

Suivant un renseignement fourni par la famille de la Motte-Rouge, Christophe de Linières, père de Françoise de Linières, n'était pas seigneur de la Motte-Rouge, comme le rapporte la Chesnaye-des-Bois (V. *Généalogie de Brehant* p. 104).

VIIIe DEGRÉ.

L'on s'est peut-être trop avancé quand, à la page 100, ligne 5 de la *Généalogie de Brehant*, l'on a classé Renée de Brehant au nombre des filles de Bertrand de Brehant (VIII) ; son attache est incertaine, mais tout fait présumer qu'elle appartenait à la branche de Brehant-Glécoët, ainsi que sa sœur Jeanne de Brehant, qualifiée dame de Saint-Prestan, dans la copie de l'acte cité plus bas. L'on n'a pu découvrir dans quelle paroisse est située cette seigneurie de Saint-Prestan, et le nom de famille du mari de Jeanne de Brehant, auquel elle appartenait sans doute. Peut-être, faut-il lire dans l'acte *Saint-Péran*. Les Saint-Péran, seigneur du dit lieu et de Mesderven dans la paroisse de Glomel, sont si peu connus, que c'est à peine si M. P. de Courcy en parle dans son *Armorial de Bretagne*.

> 1669. Vente des biens meubles tant morts que vifs de la succession mobilière de deffunte dame Jeanne de Brehand, dame de Saint Prestan (*sic*), faite à la poursuite et requête d'escuyer Pierre de Botmiliau, sieur de Kermedec, héritier soubz et par bénéfice d'inventaire de la dite de Brehand, sa tante, comme héritier principal de feue dame Renée de Brehand, sa mère, qui sœur estait de la dite dame de Saint-Prestan. Le 17 febvrier 1667. *Signé :* Duclos, greffier civil de la juridiction de Veauclerc.
>
> *Titres de la Motte-Rouge.*

A. BRANCHE DE BREHANT-GLECOËT.

Généalogie de Brehant, page 108, *retranchez* les lignes 10, 11, 12, 13, 14, 15, 16 et 17, et *lisez :*

> 3° Gilles de Brehant, seigneur de Marec, employé dans la Réf. de 1535, par. de Brehant-Loudéac, avec Isabeau de Marec, sa femme ;
> 4° Alain de Brehant (V. Rameau B.) ;
> 5° Catherine de Brehant, mariée, vers 1500, à François de la Vallée, seigneur du Roz. (V. Preuves n° 28).

B. RAMEAU DEVENU BRANCHE AÎNÉE.

Généalogie de Brehant, page 110, *retranchez* les lignes 1, 2, 3, 4, 5, 6, 7 et 8, et *lisez* :

> VII. Alain de Brehant, seigneur de Coëtuhan, épousa Dorable le Douarin, dont :
> VIII. Louis de Brehant, seigneur de Marec. Il épousa Françoise le Veneur, dont :
> 1° Bertrand, qui suit ;
> 2° Jacques de Brehant, seigneur de la Villeneuve, marié à Mathurine Boux, dont :
> Jean de Bréhant, qui suivra après Bertrand ;
> 3° Françoise de Brehant.

Par suite de cette rectification, Bertrand et Jean de Brehant se trouvent placés, le premier au ix° degré, le second au x°.

> Induction. — Damoiselle Mathurine Boux, veuve de Jacques de Brehand, seigneur de la Villeneuve, tutrice de Jean de Brehand, leur fils mineur. Porte *de gueules à sept macles d'or*. Déclaré noble issu d'ancienne extraction et de qualité d'escuier au rôlle des nobles de la jurisdiction de Ploërmel par arrêt du 4 novembre 1670.
> Jacques de Brehand, mari en son vivant de la dite Mathurine Boux, est fils d'escuier Louis de Brehand et de damoiselle le Veneur.
> Le dit Louis étoit fils d'Alain de Brehant, et de Dorable le Douarin. Du mariage du dit Louis de Brehand et de ladite Le Veneur issurent trois enfants, Bertrand de Brehand, Jacques de Brehand, et Françoise de Brehand. Du dit Bertrand, fils aisné et de damoiselle Raoulette du Sel, issut Guillemette, leur héritière unique qui fut mariée avec escuier René Guéhéneuc, sieur de la Porte.
> *Réf. de la noblesse de Bretagne en 1668 manuscrit de la Bibliothèque de l'Arsenal.*

N. B. Par suite des additions et corrections ci-dessus indiquées, Adélice de Brehant prend le n° 6 dans le classement des enfants de François de Brehant.

C. BRANCHE DE LA ROCHE-BREHANT.

V° DEGRÉ.

Pierre de Brehant (p. 112 de la *Généalogie de Brehant*), mourut au mois de novembre de l'année 1453.

> 1455, 27 juillet, Landehen. Minu par Isabeau du Boues-bouexel, tutrice de Jehan de Brehant, fils de son mariage avec Pierre de Brehant, pour le rachat de ce dernier (Lamballe, 123° B° 3).
> 1453. *Extrait du compte par le receveur de Lamballe, 1467. Douaires.*
> F° 178. Isabeau du Bouesbouexel, femme Pierre de Brehant, décédé en novembre, l'an mil IIII LIII, sauva XXXV° (35°) IX° (9°) et tiers de perrée froment. Elle vit. »

Il résulte en outre de ces deux pièces que la date (1490) assignée par la *Généalogie* au mariage de Pierre de Brehant est on ne peut plus fautive et que ce mariage dut avoir lieu bien antérieurement.

Le minu suivant constate aussi que les enfants de Pierre de Brehant étaient mineurs quand ce dernier mourut :

> 1459, 7 avril. Minu d'olivier de Guet, curateur de Jehan de Brehant sieur de la Roche, pour le rachat de ce dernier (Moncontour, 74 B°).
>
> *Archives des Côtes-du-Nord.*

VI° DEGRÉ.

Le renseignement suivant est emprunté à un Armorial mss. du XVII° siècle.

> N*** de Brehant, fille de Jean de Brehant, sieur de la Roche-Brehant, et de Barthelemye Doguet, femme du seigneur de Montgomery. Titre de 1613.

Les diverses Généalogies de la Branche de la Roche-Brehant ne font nulle mention de cette fille de Jean de Brehant.

D'après la concordance des lieux, des circonstances et des dates, il nous semble démontré que Gilette de Brehant, mariée en 1495 à Roland Picaud, seigneur de Morfouace, appartenait à la branche de la Roche-Brehant, et devait être une autre fille de Jean de Brehant et de Barthelemye Doguet, en même temps que la tante de Thibault de Brehant (VIII), père de Julien, auteur du Rameau de la Rivière et père d'Anne de Brehant qui épousa Pierre Rogier, seigneur de Crévy, dont la fille Anne fut mariée à Louis Picaud, seigneur de Goaz, arrière-petit-fils de Roland, et de Gilette de Brehant.

Généalogie de Brehant, p. 113, l. 13, au lieu de « Guégen, » *lisez :* « Guéguen. »

VII° DEGRÉ.

François de Brehant (p. 113 de la *Généalogie de Brehant*) mourut vers 1538.

> Minu, en date du 14 mai 1538, par Thibault de Brehant, seigneur de la Roche et du Val, pour le rachat de François de Brehant, son père (Lamballe, 131° B°, 5).   *Arch. des Côtes-du-Nord.*

Voir au sujet de Louis de Brehant, recteur de Plurien, et après de Brehant-Moncontour, réputé fils de François de Brehant, seigneur de la Roche-Brehant, la *Généalogie de Brehant*, p. 91 ; aux *Additions et Corrections*, le VII° degré de la *Branche de Galinée, de Mauron et de Plélo*; et aux *Preuves* n° 29, le VII° degré.

VIII° DEGRÉ.

> Christophe de Sesmaisons, seigneur de Kermenguy etc, épousa, par contrat du 5 septembre 1543, Françoise de Brehant, fille de Thibault, seigneur de la Roche-Brehant, et d'Anne de la Garenne.
> Françoise de Sesmaisons, sœur de Christophe, épousa Thibault de Brehant, seigneur de la Roche-Brehant, veuf d'Anne de la Garenne. Le contrat est du 20 août 1543.   *Généalogie de Sesmaisons.*

Ainsi (circonstance assez singulière pour qu'on la fasse ressortir) le père, Thibault de Brehant, et la fille, Françoise de Brehant, épousèrent dans la même année, l'un la sœur, l'autre le frère du même nom.

> Contrat de mariage, en date du 5 septembre 1543, entre Christophe de Sesmaisons, seigneur du dit lieu, de la Berrière, de La Solcinière, de Kermenguy etc, et Françoise de Brehant, seigneur de la Roche et de Launay Baudoin, et d'Anne de la Garenne.
> *Arch. des Côtes-du-Nord. Famille de Brehant.*

CC. RAMEAU DE LA RIVIÈRE.

IX. Julien de Brehant, deuxième fils de Thibault de Brehant (VIII), seigneur de la Roche-Brehant. L'on ne connaît pas le nom de sa femme, mais il eut pour enfants :

1º Charles, qui suit ;

2º Marie de Brehant, mariée à Christophe de Boisgeslin, fils d'Amaury, seigneur de Pontrivily, et de Françoise Conen ;

3º Anne de Brehant (*de la Rivière*, selon l'article *Rogier*, de la Réf. de 1668). Elle épousa, vers 1555, Pierre Rogier, seigneur de Crévy, fils de Gilles, seigneur du Cléyo, et de Raoulette Charpentier, dont elle eut : 1º Pierre Rogier, marié à Jeanne des Careux ; 2º Anne Rogier, mariée à Louis Picaud, seigneur de Quéhéon.

X. Charles de Brehant, premier du nom, seigneur du Val, de la Roche, et de la Rivière-Brehant, vivait en 1583. Il épousa Catherine de Brehant, fille, selon toutes les probabilités, d'Antoine de Brehant (VII), vicomte de l'Isle, et de Radegonde des Déserts. Elle eut en partage la maison des Hayes en Lendehen. De son mariage avec Charles de Brehant naquit :

XI. Charles de Brehant, deuxième du nom, seigneur de la Rivière-Brehant et autres lieux, mort sans hoirs avant 1681, et dont fut héritier principal et noble Gabriel de Boisgeslin, seigneur vicomte de Mayneuf, etc., selon l'aveu de 1681 rapporté à la page 136, ligne 6 de la *Généalogie de Brehant.*

1583, 6 juin :

> Hommage par Charles de Brehand, écuyer, seigneur du
> Val et de la Roche, mari et procureur de Catherine de
> Brehand, sa femme, pour la maison des Haies en Len-
> dehen. (Lamballe, 22ᵉ Bᵒ, 90. *Arch. des Côtes-du-Nord*).

Catherine de Brehand, femme de Charles de Brehand,
appartenait évidemment à la branche de l'Isle, comme le
démontrent les deux aveux en date du 21 décembre 1495 et
11 octobre 1538 (V. *Preuves*, *n*ᵒ 33), et le minu du 21 décembre 1704 (V. *Preuves*, *n*ᵒ 33) ; mais rien n'indique po-
sitivement de qui elle était fille ; et l'on ne peut admettre
qu'elle fût cette Catherine de Brehand mentionnée à la page
129 de la *Généalogie de Brehant*, en supposant même
qu'elle n'ait pas fait profession à l'Abbaye du Val-de-Grâce,
et soit rentrée dans le monde entre 1613 et 1618, attendu
qu'il résulte de l'Hommage de 1583 que Charles de Brehand
était déjà marié à cette époque à une Catherine de Brehand,
fille, selon toutes les probabilités, d'Antoine de Brehant (VII),
vicomte de l'Isle, et de Radegonde des Deserts.

Au sujet de la métairie des Hayes en Lendehen, qui fit
retour plus tard aux Brehant de l'Isle, l'on doit supposer
que cette métairie avait été le partage à viage de Catherine
de Brehant.

L'existence de Marie de Brehant, et conséquemment son
mariage avec Christophe de Boisgeslin, sont révoqués en
doute à la p. 114 de la *Généalogie de Brehant*; mais les
Généalogies mss. et imprimées de la maison de Boisgeslin
sont tellement positives à cet égard qu'il faut bien admettre
le fait, quelque singulière que soit la coïncidence signalée
précédemment. D'ailleurs, en y regardant de plus près et
en se reportant à la date (1543) du mariage de Thibault de
Brehant avec Françoise de Sesmaisons, l'on est amené à
penser que Marie de Brehant, femme de Christophe de Boisgeslin, seigneur de Pontrivily, devait être beaucoup moins
âgée que Marie de Brehant de la branche de Galinée, et que

celle-ci fut probablement marraine de l'autre Marie de
Brehant, ce qui expliquerait la coïncidence dont on s'é-
tonne.

> Jean de Boisgeslin, deuxième du nom, chevalier, vicomte de
> Magneuf. Il épousa : 1º le 4 octobre 1647, Renée Pé-
> pin, fille de René, seigneur du Frettay et de Servigné,
> et d'Hélène de Brehant, sa première femme, etc. (*Cour-*
> *celles*, Généalogie des Boisgeslin).

Xᵉ DEGRÉ.

A la page 116 de la *Généalogie de Brehant*, et après la
ligne 11, *ajoutez :*

> 6º Hélène de Brehant. Elle épousa René Pépin, seigneur
> du Frettay, fils de Claude, président aux requêtes du
> Parlement de Bretagne, et de Renée de Champagne,
> dont elle eut, entre autres enfants :
> Renée Pépin, mariée le 4 octobre 1647 à Jean de Boisges-
> lin, deuxième du nom, chevalier, seigneur de Pont-
> rivily, vicomte de Mayneuf, etc.

(*V. Preuves, nº 27,* IXᵉ degré de la *Branche de Galinée,*
de Mauron et de Plélo, les observations à la suite de la *Des-*
cendance d'Hélène de Brehant et de Louis le Vayer.)

XIᵉ DEGRÉ.

Gilles de Brehant eut de son second mariage avec Anne,
fille de René de Saint-Gilles, Anne de Brehant, qui épousa
Judes de Goyon, seigneur du Verger, né en 1643, fils de
René, seigneur de la Couldre, et de Tristanne de Couës-
pelle; lequel René de Goyon appartenait à la branche de
Launay-Comats, issue de la maison de Goyon-Matignon.

A l'époque où Anne de Brehant épousa Judes de Goyon,
il existait déjà un lien de parenté entre les Brehant et les
Goyon par le mariage de Marguerite de Goyon, tante de
Judes, avec François de la Piguelais, fils d'autre François
de la Piguelais, père de Philippete, mère d'Anne de Brehant.

Marguerite de Goyon devint veuve le 21 février 1658.
(V. *Généalogie de Brehant*, p. 115 et 116).

P. 116 de la *Généalogie de Brehant*, l. 34 :

> 2° Françoise de Brehant, qui épousa René du Breil, sei-
> gneur de Closneuf, *fille* d'Alain et de Gilonne Godet.

Lisez :

> 2° Anne-Thérèse de Brehant, qui épousa René du Breil,
> seigneur de Closneuf, *fils* d'Alain et de Gilonne Godet.

Cette rectification est basée sur la pièce suivante :

> 1698, 6 octobre, Andel. Minu par Claude de Cadelac, tu-
> teur des enfants de René du Breil, et d'Anne-Thérèse
> de Brehand, sieur et dame du Closneuf, pour le ra-
> chat de Gilonne Godet. Les bois taillis de Ganhel. (Lam-
> balle, 95, B° 3).

Il résulte aussi de ce minu qu'Anne-Thérèse de Brehant
ne vivait plus en 1698.   *Arch. des Côtes-du-Nord.*

BRANCHE DE LA PLESSE ET DE LA VILLEHATTE.

Suivant de nouveaux documents authentiques rapportés
plus bas, il y a lieu de rectifier à la page 120 de la *Généalogie de Brehant*, la filiation des *seigneurs de la Plesse et de
la Villehatte* du nom de *Brehant*, depuis « IX. François
» de Brehant, » jusqu'à « N*** de Trémereuc, » ligne 33.

> IX. François de Brehant, seigneur du Tertre (Par. de
> Corseul), inhumé, en 1644, dans l'église de la Bouillie,
> à côté de l'escabeau de la Plesse.
> X. Charles de Brehant, seigneur de la Corbonnaye. On
> lui donne pour enfants :
> 1° Claude, qui, suit ;
> 2° Mathurin de Brehant, seigneur de la Corbonnaye. Tout
> fait présumer qu'il n'a pas été marié ;

3º François de Brehant, seigneur de la Tandourie (Par. de Corseul). Il épousa le 23 avril 1667, dans l'église de Saint-Potan, Renée Sauvaget, fille de René Sauvaget, seigneur de la Chapelle-Guillaume, et de Catherine Ferron, dont : Renée de Brehant, mariée, le 26 novembre 1706, à écuyer François de Trémereuc.

XI. Claude de Brehant, seigneur de la Villehatte. L'on ne connaît pas le nom de famille de sa femme, mais il en eut : Jeanne de Brehant, mariée à Toussaint Gauthier, seigneur de la Boullays etc. (Voir pour la suite *Généalogie de Brehand*, page 120, lignes 25, 26, 27, 28, 29, 30 et 31).

Extrait des registres de la paroisse de Saint-Potan.

1667. Escuyer François de Brehand, sieur de la Tenandris (probablement la *Tandourie*) de la paroisse de Corseul, evesché de Saint-Malo, et demoiselle Renée Sauvaget, ont contracté mariage par paroles de présents en l'église de Saint-Potan par devant moi R. M***, recteur soussigné, le 23 d'avril 1667, en présence d'escuyer Charles de Brehand, sieur de la Corbonnaye, escuyer François Sauvaget, sieur de la Hauteville, Claude de Brehand, sieur de la Villehatte, escuyer Charles Cadet, sieur du Boisrolland, et plusieurs autres assistants audit mariage et à la bénédiction nuptiale par moi soussigné administrée aux dits mariés, après les bannies faites au prône de la grand'messe par trois dimanches et fêtes. Le dernier ban fut le jour de la seconde fête de Pâques, le deuxième le jour de Pâques fleuries, et le premier le jour de la Passion, le tout sans oppositions. François de Brehand, Renée Sauvaget, Claude de Brehand, Mathurin de Brehand, Charles Cadet, Louise de Lesquen.

1700. Renée de Brehand, D^lle de la Carbonnaye, est marraine d'un enfant du peuple.

1703. Renée de Brehand est marraine de Renée Langlais, fille du sieur de Prémorvan.

1706. Escuyer François de Trémereuc, sieur du dit lieu, de la paroisse de Hénan, et demoiselle Renée de Brehand, demoiselle de la Corbonnaye de cette paroisse, ont contracté mariage par paroles de présents dans la chapelle de la Brousse de la paroisse de Saint-Potan le 26 novembre 1706, en présence du dit sieur recteur soussigné, demoiselle Marie Gouyon, Jeanne de Lamarre et autres, après avoir vu le certificat des bannies faites aux dites paroisses sans oppositions. Le tout contrôlé dans la ville de Matignon. Couessuré recteur.

(Communiqué par Mme C. de la Motte-Rouge).

GÉNÉALOGIE DE BRÉHANT,

BRANCHE DE LA PLESSE ET DE LA VILLE-HATTE.

Page 118, ligne 14, *lisez* : « Acte de baptême de 1515, » au lieu de : « Acte de baptême de 1616. »

P. 119, l. 15, *lisez* : « La Roche-Droue, » au lieu de « la Roche-Drone. »

P. 119, l. 16, et p. 202, l. 32, *lisez* : « Mouessan » au lieu de « Mouesson. »

P. 119, l. 17, et p. 202, dernière ligne, *lisez* : « Du Fournet » au lieu de « du Fournel. »

P. 202, l. 34, *lisez* : « de la Marre » au lieu de « de la Marie. »

P. 202, l. 42, *lisez* : « Alanus, » au lieu de « Celanus. »

P. 204, l. 27, *lisez* : « Kerabault, » au lieu de « Kerbout. »

P. 204, l. 29, *lisez* : « Anne Berthelemer. »

P. 204, l. 30, *lisez* : « Méville » au lieu de « Mérille. »

P. 205, l. 29, *lisez* : « Val Rouxel » au lieu de « Val Roussel. »

P. 206, l. 28, *lisez* : « Floyd » au lieu de « Floyde. »

P. 207, l. 12, *lisez* : « Clémentine-Marie » au lieu de « Marie. »

P. 207, l. 13 et 14, *lisez* : « Scévole Pocquet de Livonnière » et « Claude Pocquet de Livonnière. »

F. BRANCHE DE LA ROCHE ET DE BONNEUIL.

IXe DEGRÉ.

Louis de Bréhant, seigneur de la Roche et de Bonneuil-sur-Marne, dont il est parlé à la page 122 de la *Généalogie de Brehant*, vivait encore en 1647. Sa femme, Louise Hurault lui survécut et mourut vers 1650. Si l'on s'en rapporte à l'*Arrêt du conseil* de 1673, analysé plus bas, c'est à tort qu'elle est indiquée sous le nom de *Marie*, dans l'*Histoire généalogique des grands officiers de la couronne*. Leurs enfants furent :

    1° Jeanne de Brehant, qu'on a tout lieu de croire n'avoir pas été mariée ;

    2° Marie de Brehant, Chanoinesse de Remiremont (d'après la *Généalogie mss.* de Brehant). Elle vivait en 1647.

Le X° degré doit être supprimé, car il est positif que Louis de Brehant, deuxième du nom, suivant la *Généalogie mss.*, n'a pas existé, du moins n'en trouve-t-on de traces nulle part.

    6 août 1647. Acte par devant notaires par lequel
» messire Louis de Brehant chevalier seigneur de
» Bonneuil, demeurant au petit Bourbon, paroisse
» Saint-Germain l'Auxerrois, recognaît estre redevable
» envers messire Jacques Amelot, conseiller du roy en
» son Conseil d'Estat et privé et au Grand Conseil de
» sa majesté, seigneur de Marolles, à cause de 77 ar-
» pens et demi de terre dépendant de la seigneurie de
» Bonneuil, de six vingt livres de rente foncière et bail
» d'héritage, constitué autrefois pour la vente des
» terres qui étaient de l'ancien prieuré, et pour payer la
» subvention, suivant la taxe qui avait été faite par les
» commissaires députés pour la vente des biens ecclé-
» siastiques. Laquelle rente il promet au sieur prieur
» de Marolles de payer et continuer, tant sy longtemps
» qu'il sera seigneur propriétaire et détempteur de la
» terre de Bonneuil, ainsy qu'il a toujours fait par le
» passé.   *Signé* : Loys de Brehant. »
                          Cabinet des Titres.

    31 juillet 1673. Arrêt du Conseil privé du roi, rendu sur requêtes présentées par : 1° Louis-Antoine de Brehant, vicomte de l'Isle ; 2° Jérôme et Anne de Montholon, enfants mineurs d'autre Jérôme de Montholon, conseiller du roi et maître ordinaire de la Chambre des Comptes, et de Louise Michon et consorts, créanciers de la succession de messire Louis de Brehant, chevalier,

seigneur de la Roche-Bonneuil; 3° Jeanne et Marie de Brehant, filles majeures usant et jouissant de leurs droits hériteis par bénéfice d'inventaire de feue Louise Hurault, leur mère, veuve de messire Louis de Brehant, duquel elles sont créancières du chef de la dame leur mère, etc.

Par cet arrêt les parties sont renvoyées au parlement de Dijon.

Cabinet des Titres.

Dans cet arrêt sont mentionnés : Louis de Brehant, seigneur de la Roche-Bonneuil, encore vivant en 1647; Louise Hurault, sa femme, décédée en 1652; Jeanne et Marie de Brehant, filles des précédents; François de Brehant, vicomte de l'Isle, décédé en 1664, et son frère, Louis-Antoine de Brehant (XI), neveux de Louis de Brehant, seigneur de la Roche-Bonneuil, par le mariage de leur père, Jean de Brehant (X), avec Claude Brehant.

G. BRANCHE DU CHESNAYE, DE LOURME ET DE LA MARCHE

(ÉTEINTE)

V. Robin de Brehant, écuyer, cinquième fils de Geoffroi de Brehant et d'Annor de Penthièvre (V. *Généalogie de Brehant*, p. 85), épousa Jehanne Rado, dont :

VI. Pierre de Brehant, écuyer, seigneur de la Ville-Auger et de Bourridel, suivant un aveu du 9 novembre 1498, et employé dans la Réf. de 1535, par de Plestan. Il épousa Anne Rouxel, dont :

VII. Mathurin de Brehant, écuyer, seigneur de la Ville-Auger, qui épousa : 1° Mathurine Egault, dame du Chesnaye; 2° Françoise le Garangier, dame de la Vallée. Il eut de son premier mariage : 1° Thomas, qui suit; 2° Alain de Brehant, seigneur de Launay, marié à Suzanne de Lambray, fille de Marie Gripon; 3° François de Brehant, qui épousa Marguerite le Borgne. Ils vivaient en 1583; 4° Anne de Brehant. Elle épousa Jacques le Baillif dont elle eut plusieurs enfants, et mourut le 3 avril 1642.

VIII. Thomas de Brehant, écuyer, seigneur du Chesnaye,

épousa, en 1586, Mathurine de Kergu, dont il eut :
1° François de Brehant, qui suit ; 2° Michel de Brehant,
écuyer, seigneur de la Longvrais, qui fut marié deux fois,
et eut de sa seconde femme, Olive de Penbroc, Georges de
Brehant, seigneur de la Marche, mort sans laisser de postérité.

IX. François de Brehant, écuyer, seigneur du Chesnaye
et de Lourme, épousa avant 1639, Louise de Lambray, dont
il eut : 1° Charlotte de Brehant, dame de la Ville-Gicquel. Il
est probable qu'elle avait épousé un membre de la famille
Henry, seigneur du Vauronel et de la Ville - Gicquel ;
2° Marguerite-Suzanne de Brehant. Elle vivait en 1684.

N. B. D'après l'*Induction* rapportée aux *Preuves* François
et Michel de Brehant n'étaient que fils puînés de Thomas.
L'on n'y dit rien du fils aîné, d'où l'on doit conclure qu'il
mourut sans postérité et antérieurement à la Réf. de 1668.

II. BRANCHE DE BREHANT DE L'ISLE.

IV° DEGRÉ.

C'est avant 1472 et non en 1501, comme il est rapporté
à la page 125 de la *Généalogie de Brehant*, que Pierre de
Brehant épousa Jeanne Boudart.

> 1472, 29 janvier, Landehen. Minu par Pierre de Brehant
> en privé et pour Jeanne Boudart, sa femme, pour le
> rachat de messire Pierre Boudart (Lamballe, 123° B°, 3).
> *Arch. des Côtes-du-Nord.*

VI° DEGRÉ.

Généalogie de Brehant, p. 126, l. 17, *lisez* : « Bertrand
» de la Villéon, » au lieu de « Bertrand de la Villéou. »

IX° DEGRÉ.

Charles de Brehant, seigneur de Couësquelen et de
Restronalen, fils puîné de Jean de Brehant (IX), eut
de son mariage avec Catherine Raoul, dame de Ker-

riou, outre Béatrix de Brehant, mariée en 1634 à Pierre-
Cardinal (ainsi qu'il est dit p. 127, l. 16 de la *Généalogie de
Brehant*), quatre autres enfants, savoir : 1° Vincent de Brehant, écuyer, décédé le 19 février 1655 ; 2° Louis de Brehant, écuyer. Lui et son frère Vincent furent placés en tutelle perpétuelle en raison d'infirmités corporelles et de fai-
blesse d'esprit ; 3° Marie de Brehant, religieuse en 1647 aux
Ursulines de Saint-Brieuc ; 4° Anne de Brehant, religieuse
à Pontivy.

Charles de Brehant mourut en 1646. Béatrix de Brehant
et Pierre le Cardinal eurent sept enfants de leur mariage, et
moururent, la première en 1649, le second en 1654.

> 1644, 4 novembre. Procès-verbal de visite et état de santé
> et d'esprit d'écuyers Vincent et Louis de Brehant, lo-
> gés chez les Cordeliers de Saint-Brieuc à la requête
> de leur père et mère, Charles de Brehant, seigneur de
> Coëtquelen, et Catherine Raoul, afin de les faire
> mettre en tutelle perpétuelle.

> 1674. 21 janvier. *Transaction entre la dame douairière
> de Kernier (le Cardinal), et la dame comtesse de
> l'Isle.* Comme ainsi soit qu'après la mort de messire
> Marc de Kerverder, seigneur de Kerbouren, arrivée en
> l'an 1663, la succession aurait été recueillie en l'estoc
> paternel par messire Robert Moro, seigneur de la
> Ville-Bougault, et en l'estoc maternel par messire
> François de Brehant, seigneur comte de l'Isle, lequel
> était décédé en l'an 1664, et messire Antoine de Bre-
> hant, son frère, lui ayant succédé, les puînés de son
> estoc auraient demandé partage de la succession dudit
> feu seigneur de Kerbouren en 1664, etc. (Famille de
> Brehant).

> *Extrait d'un Mémoire sans signature fait pour la li-
> quidation de la succession de Charles de Brehant.*
> Le dit Charles de Brehant eut du même mariage
> Vincent, Louis, Béatrix, Anne et Marie. Béatrix fut
> mariée en l'an 1634 à messire Pierre le Cardinal, seigneur
> de Kernier. Les seigneur et dame de Coëtquelen
> décédèrent en 1646, et au même an le dit seigneur de
> Kernier fut installé curateur des dits Vincent et Louis
> de Brehant, mineurs perpétuels, et de Marie, qui en
> 1647 alla religieuse aux Ursulines de Saint-Brieuc, et

Anne l'était à Pontivy avant le décès de ses père et mère. Béatrix mourut en 1649 et Vincent en 1655, le 19 février.

Du mariage du dit de Kernier il y eut sept enfants : Charles, Jean, Amaury, Anne, Marie, Louise et Béatrix le Cardinal, qui demeurent en la garde naturelle de leur père, jusqu'à sa mort en 1654.

Arch. des Côtes-du-Nord.

Xe DEGRÉS.

François de Brehant (*Généalogie,* p. 128, l. 22, mourut en 1664.

XIe et XIIe DEGRÉS.

« 1744, 28 septembre. Minu de Michel-Antoine, procurateur de messire Anne de Brehant, pour le rachat de René-Louis de Brehant. La métairie des Hayes en Lendehen, et autres biens en Brehant-Moncontour. (Lamballe, 124° B°, 5).   *Arch. des Côtes-du-Nord.*

Il résulte de ce minu, 1° que Louis-Antoine de Brehant (XI), mentionné à la page 129 de la *Généalogie de Brehant,* eut un quatrième fils nommé René-Louis de Brehant, qui mourut sans postérité ; 2° que N*** de Brehant, frère de Marie-Jacques, et dont il est question à la p. 130, l. 25 de la *Généalogie de Brehant,* s'appelait *Anne.*

Généalogie de Brehant, page 127, ligne 1, *lisez :* « Fournier, » au lieu de « Fourrier. »

XIIIe DEGRÉ.

Le 8 novembre 1755, leurs majestés et la famille royale signèrent le contrat de mariage du marquis de Brehant, brigadier d'infanterie et colonel du régiment de Picardie, avec demoiselle Taschereau, fille de feu Taschéreau de Baudry, conseiller d'État ordinaire et intendant des finances. Mariés le 17 à Bercy, près Paris.

Cabinet des Titres.

I. RAMEAU DE SAINT-ÉLOY.

IVe DEGRÉ.

Tristan de Brehant mourut le 5 avril 1513.

VIIe DEGRÉ.

> 1468, 11 juillet. Accord au sujet de la succession de Jeanne
> Visdelou, sur l'action et demande que avait fait et fai-
> soit ou peut faire noble escuyer Jehan Piron, seigneur
> de Heureolou, au nom et comme procureur de Margue-
> rite de Brehant, sa femme, contre Guillaume de la Ri-
> vière et Jehanne Conen, sa femme, disant que les dits
> Marguerite et Jehanne estoient sœurs de mère, enfants
> de Jehanne Visdelou, etc.
> > *Arch. des Côtes-du-Nord.*

D'après cet accord, le nom de baptême de la femme d'Antoine de Brehant (VII), seigneur de Saint-Eloy, aurait été
Jeanne et non *Marie*, comme il est dit dans la copie de la
Réf. de 1535. V. *Généalogie de Brehant,* p. 132, l. 27, et
p. 208, à l'article *la Rivière.*

VIIIe DEGRÉ.

René de Brehant (VIII), seigneur de Saint-Eloy, mentionné
à la p. 132 de la *Généalogie de Brehant,* était surintendant
des eaux et forêts de Jean de Bretagne, duc d'Etampes,
comte de Penthièvre.

> 1557, 25 février. René de Brehant, sieur de Saint-Eloy,
> surintendant des Eaux et Forêts appartenant à Jehan
> de Bretagne, duc d'Etampes, comte de Penthièvre,
> afferme à Georges de Pebreux la coupe des genêts et
> bruyères de la forêt de Maroué. (Lamballe, renseigne-
> ments sur la forêt).   *Arch. des Côtes-du-Nord.*

Jacques de Brehant, mentionné à la page 133, ligne 4 de
la *Généalogie de Brehant,* n'était pas le fils, mais bien le
petit-fils de René de Brehant (VIII). Il importe donc de mo-

differ de la manière suivante cette partie du rameau de
Saint-Eloy :

> « IX. François de Brehant, seigneur de Saint-Eloy. Il
> » épousa Isabeau de Lyport (ou Lipot), dont :
> » X. Jacques de Brehant, etc. Il avait épousé Jeanne de
> » de Quélenec, fille de Jean, seigneur de Bienassis,
> » et de N*** Madeuc. »
> 1588, 26 octobre. Plestan. Hommage par René de Bre-
> hant, garde naturel de François de Brehant, mari d'Isa-
> beau de Lyport (*sic*), dame de l'Hermitage, pour un
> moulin à vent qui fut à Bohears (Lamballe, 148e Be 7).
> 1859, 5 juin, Minu de Françoise de Brehant et d'Isabeau
> de Lipot (*sic*), sieur et dame de Saint-Eloy, l'Hermi-
> tage et Coëtinizan, héritiers de Catherine de Coëtinizan.

Arch. des Côtes-du-Nord.

J. BRANCHE (ÉTEINTE).

V. Guillaume de Brehant, fils de Jehan, deuxième fils de
Pierre de Brehant (III), et de Mabille de Ploeuc. Les autres détails concernant Guillaume de Brehant se trouvent à la page
84, ligne 23, de la *Généalogie de Brehant*. C'est à tort
qu'on l'y mentionne comme ayant été employé dans la Réf.
de 1441, par. de Maroué, attendu qu'il mourut en 1439. Il
s'agit sans doute là de Guillaume, fils de Geoffroi, fils de
Guillaume de Brehant (II).•

Guillaume avait épousé Aliette de la Villéon dont il
eut :

> 1° Pierre, qui suit ;
> 2° Antoine de Brehant, receveur de Lamballe, en 1435 et
> 1446 ;
> 3° Honoré de Brehant, prieur et receveur du prieuré de
> Saint-Michel de Moncontour en 1448 ;
> 4° Lónard de Brehant, qui mourut vers 1438 ;
> 5° Thomas de Brehant. Il épousa Tiphaine Quénart, dont :
> Thomasse de Brehant, mariée à Guillaume le Nor-
> mant, et décédée vers 1451.

VI. Pierre de Brehant, premier du nom. Il vivait en

1439, et mourut vers 1458. Il avait épousé Perronnelle de Launay, décédée avant 1441. Ses enfants furent :

1° Jehan de Bréhant, qui suit ;
2° Honoré de Bréhant, dont il sera question après Jehan ;
3° Eonnet de Bréhant, un des cinq chapelains de la collégiale de Notre-Dame de Lamballe, en 1441.

VII. Jehan de Bréhant, mort sans avoir laissé de postérité.

VIII. Honoré de Bréhant, qui hérita de l'aînesse de son frère Jehan, vivait en 1451, et avait épousé N*** de la Houssaye, fille de Bertrand, dont :

1° Bertrand, qui suit ;
2° Jehan de Bréhant, qui vivait en 1485.

IX. Bertrand de Bréhant, qui vivait en 1459, et dont on ne connaît pas l'alliance, eut pour enfants :

1° Pierre, qui suit ;
2° Marguerite de Bréhant, mariée à Jacques le Moënne, seigneur de la Touche, dont :

Bertranne.

Marguerite mourut en 1547.

X. Pierre de Bréhant, deuxième du nom, seigneur de la Vigne, épousa Guillemette du Parc, et mourut avant 1528. Il eut pour enfants :

1° Olivier, qui suit ;
2° Antoine de Bréhant, employé dans la Réf. de 1513, par de Bréhant-Moncontour : « le Drémit, à Antoine de Bréhant ; »
3° Jeanne de Bréhant. Elle épousa N*** Martel, seigneur de Bosquilly, dont elle eut : Hélène, née le 5 mars 1608. (V. *Preuves*, nos 27, IXe degré, et 34, XIIe degré).

XI. Olivier de Bréhant épousa, avant 1555, sa cousine germaine, Bertranne le Moënne, fille de Jacques, seigneur de la Touche, et de Marguerite de Bréhant, fille de Bertrand, dont :

1° Jean, qui suit ;
2° Françoise de Bréhant, morte sans avoir été mariée ;

3° Olive de Brehant, mariée à Pierre le Mintier, seigneur de la Villecession.

XII. Jean de Brehant, sieur de la Salle-Villéon, mort sans hoirs en 1597. Il était majeur au jour de son décès, et eut pour curateur Alain des Deserts.

SUJETS DU NOM DE BREHANT DONT L'ATTACHE N'EST PAS CONNUE.

A ajouter :

N*** de Brehant. Elle épousa Jean de Coëtlogon, sieur du Breuil, fils d'Yves, sieur du Gué-de-l'Isle, qui vivait en 1427 (*Saint-Allais*, Nobiliaire universel, p. 258, t. 9).

N*** de Brehand, religieuse en 1789 de l'abbaye de Ronceray du diocèse d'Angers (*Saint-Allais*).

A retrancher :

Page 134 de la *Généalogie de Brehant* : Guillaume de Brehant, ligne 8 ;

Pierre de Brehant, ligne 10 ;

Antoine de Brehant, ligne 17 ;

Pierre de Brehant, ligne 21.

Page 135 :

Anne de Brehant, ligne 1 ;

Charles de Brehant, ligne 6.

L'on connaît maintenant l'attache des sujets ci-dessus dénommés.

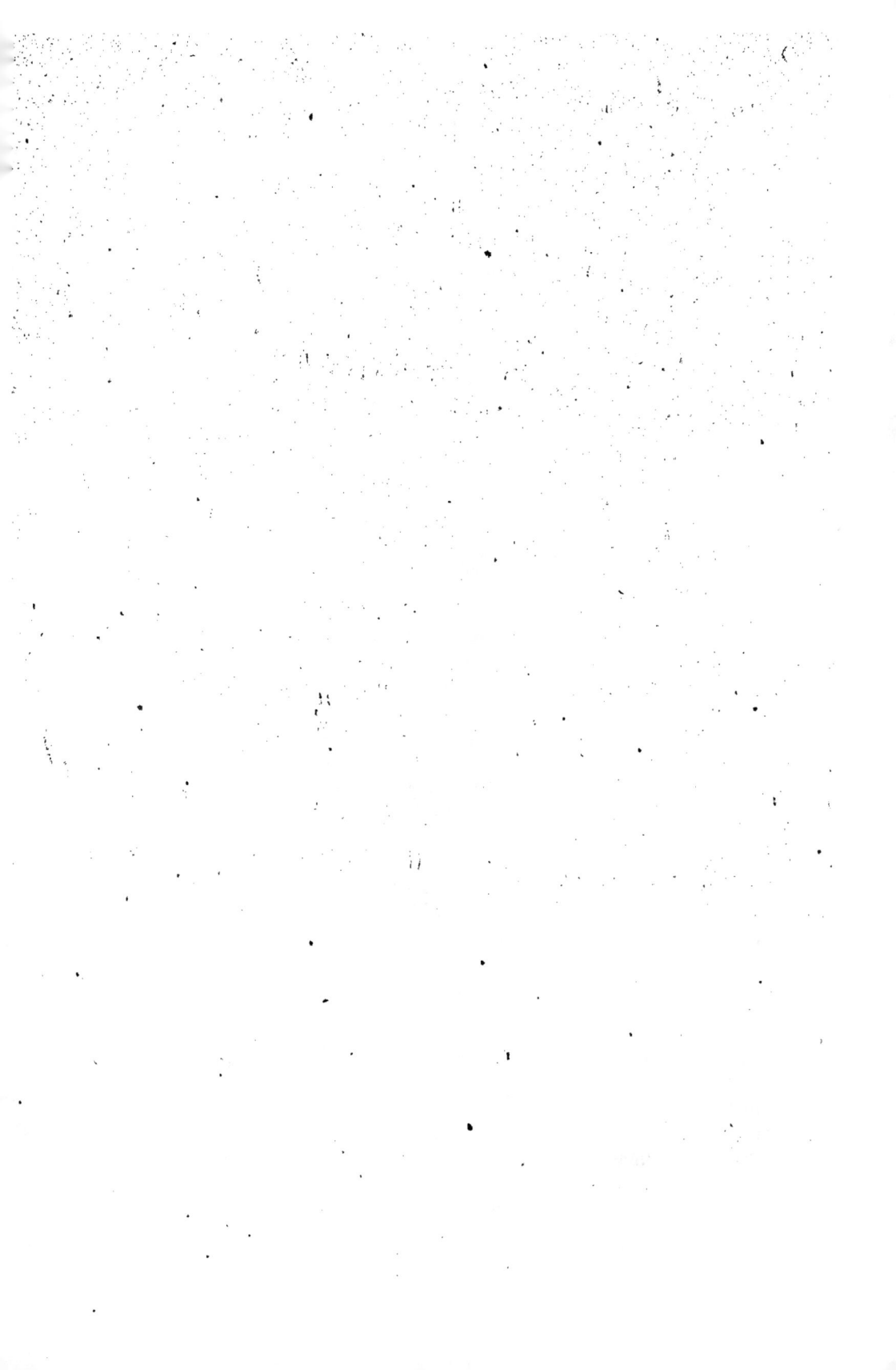

DEUXIÈME PARTIE

PREUVES N° 26

ORIGINE ET PREMIERS SUJETS.

Les questions d'origine sont épineuses et sujettes à controverse, surtout quand on fait dater les origines de l'époque où les noms patronymiques n'étaient pas encore bien fixés dans les familles. C'est ainsi qu'on élève des doutes sur la jonction des Brehant aux Brient qui vivaient au xı⁰ et xıı⁰ siècles et que, dans divers cas, on la leur conteste même entièrement. J'ai reçu à ce sujet plusieurs lettres de M. de C., très-versé, comme chacun sait, dans les matières qu'elles ont pour objet ; matières dont il a fait depuis longues années une étude approfondie. Il en résulte pour moi une difficulté plus grande à combattre les objections qu'il m'oppose, ne pouvant avoir la prétention de rivaliser avec lui d'érudition et d'expérience. J'entreprendrai néanmoins de lui répondre dans les limites de mes faibles connaissances, pensant d'ailleurs avoir des arguments d'une valeur réelle à produire dans l'intérêt de ma cause.

Le passage suivant d'une lettre de M. de C. posant clairement les principales questions à examiner, je le prendrai d'abord pour guide, sauf à m'occuper plus tard de celles qui n'y sont pas présentement indiquées. « Quant aux origines, je persiste à dire qu'il existe trois » hypothèses qu'il faut discuter séparément, parce qu'elles sont bien » distinctes : 1⁰ le nom emprunté aux paroisses de Brehant, c'est » celle qui me sourit d'avantage ; 2⁰ le nom retenu d'un certain clan » de *Brientenses*, dont l'existence est constatée dans les preuves de » D. Morice, mais qu'il faut étudier en détail ; 3⁰ le nom de baptême » Brient, transformé en nom patronymique. »

La *Généalogie de Brehant*, (p. 70, l. 16) porte que les Brehant donnèrent leur nom aux paroisses de Brehant-Loudéac et de Brehant-

Moncontour. M. de C. ne partage pas cette opinion. « En Bretagne,
» dit-il, où les circonscriptions des paroisses ne coïncidaient pas gé-
» néralement avec celles des fiefs, peu de familles ont tiré leur nom
» des paroisses, mais beaucoup l'ont emprunté aux fiefs : je n'en con-
» nais pas qui l'aient imposé à des paroisses, par la raison que l'éta-
» blissement des paroisses a précédé les noms patronymiques. C'est
» à cause de cela que je ne crois pas que les Brehant aient donné
» leur nom aux paroisses de Brehant-Loudéac et de Brehant-Mon-
» contour : ils l'ont plutôt reçu de ces paroisses... Je ne vois nulle
» preuve que les Brehant aient été seigneurs de *l'universalité* de
» ces paroisses. Ils possédaient les principaux fiefs dans leur cir-
» conscription, cela a suffi pour qu'ils en prissent le nom, comme le
» firent les d'Argentré, les Cornillé, etc. Mon sentiment est donc que
» le nom patronymique de Brehant est venu de la possession des
» principaux fiefs dans la paroisse de Brehant. »

L'établissement des paroisses a précédé les noms patronymiques,
je l'admets en thèse générale ; mais les paroisses ne datent pas toutes
de la même époque et se sont formées suivant les besoins spirituels
des populations au fur et à mesure de leur accroissement dans certaines circonscriptions territoriales. Alors pourquoi une famille noble, riche et influente dans une de ces circonscriptions n'aurait-elle
pas donné son nom à une paroisse ; et ne peut-on pas supposer que
le bourg, chef-lieu de cette paroisse, a pris naissance dans une
agglomération de tenanciers qui sont venus se grouper autour du
manoir seigneurial? Les choses ont dû se passer quelquefois de la
sorte, et il m'est facile d'en trouver des preuves autre part que dans
la famille de Brehant, en supposant que celle-ci en soit une. Ainsi
n'est-il pas constant que Giron, fils d'Anquetil, qui vivait en l'an 1000,
donna son nom à un château auquel la ville de Châteaugiron a dû son
origine? J'aurai l'occasion tout à l'heure de fournir une preuve plus
déterminante encore de ce que j'avance. Je dois ajouter, à l'appui de
mon opinion, que le seigneur était, en certains cas, fondateur et possesseur de l'église de la paroisse à laquelle il avait donné son nom.
Cela résulte évidemment, par exemple, de la donation à l'abbaye de
Saint-Mélaine de l'église de Brehant par Moysan et ses frères Guernon, Eudon et Judicaël de Brehant, qu'ils possédaient par droit
d'héritage, *jure hereditario*, dit l'acte? (V. *Généalogie de Brehant*,
p. 73, l. 10). L'occasion s'offrira de revenir à Moysan et à Judicaël
de Brehant, quand j'aurai à parler d'eux plus tard, à propos de diverses autres questions dans lesquelles ils sont parties intéressées.

Il me reste à faire une dernière observation qui semble donner gain
de cause aux prétentions des Brehant d'avoir donné leur nom aux
paroisses de Brehant-Loudéac et de Brehant-Moncontour. La maison
de Brehant s'est subdivisée, dès son origine et à une époque contem-
poraine, en deux branches bien distinctes qui se sont établies, l'une,
celle de Brehant-Moncontour, dans le voisinage de Saint-Brieuc,

Dinan, Lamballe et Moncontour; l'autre, celle de Brehant-Glécoët, dans la vicomté de Rohan. La première donna lieu postérieurement aux rameaux de la Roche-Brehant, de Belleissue, Galinée et Mauron (toutes deux devenues successivement branches aînées), de la Plesse et de la Villehatte, etc. Ce ne sont pas là de pures hypothèses, mais bien des faits attestés par des preuves nombreuses. D'après cela comment expliquer que deux branches ayant nom patronymique *Brehant*, aient emprunté en même temps ce nom aux paroisses de Brehant-Moncontour et de Brehant-Loudéac, où elles étaient possessionnées l'une et l'autre dès l'époque la plus reculée?

Si cette circonstance peu ordinaire, l'on en conviendra, ne m'avait tout d'abord vivement frappé parce que je crois y voir un argument très fort en ma faveur, j'adopterais sans hésiter l'opinion de M. de C., n'attachant qu'une médiocre importance à la question de savoir si les Brehant ont emprunté leur nom aux paroisses de Brehant, ou si au contraire ce sont ces dernières qui ont été nommées d'après eux. Cela est si vrai, que je suis prêt à abandonner cette dernière hypothèse si, se basant sur des raisons péremptoires, l'on peut tirer de l'exposé des faits dans lesquels je viens d'entrer, une conséquence autre que la mienne.

Je continue l'analyse des lettres de M. de C. « Maintenant restent » deux autres hypothèses à examiner : le nom de Brehant viendrait » de Brient ou bien des princes de Brechannie, dans le pays de » Galles, ce qui constitue deux origines bien distinctes... Quant aux » princes de Brechannie, au pays de Galles, qui auraient passé en » Armorique où ils auraient formé le clan des *Brientenses* * et donné » des martyrs à la foi, il y a là toute une question à élucider. L'auteur » de la *Généalogie mss.* a évidemment voulu rattacher ces martyrs » aux vicomtes de Poudoure et puis aux Brehant : c'était là l'objet » de sa lettre à D. Lobineau qui éluda la proposition... A l'époque » où la *Généalogie mss.* a été dressée, la critique historique était » encore peu avancée : on ne peut donc la suivre à la lettre sans » la contrôler toutes les fois qu'il est question des origines. »

Je n'ai pas à m'occuper des princes de Brechannie, ayant expressément fait mes réserves à cet égard à la page 71, ligne 31 de la *Généalogie de Brehant.* J'ajouterai néanmoins que c'est surtout à titre de curiosité historique, ou légendaire, si on l'aime mieux, que j'ai reproduit la citation de Pierre le Baud. En ce qui concerne l'auteur de la *Généalogie mss.* (qui, comme semble le croire M. de C., n'est pas le comte de Mauron, bien que probablement celui-ci n'y soit pas resté

---

* *Note de M. A. de Barthélemy.* Je ne puis, au point de vue de la critique historique, admettre le clan des *Brientenses*, attendu que la lecture la plus certaine de l'acte est *Britennensium*. Ces bretons étaient parfaitement distincts, je crois, des vicomtes de Poudouvre. Ils étaient dans le pays de Jugon ; les autres dans l'évêché de Saint-Malo.

étranger); je dois faire remarquer qu'il se contente de rapporter le passage de le Baud sans exprimer d'opinion.

Une des hypothèses de M. de C., est, comme on l'a vu précédemment, le nom de baptême *Brient* tranformé indûment en nom patronymique. Est-elle acceptable rigoureusement? Non, sans doute. Je me contenterai seulement, quant à présent, de faire remarquer à cet égard que dans plusieurs actes des xi° et xii° siècles *Brient* est précédé d'un autre nom, évidemment un nom de baptême, comme, par exemple, Arnaud Brient : *Testes : de dono Gaufredi frater illicis batardus Normanus filius Alnardi Brienni* (V. la *Généalogie de Brehant*, p. 73, l. 2).

Au surplus, M. de C. semble lui-même avoir cessé d'attacher quelque importance à cette hypothèse, quand il dit dans un autre endroit de ses lettres : « Tous les Brient qui figurent dans la donation de la » forêt de Puzarlès appartiennent évidemment aux Châteaubriant. » (Je combattrai en son lieu cette opinion). L'on ne peut vraiment pas prétendre que Brient, nom patronymique quand il s'agit des Châteaubriant, ne soit plus qu'un nom de baptême appliqué aux Brehant. Il est vrai que M. de C., comme on le verra plus bas, tient pour certain que les membres de la famille de Châteaubriant ne prirent encore que leur nom de baptême dans l'acte de donation de la forêt de Puzarlès (1110); mais je ne puis vraiment pas croire avec lui que le nom *Brient*, sous lequel ils sont désignés dans cet acte, soit seulement un nom de baptême, et en supposant qu'il l'eût été dans l'origine, il avait cessé de l'être, puisqu'il fut porté par les premiers sujets des Châteaubriant, comme on peut s'en convaincre en consultant les diverses généalogies de cette maison, sans en excepter du Paz. C'était si bien un nom patronymique que Courcelles, dans son *Histoire généalogique et héraldique des pairs de France*, dit : « La maison » de Châteaubriant... vers le commencement du onzième siècle, a » donné son nom à une forteresse considérable qui, depuis cette » époque reculée, est devenue le chef-lieu de la ville et baronnie de » Châteaubriant. » Ce qu'on vient de lire s'accorde d'ailleurs avec l'extrait donné par D. Morice, t. 1, col. 1401, des trois chartes de Marmoutiers, concernant la fondation du prieuré de Bairé-lez-Chasteaubriant, suivant lesquelles Brient ou Brien, vivant à la fin du x° siècle, possédait un château qui, de son nom, était appelé Chasteau-Briant.

C'est ce passage de Courcelles que j'avais en vue il n'y a qu'un instant à l'appui de mon sentiment que, dans certains cas, les noms de paroisse dérivent de la seigneurie.

J'aborderai présentement la question d'origine, mais en mettant d'abord sous les yeux des lecteurs les objections de M. de C. dans l'ordre des citations. « Parmi les Brient, il convient de procéder par » voie d'éliminations. Il est clair que Brient-le-Vieux, Brient, fils de » Gascha, Brient, fils de Geoffroy, et Olivier, fils de Brient, ap- » partiennent aux Châteaubriant. Comparez l'acte de donation

» de Puzarlès avec du Paz, il ne vous restera pas de doute. »

J'ai lu très attentivement dans du Paz tout ce qui a rapport aux premiers sujets de la maison de Châteaubriant, et je n'y ai trouvé aucune trace de Brient-le-Vieux.

Même silence de la part des autres auteurs qui ont traité de l'Histoire généalogique de cette maison. Cette omission aurait lieu de surprendre si Brient-le-Vieux lui appartenait réellement, attendu que celui-ci, qualifié dans un acte authentique bien connu *Brientensium summus dominus*, était à coup sûr un personnage haut placé, et en raisonnant d'après l'hypothèse de M. de C., le chef de la famille des Brient, c'est-à-dire des Châteaubriant. L'on fera remarquer en sus que cette qualification de *summus dominus* appliquée à Brient *et aux siens*, prouve une fois de plus que *Brient* était un nom patronymique, tout au moins dans cette circonstance. Il est donc bien avéré que les auteurs n'ont jamais rattaché Brient-le-Vieux aux Châteaubriant.

« Je ne vois pas non plus, ajoute M. de C., aucune preuve ou in-
» dice grave que Alain, fils de Brient, vicomte de Poodoure en 1184,
» appartint aux Brehant. Les noms de famille se sont établis en
» Basse-Bretagne plus tard que dans la Haute, et dans celle-ci plus
» tard qu'en France. Si, en 1110, les membres de la famille de Châ-
» teaubriant ne prennent encore que leur nom de baptême à la dona-
» tion de Puzarlès, comment ne pas concevoir quelques doutes sur
» la dénomination des témoins de la fondation du prieuré de Jugon
» en 1109? »

L'on trouvera plus loin ma réponse à ce qu'avance M. de C., au sujet de Norman de Brehant, qui signe comme témoin à la fondation du prieuré de Jugon, en l'an 1109. (V. la *Généalogie de Brehant*, page 73, ligne 3).

« L'an 1080, dit Ogée, la seigneurie de Brehand-Loudéac apparte-
» tenait à Brehand-le-Vieux » (*Brientius senex*), dont je viens de parler, et auquel j'aurai probablement à revenir encore plusieurs fois.

Sur quoi se fonde M. de C. pour faire de Brehant-le-Vieux un Châteaubriant, quelles preuves décisives fournit-il à l'appui de son opinion? L'acte de donation de la forêt de Puzarlès qu'il interprète à son point de vue. Les Châteaubriant possédaient-ils dans cette partie de la Bretagne qui fut la vicomté de Rohan, des fiefs et seigneuries considérables? Je n'en vois de traces nulle part, tandis qu'il est bien démontré que Geoffroi de Brehant (V. la *Généalogie de Brehant*, p. 75, l. 27), possédait dans cette circonscription la terre de Glécoët, qui a donné son nom à la branche de Brehant-Glécoët.

Cette terre située dans le voisinage de la seigneurie de Brehant-Loudéac, qui avait appartenu à ses ancêtres, en était peut-être un démembrement. Je suis encore plus porté à croire que Brient-le-Vieux était réellement un Brehant quand je vois que Connan, son petit-fils, fut surnommé de *Moncontour* (V. la *Généalogie de Brehant*, p. 72,

I, 30), ce qui indique clairement qu'il était possessionné sur le territoire de cette ville, et laisse supposer en outre qu'il appartenait à la branche aînée de Brehant qui, ayant cessé de posséder la seigneurie de Brehant-Loudéac, devenue la propriété des Rohan par une raison qu'on ignore, vint habiter ses fiefs de Brehant-Moncontour, tandis que la branche cadette de Glécoët continua de résider jusqu'à son extinction dans ses terres de Glécoët, Coëtuhan, Marec, etc., en la paroisse de Brehant-Loudéac (V. *Généalogie de Brehant*, branche de Brehant-Glécoët, p. 108).

Maintenant, si l'on persiste à soutenir que Brient-le-Vieux était un Châteaubriant, que faut-il en conclure? Que les Brehant seraient une branche puînée de l'illustre maison de Châteaubriant, comme l'ont prétendu quelques généalogistes, notamment l'auteur de la *Table généalogique*, dont il est parlé à la page 71, ligne 8, de la *Généalogie de Brehant*.

Comment expliquer autrement que les Brehant aient donné leur nom à la paroisse de Brehant-Loudéac, ou aient été nommés d'après elle? Je n'entends nullement par là revendiquer pour les miens l'honneur d'appartenir aux Châteaubriant; je ne fais que tirer une conséquence de l'affirmation de M. de C. que *Brientius senex* était un premier sujet des Châteaubriant.

Une des raisons de M. de C. pour attribuer Brient-le-Vieux aux Châteaubriant est basée sur ce que celui-ci est témoin dans l'acte de donation de la forêt de Puzarlès à l'abbaye de Marmoustier et « qu'il » s'agit là des barons du pays nantais, » où les Brehant n'étaient pas possessionnés. Cette dernière circonstance me touche peu, ne pensant pas qu'il soit strictement nécessaire que tous les témoins mentionnés dans cet acte appartiennent au pays nantais. Si cependant l'on se fait une arme contre moi de la non-possession présumée des Brehant dans cette partie de la Bretagne, je citerai un acte de la fin du XIIIe siècle qui semble au contraire l'affirmer. « A tous ceulx qui ces pré- » sentes lettres verront et orront, Jehan Guaslineau valet, en icel » temps signor de Vieillevigne et de la Poconnière, salut en notre » Signor. Sachent tous que Olivier de Breent valet et Guillemette, sa » femme, vendirent par devant nouz à Guillaume de Breent, frère au » davant dit Olivier, tout ce que iceulx pouvoint avoir de rente, de » signorie de propriété et de possession en la paroisse de Vieillevigne, » de l'an 1290. » Cet acte, dont je dois la communication à M. Stéphane de la Nicollière, est extrait du vol. 36 de la Collection des Blancs-Manteaux, où il figure parmi les titres de l'abbaye de Geneston, du diocèse de Nantes.

L'orthographe des noms de famille diffère quelquefois à ce point dans les actes anciens, qu'il est souvent difficile de les assigner à qui de droit. Tel n'est pourtant pas le cas ici, et il me paraît hors de doute que *Breent* est mis pour Brehant dans cet acte de 1290. Il est aussi bien certain qu'il ne s'agit pas là des Châteaubriant, les membres de cette famille étant à cette époque depuis longtemps déjà en possession de leur nom patronymique allongé.

M. de C. ajoute dans un autre endroit de ses lettres : « Je trouve
» aussi qu'on ne peut, en cette matière (il s'agit toujours de Brient-
» le-Vieux), rien accepter sur la foi d'Ogée, dépourvu de tout crédit.
» Il n'en est pas ainsi de Le Baud, homme instruit et de bonne foi.
» En résumé, le nom de Brehant apparait très nettement en 1272, et
» déjà dans une position très distinguée ; mais tout ce qui précède
» cette époque est vague et aurait besoin d'éclaircissements. »

Je trouve bien sévère le jugement porté sur Ogée. Le *Dictionnaire historique et géographique de la province de Bretagne*, est le seul ouvrage imprimé qui réunit en un ensemble et ordre méthodique le plus d'informations diverses sur la Bretagne. La nouvelle édition qu'on en a publiée il y a quelques années prouve qu'il n'est pas tombé dans un aussi grand discrédit qu'on veut bien le dire. L'on doit reconnaître tout au moins qu'il est le résultat de nombreuses recherches faites dans les dépôts d'actes publics, les archives de l'époque et les anciennes Réformations de la noblesse, en Bretagne. Il est surtout d'une incontestable utilité en tout ce qui touche les anciens fiefs, les seigneuries, et les hautes, moyennes et basses justices.

Cette défense d'Ogée est, après tout, très désintéressée de ma part ; car c'est d'après les *Annales briochines* que cet auteur classe Brehant-le-Vieux parmi les premiers sujets du nom.

Je serais surpris que l'abbé Ruffelet, dont l'ouvrage est généralement estimé, fût compris dans l'anathème lancé contre Ogée. Au surplus, les généalogistes les plus autorisés, les plus scrupuleux, ne dédaignent nullement le témoignage d'Ogée ; j'en pourrais citer plusieurs exemples que j'ai sous les yeux.

M. A. de Barthélemy ne croit pas, comme M. de C., que Brient-le-Vieux (*Brientius senex* ou *vetulus*) appartienne aux Châteaubriant. Il le rattache à la maison de Porhoët, et pense qu'il est le même peut-être que Brient qui se disait en 1184 descendant des vicomtes de Porhoët. Cette date ne concorde pas avec celle (1080) assignée par l'abbé Ruffelet et D. Lobineau à l'acte dans lequel Brient-le-Vieux est qualifié *Brientensium summus dominus*, etc.

« En 1124, l'église de Brehant est donnée à l'abbaye de Saint-
» Mélaine par l'évêque de Saint-Brieuc, en présence de Judicaël *de*
» *Brehant*, moine de Saint-Mélaine. Cette qualité de moine me fait
» douter qu'il s'agisse ici d'un vrai Brehant. Il est plus conforme aux
» usages de l'époque d'en conclure que Judicaël était natif de la pa-
» roisse de Brehant. » Et plus loin :

» Si, en 1124, je voyais l'église de Brehant donnée à l'abbaye de
» Saint-Mélaine par Judicaël de Brehant lui-même, je me rendrais :
» ce serait le seigneur du fief disposant de sa chose ; mais le donateur
» est l'évêque de Saint-Brieuc, et Judicaël ne figure là que comme
» témoin, et il est moine, à une époque où les cadets retenaient ra-

» rement le nom de leur père, où ils le quittaient généralement pour
» prendre le nom de la terre qui leur était échue en partage. Il était
» tout simple que les moines, qui avaient renoncé au siècle, ne gar-
» dassent absolument que leur nom de baptême, et l'étude attentive
» des actes prouve qu'il en était effectivement ainsi. Judicaël ne m'est
» donc pas autant suspect à cause de l'époque de 1124 qu'à cause
» de sa qualité de moine, qui me paraît incompatible avec une dé-
» nomination qui impliquerait alors une possession séculière. »

Il m'est impossible de me rendre aux objections de M. de C. quand
je relis avec attention l'acte de donation de 1124. J'y vois que Moysan,
Guernon, Eudon et Judicaël de Brehant se sont dessaisis entre les
mains de l'évêque de Saint-Brieuc, leur diocésain, de l'église de Brehant qui leur appartenait *par droit d'héritage*, et que celui ci l'ayant
rétrocédée à l'abbaye de Saint-Mélaine, fit intervenir dans l'acte de
donation les anciens possesseurs laïques, comme parties moralement
intéressées. L'abbé Ruffelet mentionne cet acte de donation dans les
Annales briochines * : « Non moins libéral envers les moines de
» Saint-Mélaine, il (l'évêque de Saint-Brieuc) leur donna l'église de
» Planguenoual et celle de Brehant. Cette dernière appartenait à des
» laïques qui en jouissaient depuis longtemps *à titre d'héritage*, et
» qui, touchés de Dieu, s'en *démirent* entre les mains de l'évêque de
» Saint-Brieuc. »

Je cherche à m'expliquer comment, *dans les circonstances don-*
nées, l'argument de M. de C. peut atteindre Judicaël de Brehant, puisque l'Évêque de Saint-Brieuc n'était en quelque sorte que le représentant des possesseurs laïques, Moisan, Guernon, Eudon et Judicaël
de Brehant. (V. *Généalogie de Brehant*, p. 73, l. 10, et *Preuves*,
n° 26).

Quant à l'objection basée sur ce que Judicaël était moine, il est, je
crois, facile d'y répondre. Rien à la vérité ne prouve qu'à la date de
l'acte de donation de l'église de Brehant, il fut ou eût été seigneur
du fief, mais rien non plus ne démontre le contraire. Ne peut-on pas
supposer, sans forcer l'hypothèse, que comme Moysan de Brehant
devenu moine et abbé de Saint-Aubin-des-Bois après avoir renoncé

---

* *Note de M. A. de Barthélemy.* « Ce ne serait peut-être que par cet
» acte que l'on pourrait expliquer le nom de Brehant porté par une famille
» et une paroisse. La paroisse de Brehand était sous le vocable de..... Au
» commencement du XII° siècle, elle appartenait à des laïques, elle pouvait
» donc s'appeler St... de Brehand, ou de Brehand. Ces laïques la rendirent
» à St-Mélaine et elle conserva leur nom, comme aujourd'hui Napoléon'
» puis Napoléonville Il est à remarquer, en effet, qu'il n'y a pas de fief du
» nom de Brehand (Moncontour), que les laïques possessionnés dans cette
» paroisse n'avaient pas de droits de haute justice. Je serai donc tenté de les
» supposer issus des anciens propriétaires de la paroisse au XII° siècle et
» dépossédés volontairement de leur fief par la donation de 1124. »

au monde (V. *Généalogie de Brehant*, p. 73, l. 18), Judicaël ne se fit moine qu'à un âge avancé? N'est-il pas présumable aussi que Judicaël, moine, n'a pris dans l'acte de donation une dénomination *séculière*, que pour rappeler par là qu'il y était intéressé à un titre quelconque par son nom de Brehant?

Une particularité qui a droit de m'étonner, c'est de voir, à la même époque à peu près, Norman, Judicaël de Brehant, moine de Saint-Melaine, et Moysan, plus tard abbé de Saint-Aubin-des-Bois, *tous trois natifs seulement de la paroisse de Brehant*, selon le raisonnement de M. de C., car ce qu'il dit de Judicaël s'applique nécessairement à Norman et à Moysan, quoiqu'il n'en parle pas.

Ce qui ne m'étonne pas moins, c'est de ne rencontrer dans les actes antérieurs à l'adoption définitive des noms patronymiques en Bretagne, aucun autre nom placé dans les mêmes conditions que Norman, Judicaël et Moysan, c'est-à-dire suivis d'un nom de *paroisse;* à moins pourtant qu'on n'assimile aux Brehant contestés Alain de *Rieux*, Hervé de *Lohéac*, Hervé *d'Acigné* et autres, dont je parlerai dans un instant à l'occasion de l'identité de Norman de Brehant.

Au surplus, je suis à même d'établir, je crois, mieux que par le simple raisonnement, la personnalité des anciens possesseurs laïques de l'église de Brehant. La copie de l'acte de donation de cette église, conservée dans les archives de Chabrillan, est beaucoup plus développée que celle de D. Morice *, et en diffère quelque peu; ainsi, au lieu de : *Videlicet Moesano, Guerone et Eudone*, on lit : *Videlicet Moesano, Guerone et Eudone de Brehant, Judicaëio que ejusdem presbitero.* La version citée par moi offre, comme on pourra s'en convaincre, un caractère d'authenticité incontestable. (V. *Preuves*, nᵒ 26).

« Si j'écarte l'acte de donation de la forêt de Puzarlès, en 1110, » j'adopterais plus facilement l'acte de donation du prieuré de Jugon » en 1109, où je vois Guillaume, fils de Norman de Brehant, mais là » encore j'ai des scrupules; je ne crois pas qu'en 1109 les noms » patronymiques eussent encore pénétré en Basse-Bretagne, et » Norman me paraît nommé Brehant du lieu de sa naissance ou de » sa résidence. Quant aux Brient qui le suivent dans cet acte, je » les écarte impitoyablement. »

L'identité de Norman n'étant pas, selon moi, plus attaquable que celles de Judicaël et de Moysan, bien que la date (1109) de la fondation du prieuré de Jugon soit antérieure à celle de la donation de l'église de Brehant, je me bornerai à quelques observations que me suggère cette date. M. de C. ne croit pas qu'en 1109 les noms patronymiques eussent déjà pénétré en Bretagne, et cependant je rencontre

---

* Les preuves rapportées par D. Morice ne sont parfois qu'un résumé des actes qu'il avait sous les yeux, témoin l'exemple que j'en donne à la page 191 de la *Généalogie de Brehant.*

dans les preuves de D. Lobineau en 1026; Alain de Rieux (*Alanus de Rext*) et Hervé de Lohéac, t. 2, p. 99 ; en l'an 1032 et l'an 1089, Gauthier et Hervé d'Acigné (*Gautherius et Herveus de Aceniaco*), p. 114 et 142 ; avant 1108, Geoffroy de Langan (*Gofredus de Langan*), p. 139 ; Morvan et David de Miniac (*Morvannus et David de Miniaco*) p. 133 et 140; en l'an 1108, Pleardus de Broons (*de Brohon*), p. 143 ; Thomas de Bélac, p. 143 et 144 ; Guillaume de Trémereuc (*Guillelmus de Trémaruc*); Geoffroy de la Bouessière (*Gofredus de Bosseria*); Gorand de Lanvalay (*Gorandus de Lanvelei*), p. 142. Je trouve encore dans les preuves de D. Morice, t. 1., en l'an 1080 et l'an 1112, Haimo de l'Espine (*Haimo Spina*), et Gauthier de l'Espine (*Gauterius Spina*), col. 455 et 536 ; en 1063 et 1090, Hélie de Pontchâteau (*Helias de Pontis Castro*), col. 471; Geoffroy de Cornillé (*Gaufredus Cornilli*), col. 475 ; en l'an 1112, Botardus de Chastellier (*Botardus de Castelerio*), col. 526, et Hervé de Linières (*Herveus de Linertis*), etc.

Peut-on soutenir sérieusement que ces noms ne sont pas patronymiques et, ne peuvent s'appliquer aux ancêtres des Rieux, des Lohéac, des d'Acigné, etc?

Je ne pense pas qu'il soit possible à présent de douter de l'identité de Norman, Judicaël et Moysan de Brehant, considérés comme premiers sujets du nom de Brehant.

« Les noms de famille, dit M. de C., se sont établis en Basse-Bretagne plus tard que dans la haute, et dans celle-ci plus tard qu'on » France; » soit, mais l'usage des noms patronymiques n'a dû prévaloir que graduellement, et il est difficile d'indiquer d'une manière précise, avant 1200, l'époque à laquelle il fut adopté généralement et sans exception en Bretagne. L'exemple que je viens de citer des Rieux, des Lohéac, des d'Acigné, etc., semble ne laisser subsister aucun doute à cette égard. Une remarque qu'on ne manquera pas de faire, c'est que si l'on prend à la lettre l'opinion de M. de C. sur les origines antérieures à la première partie du xii⁰ siècle, l'on en arrive à contester celles de beaucoup de familles d'ancienne chevalerie qui, par tradition et avec toute raison sans doute, datent, entre autres (pour ne citer que des noms bretons) : les Volvire, de 996 ; les d'Acigné, de 1032 ; les Boisboissel, de 1035; les Raiz, de 1008; les Pontchâteau, de 1065; les Cornulier (par les Cornillé), de 1086; les du Plessis d'Argentré, de 1095; les la Roche-Bernard, Tinténiac, Saint-Gilles, Goyon, Kergorlay, Sérent, de la première croisade (1096); les Trémereuc, la Bouessière, Lanvelcy et Coëtquen, de 1108, etc. Si ces exceptions sont admises, je ne vois pas le motif qu'on peut alléguer pour en exclure les Brehant et leur refuser, dans cette circonstance, le bénéfice de ce qu'on accorde aux autres.

En somme, il résulte de tout ce qu'on vient de lire, que l'opinion qu'on veut faire prévaloir est celle-ci : contester la jonction des Brehant aux Brient. Ils datent authentiquement de 1275 (V. *Généalogie de*

Brehant, p. 76, l. 9), cela doit leur suffire, et prétendre remonter plus haut, c'est vraiment se montrer trop exigeant. Maintenant cette opinion doit-elle être acceptée rigoureusement? J'espère démontrer le contraire, après avoir préalablement discuté une objection soulevée par M. A. de Barthélemy. Il ne croit pas que le nom *Brehant* vienne de *Brient,* et en soit la traduction du latin. Cependant, si je ne me trompe, cette transformation est expliquée et semble résulter du texte même de quelques actes. On lit à la fin de l'acte de la fondation du prieuré de Jugon, en l'an 1109 (*D. Morice,* t. 1, col. 520): *Ex parte vero Oliverii, ipse Oliv. Guillelmus filius Norman* de Brihan; et dans un acte cité à la page 74 de la *Généalogie de Brehant,* Gaufridus de Brihan, qui signe comme témoin. L'on voit encore dans l'acte de 1110 (*D. Morice,* t. 1, col. 522, et *Généalogie de Brehant,* p. 72): *Testibus his : Ernaldi de Briendi* (oncle de *Gaufridus de Brihan*), et dans celui de 1267 (*D. Morice,* t. 1, col. 1010). *Stephan Brientii,* au génitif; c'est à-dire *Etienne de Brient.*

Je reviens à l'attache des Brehant aux Brient.

Que voit-on en parcourant la liste des Brient et des Brehant antérieurs à Jehan de Brehant (1) qui vivait à la fin du xiii⁰ siècle? Que Brient-le-Vieux était possessionné, en 1080, dans la paroisse de Brehant-Loudéac; que ce même Brient-le-Vieux fait, vers l'an 1080, une donation de certains fiefs à lui appartenant, et usurpés sur lui et ses ancêtres par les seigneurs de Dinan. (V. *Généalogie de Brehant,* p. 72, l. 11); que Guillaume, son fils, dit *le Vieux,* comme son père, est mentionné dans un titre de Marmoutiers de l'an 1100, *au sujet de fiefs et dîmes donnés à l'évêque de Saint-Brieuc et à l'abbaye de Saint-Mélaine, dans la paroisse de Brehant (Moncontour),* par ses ancêtres, et depuis par Connan, son aîné, surnommé *de Moncontour,* comme le furent plus tard Guillaume de Brehant (II) et Brient de Brehant, son petit-fils, particularité qui se rattache sans aucun doute à un souvenir de famille (V. *Généalogie de Brehant,* p. 72, l. 25; p. 78, l. 21, et p. 79, l. 28); qu'en 1124, Moysan de Brehant et Judicaël, son frère, avaient possédé dans la paroisse de Brehant-Moncontour (V. *Généalogie de Brehant,* p. 73, l. 10), que Geoffroy de Brehan est témoin d'un acte de ratification, en date de 1152, d'une donation faite antérieurement à l'abbaye de Saint-Mélaine, de la moitié des dîmes de Brehant-Moncontour (V. *Généalogie de Brehant,* p. 74, l. 3); que Raoul de Brehant donna, en 1275, à l'abbaye de Boquen, *une dîme, un pré et quelques fiefs situés dans les paroisses de Trébry et de Trédaniel, contiguës à celle de Brehant-Moncontour* (V. *Généalogie de Brehant,* p. 75, l. 9).

A ces premiers sujets du nom de Brient et de Brehant, il faut ajouter Etienne de Brehant, dont il est question dans un fragment de l'obituaire de l'église de Brehant (V. *Généalogie de Brehant,* p. 75, l. 16) et qu'on voit cité avec Thibaut de la Motte, Riou, Madeuc et autres, dans un registre latin de comptes et rachats de 1267 (*D. Morice,* t. 1, col. 1009); Geoffroi de Brehant, qui vivait en 1288, auteur de la branche de Brehant-Glécoët, et son frère Bertrand, de Brehant (V. *Généalogie de Brehant*, p. 75, l. 28 et 38). Au sujet de Connan Brient, petit-fils de Brient-le-Vieux, surnommé de *Moncontour*, je dois faire remarquer que c'est à tort qu'il est désigné comme fils de Brient-le-Vieux à la page 72, l. 30 de la *Généalogie de Brehant*, il était son petit-fils.

Comme on vient de le voir, les divers Brient et Brehant résidaient et possédaient des terres : 1° dans la paroisse de Brehant-Loudéac; 2° dans la paroisse de Brehant-Moncontour et les paroisses limitrophes. Or il est clairement prouvé par l'acte de Partage de 1309 et l'*Accord entre Guillaume et Jean de Brehant* (V. *Généalogie de Brehant*, p. 70, l. 17, et *Preuves*, n° 27), qu'à la même époque environ, Jehan de Brehant, premier degré de la filiation, était largement possessionné dans la paroisse de Brehant-Moncontour, comme l'était en 1329, dans celle de Brehant-Loudéac et les paroisses du voisinage, Robin de Brehant, sire de Glécoët (V. *Généalogie de Brehant*, p. 106, l. 7). Il n'est pas inutile de faire remarquer en outre que depuis lors, les descendants de Jehan de Brehant n'ont cessé, jusqu'au milieu du XVIII° siècle, de posséder terres, fiefs et seigneuries dans la circonscription embrassant les territoires de Saint-Brieuc (est), Dinan, Lamballe et Moncontour, notamment dans les paroisses de Brehant-Moncontour, Maroué, Andel, Meslin, Noyal, Saint-Alban, Morieux, Planguenoual, Henansal, la Bouillie, Henan-Bihan, etc. Il en fut de même des descendants de Robin de Brehant, sire de Glécoët, dans les paroisses de Brehant-Loudéac, La Chèze, Rohan, etc, jusqu'à l'extinction de la branche de Brehant-Glécoët, arrivée entre 1670 et 1696.

Après cet examen des faits et les explications dans lesquelles je suis précédemment entré, est-il possible de contester d'une manière absolue l'affinité entre certains Brient et les Brehant ?

Les diverses hypothèses que j'ai eu à discuter m'ont forcé à quelques répétitions ayant un rapport direct et indispensable avec chacune d'elles, et que par cela même il m'a été impossible d'éviter. C'est ainsi que j'ai été amené à citer plusieurs fois l'acte de donation (1124) de l'église de Brehant à l'abbaye de Saint-Mélaine.

Je dois ajouter en outre que si j'ai insisté à plusieurs reprises sur le fait de possession dans certaines localités, c'est que j'ai pensé qu'on en pouvait déduire de sérieux arguments en faveur du système adopté à l'égard des premiers sujets du nom de Brehant.

Je terminerai en rappelant, pour mettre ma responsabilité à couvert, que je n'ai fait que répéter ce qu'avaient dit avant moi, sur la question d'origine, la *Généalogie mss. de la maison de Brehant*, Moréri, La Chesnaye des Bois, l'abbé Ruffelet, Ogée, les généalogies mss. de la Réformation de 1668 et de la Collection des Blancs-Manteaux, etc. Je n'avais nulle raison pour ne pas adopter la manière de voir de l'auteur de la *Généalogie mss.*, homme compétent, dont je n'ai pas lieu de suspecter le savoir et le jugement, et depuis que j'ai étudié plus à fond cette question d'origine, je suis encore plus porté à croire qu'il est très souvent dans le vrai.

N. DE BREHANT.

Donation de l'église de Brehant-Moncontour à l'abbaye de Saint-Mélaine.

1124. Jam presentibus quam futuris notum fieri volumus quod Joannes venerabilis Episcopus S. Brioci, cum assensu capituli sui donavit Ecclesiam de Brehant, salvo jure episcopali, Radulfo abbati et monachis S. Melanii, in perpetuo habendam, concedentibus, atque ipsum episcopum deprecantibus illis qui eam jure hereditario diucius obtinenuerant, videlicet Morsano, Guerrone et Eudone de Brehant, Judicaelo quoque ejusdem presbitero, quia, relicto sœculo, in Monasterio S. Melanii ordini monastico sese mancipavit.

Deinde quibusdam emulis hoc donum calumniantibus, et super hoc clamorem suum ante Episcopum deponentibus, magnalis exorta, talimodo sopita est; Episcopus siquidem D. Abbatem Radulphum et monachos S. Melanii predictosque adversarios, dato competenti termino, et Loco ad causam convocavit, racionibus vero utriusque partis in presentia authenticorum personnarum in concilio Briocensi expositis, omnium qui adderant judicio scilicet Archiepiscopi Dolensis, et suorum clericorum, atque Archidiachonorum S. Brioci, et Aldrinii Cappellani Comitis. Prefata ecclesia abbati et monachis, consona voce adjudicata est, dequa Episcopus Briocensis in conspectu omnium qui adderant. Abbatem et monachos dictante justitia revestivit, salvo jure episcopali : hujus rei testes sunt, ipsi judices superius nominati, Abbas Radulfus, cum monachis suis, Theobaldo Priore, Roberto de Moncontorio, Gaufredo de Moriaco, Judicaelo de Brehant, Judicaelo de Plomaldan, Galterio de Lambaulio, laici vero, Morinus filius Normanni et frater ejus, Robertus, Hamo quoque filius Roberti, Mauricius de Moriaco, Yrvoedus filius Aldrini.

Le susd. Extrait a été fidellement collationné par moy soussigné procureur et garde de charles de l'abbaye de Saint-Mélaine-lez-Rennes, ce 22 août 1696. Signé : F. Urbain Sebille.

(Archives de Chabrillan).
Pris sur l'Extrait original.

1164. « S. Albinus de Nemore. II. Moysanus a quibusdam dictus » de Brehant, anno 1164, prædium quoddam in vadimonium accepit » a Bertrando filio *Manguy;* inter Prob. Hist. Brit. T. 1, col. 655, » ad eumdem anno 1163, Alexandri papæ litteræ missæ fuerant, » quibus monachorum bona jura que sancita. » (*Gallia christiana,* tome complémentaire, page 1115).

*Confirmation d'une donation de Henri Rio par Olivier
de Dinan.*

1188. Dum vivit lictera, vivit et actio mandata lictere neque po-
test calumpnia infirmari : cognoscat igitur presens etas et postera
quod ego Henricus filius Henrici Rio dedi et concessi Beate Marie
Sancti Albini de Nemore in propriam et perpetuam elemosinam, pro
redempcione anime mee et animarum ante cessorum meorum VI minas
bladi in decima mea de Ruscha eum assensu et voluntate uxoris mee
Muliel; et ut res ista maneret stabilis et semper integra, eam feci
manduri licteris et sigilli domini mei Oliverii de Dinani munimine
roborari; multos preterea testes adhibui quorum sunt nomina suba-
rata : Gaufridus de Pulchro Nemore, Gaufridus filius Radulfi, Gaufridus clericus frater Henrici Rio, Gaufridus de Brean, Rivallonus Le-
ran.

Arch. des Côtes-du-Nord et Cabinet des Titres.

L'an 1272. *Cession faite par Geoffroy de Brehant de ses droits sur
la terre de Cuonoust.*

Universis presentes litteras inspectaris vel audituris Gaufridus de
Brehant, scutarius, salutem in domino.

Cum de mandato ac voluntate domini mei nobilis viri Alani Vi-
comitis de Rohan militis homagium fecerim Domino Alano de Lanvax
militi, et tenerer facere suis heredibus pro dicto vicecomite ratione
terrarum et broliorum de Cuonoust pertinentiarum eorumdem, quæ
terræ et brolia cum suis pertinentiis fuerunt quondam Domini Oliverii
de Lanvax, militis et postmodum Gaufridi de Hembont primogeniti
ejus filii, et quas præfatus vicecomes emit et jure exemptionis possi-
det ac possedit. De quo homagio Gaufridus de Lanvax quondam
militis defuncti me et meos heredes penitus in perpetuum quitavit, et
illud homagium eidem vicecomiti et suis heredibus totum pro toto penitus remisit in perpetuum. Notum facio pro me ac meis heredibus
sive successoribus, quod ego et mei heredes in prædictis terris et
Brollis et eorum pertinentiis nullum jus habemus vel reclamamus,
neque de cætero reclamabimus quoquo modo ratione dicti homaginii,
nec aliqua alia ratione. Et si quid mihi vel meis heredibus competit
in præmissis vel competere posset quoquo modo ego pro me et meis
heredibus et successoribus dicto jure expresse et specialiter renuncio,
et illud remitto pro me et meis heredibus et successoribus in futuram.
Et juro et juravi tactis sancto sanctis Evangeliis et promitto quod
contra contenta in presentibus litteris per me vel per alium non ve-
niam in futurum, renuncians specialiter et expresse omnibus excep-
tionibus et juris civilis facti, consuetudinis, consilio et auxilio per

quæ ego vel heredes mei vel successores possumus venire contra premissa vel aliquid premissorum. Et ut hoc ratum et stabile permaneat in futurum et in testimonium premissorum presentes litteras dedi dicto vicecomiti sigillo meo proprio sigillitas. Et ad majorem certitudinem Herveus de Bouteville Senescullus tunc temporis domini ducis Britanniæ de Broarec et de Ploarmel ad preces meas presentibus litteris sigillum suum una cum sigillo meo apponere dignum duxit; salvo jure Domini Ducis Britanniæ in omnibus.

Datum mense Augusti, anno domini M.CC. septuagesimo secundo *Acte de Blein, sans sceaux.* (*D. Morice*, t. 1, col. 1026).

—

Monsour Pierre de Chemillé, seigneur de la Chèze, en l'an 1241.

Aliénor de la Chèze fut femme d'Alain de Rohan. Elle était fille d'Eudon de Porhoët, qui lui donna la moitié de la paroisse de Loudéac (acte de 1228). Elle eut, entre autres enfants, une fille nommée Alips, femme d'Etienne de Brehant.

Extrait d'un Armorial mss. de Bretagne du XVII° siècle.

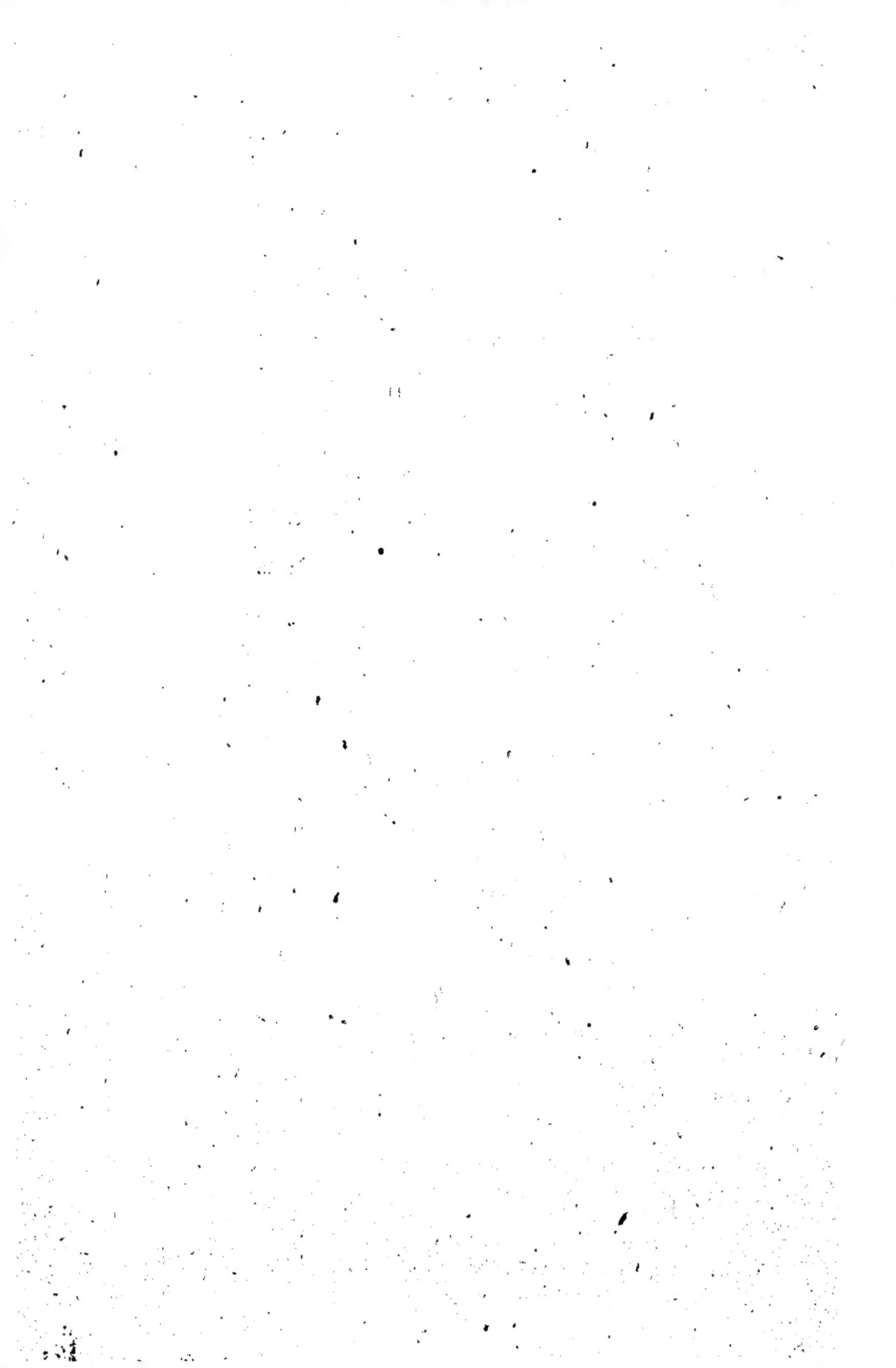

PREUVES N° 27

BRANCHE DE GALINÉE, DE MAURON ET DE PLÉLO.

Iʳᵉ, IIᵉ ET IIIᵉ DEGRÉS.

1275. Extrait de la note à la suite de l'acte de la *Coutume du bail des mineurs en rachats*, rapporté par D. Morice, t. 1, col. 1039.

« Le sixième (original) en date de l'an 1275, était scellé de 39 sceaux,
» dont il y en a beaucoup de perdus ; mais on trouve les noms écrits
» sur les queues des dits sceaux Le premier est celui du duc..... le
» neufvième, *Johannes de Brehant*.., le onzième *sigillum Oliverii*
» *primogeniti de Bocenil*..., le vingt-unième, *sigillum Bertrandi*
» *de Brehant armigeri*, etc. » (V. *Généalogie de Brehant*, p. 76,
l. 10.)

On ignore pourquoi D. Morice n'a pas reproduit le sceau de 1275
de Jean ou de Bertrand de Brehant, au lieu de celui de Geoffroi qui
n'est que de 1405.

Partage donné par Geoffroy de Brehant à Pierre, son frère puîné*.

1301. Sachent tous qu'en nostre cour de Lamballe en droit establi,
Geoffroy de Brehant, fils Monsour Guillaume de Brehant, ô l'authorité
doudit Monsour Guillaume oudit Geoffroy donnée ès choses contenues
en ces lettre-, ô le gré et ô la volonté doudit Guillaume et de *Sebille*,
femme doudit Guillaume, père doudit Geoffroy, lequel Monsour
Guillaume donne à la dite dame Sebille et au dit Geoffroy, présens
à ce en tant comme accord lour est nécessaire, lesquels Guillaume et
Sebille se dessaisinent des choses dont mention est faite dans ces

---

* L'on n'a rien changé à l'orthographe de l'époque dans un certain nombre
d'actes anciens qui font partie des *Preuves*.

lettres, en tant comme ils en avoient saisine au jour dou datte de
ces lettres, et en baillèrent saisine et possession corporelle ou dit
Geoffroy par la baillée de ces présentes ; ces choses ainsi faites, *le
dit Geoffroy prist et receut en son homme mains jointes, baisté en
bouche, Pierre de Brehant, son frère, jouveignour,* ô toutes solen-
nités entre hommes gentils comme en tel cas appartient, selon la
coutûme des choses dont mention est faite en ces lettres que le dit
Geoffroy a baillées ou dit Pierre de Brehant, son frère, jouveignour,
pour sa part et advenant ès héritages de par lour père et mère, c'est
à sçavoir le herbergement ouquel Hamon Thebault souloit jadis de-
morer. Item quarante journaux de terre ou environ scis entre lo chemin par ou on vet de Guefrel à la fontaine, d'une partie à la terre
Ollivier Volance, d'autre attenant sur le dit herbergement.... sur le
chemin qui mène du Boaes Hamon à Meslin.

.... Item une pièce de terre scise entre la terre doudit Ollivier
Vollance d'une parti et... d'autre achevant d'un chief sus la terre à
la mengnée Guillaume Gueze et au chemin par ou l'on vet du Boaes
Hamon à Guefrel.

Item une......., le chemin par ou l'on vet du Bois Hamon à Miellin
d'une partie, et la terre Thomas Ruellan et ès enfants Olevier Gueze
d'autre. Item la mettié de la tenue que le... et que son père souloit
tenir...

... Item la tenue à la mengnée Guillaume Thebault. Item la tenue
à la mengnée Guillaume Redio et la censie qu'ils tiennent. Item la tenue que Geoffroy Guinemin tient. Item un courtil sis entre le herbergement où le dit Geoffroy Guinemin meut d'une partie et le herbergement au Guillemin, d'autre. Item le courtil Poulain. Item le
herbergement ou le Menguin souloit mendre,......, et dont icelles choses
de droiture, de propriété, de possession, de donation et de saisine
que il et *ses dits père et mère avoient et pouvoient avoir esd. choses,
tant en seigneuries, fiefs, ferme, droit et obéissance,* que toutes
autres choses excepté la moitié tant seulement sur lesdits hommes,
que Geoffroy retint à luy et à ses hoirs ; le tout pour le tout au dit
Pierrot et à ses hoirs à avoir, tenir et joyr,..... à jamais par droit d'héritage et à son joyr comme héritagier tout ensemble baillé et *unis au
dit Pierrot de Brehant, en outre sept livres de rente ès paroisse et
fiefs de Brehant,* et percevoir les choses sur le dit Geoffroy, vendre
et asseoir luy et ses hoirs audit Pierrot et à ses héritiers, en outre
cent soldées de rente à estre assises au prisage de bonnes gens ....
de la Villegaudu..... la mort de lour dite mère ;... augmentel le dit
Geoffroy à faire la ditte assiette des dits cent soldées ès héritages de
qui la dite lour mère... assiette là ou le dit Geoffroy voudra quom-
manoer et parachever de proche en proche à la coutûme, laquelle
assiette faire et la garentir en son... contenues en ces lettres, que le
dit Geoffroy a baillées au dit Pierrot, iceluy Geoffroy grea et est tenu
quarentir et deffendre au dit Pierrot contre tous ès usages et coutumes

dou pays et dou droit une aproche que ceux Geoffroy et Pierrot....
père de la dite Sebille, lour mère, dont ils........ obligés de faire
gestion........, e.t bien à scavoir que pour la mettié de la tenue que
le dit Bouec son...., que le dit Pierrot doit avoir,.... servitude et
obéissance que les héritiers du dit Bouec en deivent.., et tiennent en
saisine.... le dit Pierrot luy et ses héritiers doudit Geoffroy de Brehant,.... les choses dessus dites comme jouvejgnour de son seignour
et ainsné...... ledit Geoffroy a pris le dit Pierrot en son homme comme
dit est.....'

..... Seigneurie que le dit Pierrot et ses héritiers..... essoene.,....
donné tesmoin notre sçael establiy ès contrats de Penthevre, ô le propre sçael doudit Geoffroy de Breh.... d'iceluy Geoffroy de Brehant, ô
le sçael dou dit Monsour Guillaume de Brehant pour lei, et ô le sçael
Johan de Brehant.... sauf nostre droit.... Donné le vendredy avant la
sainte Brigide..., l'an de grace mil trais.

(*D. Morice*, t. 1, col. 1171, et *Généalogie de Brehant*,
page 78, ligne 33).

Accord entre Guillaume et Jean de Brehant.

1309. Sachent touts comme contents fut emeu entre Guillaume de
Brehant damoisel fils aisné, Monsour Jehan de Brehant, chevalier,
d'une partie, et Jehan de Brehant frère jouveigneur du dit Guillaume
de l'autre, pour raison des parties qui fut autrefois faits contre eux et
Pierre, lour frère, des terres et héritages mouvans et descendans de
par le dit chevalier et par madame Sibille, lors sa femme, et mère
d'iceux enfans sur ce que le dit Guillaume disoit et exposoit envers le
dit Johan en se doullant desd. parties, que la partie d'icel i Jehan
desd. terres et héritag. étoit trop grande et trop démesurable, et que
iceluy Jehan ne devoit pas tant avoir en sa partie comme il en avait
autrefois esté bail é, et moult de parlez en eussent esté entre eux en
nostre dite Cour, pour raison d'icelles parties, à scavoir est, que à
bonne paix et bon accord vindrent les dites parties choses ô le gré et
ô la volonté du dit chevalier en la manière qui en suit; et pour que
ce fut ferme et estable à jamais à héritages, et que les dites choses et
chacune d'icelles les tenissent en fermeté sans être jamais rappellez
ou temps à le dit monsieur Jehan voulant esquiver le péril et les
coutaux qui pouvoient ou pussent sourdre et être emeux entre eux
ou temps à venir pour raison desd. terres et héritages par nostre dite
Cour à l'amiable et de sa bonne volonté et de gayeté se dessaisit et
dépouille de tout en tout de la foi et de la propriété de toutes les
pièces qui ensuivent et nous en baille saisine comme à cour, premièrement une pièce de terre appellée le clos de la Fontaine de Gourléam
seize devant le herbregement de *Launay*.... Item le tenement Hamon
Vergier ô toutes ses appartenances, excepté le herbregement ouquel
iceluy Hamon mainoit au temps, sur lequel herbregement le dit

Guillaume et ses héritiers auront l'avoine, la geline, la corvée, le mangier et *le ferme droit*,..... Item les fresches qui sont de jouxtes les
dites pièces de terres de l'autre part si comme elles se poursuivent
jouque au chemin de la chapelle de la Trinité, et jouque au chemin
qui maine dou Plesseix à Moncontour. Item la moitié du moulin Callon
appartenant audit chevalier en entier, ô toutes les apartenances
d'icelle moitié, et l'autre moitié dou distrait d'iceluy moulin des
hommes *dou feage du dit chevalier de la paroisse de Brehant*, doit
venir et viendra moudre au dit moulin. Item l'obéissance et la dexme
des terres de la tenue à la Maignée Macé le Taillandier. Item, les
terres de la Comgeardière, lequel Eon devant souloit tenir ô les prez,
ô les landes et icelle terres appartenantes, et ô toutes leurs appartenances. Item, la quinte partie des terres, prez et landes qui furent
achetées de Chertier. Item, ce que le dit chevalier avoit et pouvoit
avoir et devoit en la ville Louel et en la ville Gicquel si comme ils le
descrivent dou chemin qui maine dou gué de l'Estonnant à Brehant,
outre le haut fossé en la basse lande...... Item la desme de la Villetual.
Item ce que le dit chevalier *avoit et devoit avoir au bourg de Brehant, le dit bourg dou feage doud. chevalier en entier* et en la ville
de Pléduc, si comme le dit bourg et la dite rive se découvrent entre
le chemin qui maine du bourg de Brehant à l'hostel Alain Hidoux
d'une partie, et le chemin qui maine de la ville Boulen aud. bourg
de l'autre descendant du Doël de Caherel au Doël de Simon, tant en
terres arrables, en bois, en prez, en landes, desmes, obéissances,
rentes et redevances que en toutes autres choses; le tout pour le tout.
Item, l'obéissance de la ville Marquer et de la ville Manguy, *lesquelles
toutes choses sont seizes en la paroisse de Brehant*, et se dessaisit
et dépouille de tout en tout de la foy et propriété desd. choses, et
nous en baille saisine comme dit est, et de tout quelconque iceluy
chevalier y avoit et pouvoit avoir et devoit en propriété et en droiture,
sauf à en faire sa volonté et son testament, et ses dettes payées, tant
en saisine qu'en droiture de toutes lesd. pièces, et nous comme à
cour ces choses ainsi faites voulant que la volonté doudit chevalier
fust accomplie ô le gré et ô la volonté doud. chevalier et doudit
Guillaume quant à présent en nostre dite Cour et eux y consentant de
leur bonne volonté, sans nul pourforcément, baillasme sasine aud.
Jehan de la foy et de la propriété de toutes lesd. pièces et de chacunes d'icelles à iceluy Jehan et à ses hoirs, à avoir, à tenir et à pour-
suivre à jamais en paix à héritages, les dites pièces, et en après les
choses dessus divisées, le dit Guillaume reconnut luy avoir baillé et
baille au dit Jehan, en par et perpétuel eschange pour sa partie les dites
tortes et héritages, mouvans et descendans de par le dit chevalier et de
par lad. dame Sibille, de toutes les pièces dessus divisées et chacune
d'icelles sans rien en retenir à foy à paranson; et baille du dit Jehan
en eschange le herbregement de *Launay*..... Item le herbregement
ouquel Guillaume le Breton menageoit ou temps don datte de ces

lettres, en la paroisse de Pommeret, et toutes icelles choses de droiture, de propriété, de possession et de saisine que led. Guillaume
avoit et pouvoit avoir, et devoit et attendoit avoir esdites pièces, et
en chacune d'icelles ainsi comme elles sont divisées et si comme elles
se poursuivent et estendent en long et en lez. Le tout pour le tout
au dit Jehan et à ses héritiers à avoir et tenir et à poursuivir en paix
à jamais à héritage tant pour sa partie esdites terres et héritages qûe
par raison doudit eschange pour le herbregement de la Motte au
Chastel, et les prez que le dit chevalier acheta de la femme Pierre
Guemur et des héritiers à la paroisse de Pommeret, sous les noms
doudit Jean et Pierre, son frère, et la moitié dou clos de Orsigne scis
devant le herbregement que Pierre Juhel acheta de Guillaume Guemur, et une pièce de terre contenant doux journées de terre ou environ, achenantes sur le pré rond si comme il se poursuit, et lesquelles
pièces le dit chevalier acheta sous les noms desd. Jehan et Pierre, et
pour tout gaige ledit Jehan avoit et devoit, pouvoit et devoit et attendoit à avoir ès paroisses de Meslin et de Tregenestre par raison de
l'eschoite et de la partie d'iceluy Jehan des terres et héritages meu-
vans et descendans de par le dit seigneur chevalier et de la dite dame
Sibille, tant en bois, en prez, en essues, en landes et terres arrables,
en moulins et dexmes, en rentes, en mengers, en redevances et en
obéissances, que en toutes autres choses, le tout pour le tout, dou-
quel eschange le dit Guillaume se toint par nostre dite Cour doudit
Jehan pour bien poyé et assigné ; et sur cette eschange banny ès
usages et ès coustumes du pays, desquelles toutes pièces le dit chevalier se dessaisit et dépouille dou tout en tou de la foy et de la
propriété comme dit est, et nous baille saisine comme de Cour, et
nous, ô le gré et ô la volonté doudit seigneur chevalier et doudit
Guillaume quant à ce consentant, en baillames saisine audit Jehan, et
*le receut le dit Guillaume ô la volonté doudit chevalier et ô
l'assentement de nous en homme en toutes les dites choses mains
jointes, bouche baisée ès usages et coustumes des hommes gentils et
fez gentils de Bretagne,* c'est bien, à sçavoir par la dite paix que si
Pierre de Brehant, frère des dits Guillaume et Jehan, mouroit sans
hoirs ou sans héritiers de son corps procréez, et naiz de mariage que
l'eschoite d'iceluy Pierre sera partie entre iceux Guillaume et Jehan,
moitié par moitié pour égales portions et experiment des livres de
rente que iceluy Guillaume disoit que le dit Pierre lui avait données
autrefois, ou il les eut données ou nom, et est bien à sçavoir par
la dite paix que si aucuns des dits Guillaume et Jehan estoit descreu
ni decheu des choses dessus dites, luy sera tenu de bailler, restor et
recompense à l'autro à l'avenant de ce que chacun d'iceux frères en
auroit à l'aprochement dont iceluy seroit descreu au regard de la
Cour, si par son fait n'estoit fait iceluy decrescement, et par cette paix
sont les dits Jehan et Pierre quittes et absous dou tout en tout d'une
donaison de cinquante livres de rente que le dit Guillaume disoit que

iceux Jehan et Pierre avaient données ès enfants du dit Guillaume ou
elle fut faite ou non, et est tenu iceluy Guillaume en garder de maux
et de dommages dou tout en tout envers lesd. enfants, et est bien
accordé entre lesd. Jehan et Guillaume de tout comme iceluy Jehan
disoit que luy ne ses héritiers ne devoient pas obéir pour le dit Guillaume son viage durant, qu'eux obéiront pour *Pierre de Launay*, tant
seulement ou non d'iceluy Guillaume, comme iceluy Guillaume vivra
comme jouveigneur pour aisné et se le dit Pierre mouroit durant le
viage du dit Guillaume, iceluy Guillaume serait tenu rendre Alloué
pour que le dit Jehan et ses héritiers obéiront au regard des autres,
et est bien à scavoir que pour toutes les choses dessus dites ne demourra pas que iceluy seigneur chevalier ne fasse et puisse faire sa
volonté de toutes les dites choses en saisine et en droiture, et en
faire son testament et ses dettes poyer si mestier est, et si il luy ploi-
soit, excepté de ce que les dits Guillaume et Jean en tiennent ou
tiendront pour raison de leur bienfait, et pour ce demourra pas que
lesdits enfants nais et à naistre dou dit seignour chevalier et de *ma-*
dame Tiphaine, lors sa femme, ne prennent et ayent lour avenant
ès terres, fiefs et héritages mouvans et descendans par le dit sire ès
usages et coutumes dou pays .: Et par cette paix le dit Jean ne pourra
detourber que le ruisseau de Gourdeau naige au herbregement dou
Plessix, et est bien à scavoir que le dit Guillaume ne peut et ne
pourra venir, ne demander, ne quérir après le decez du dit chevalier la
saisine de nulle des dites choses, et ces choses ainsi faites fut jugé
par jugement, le jugement de nostre Cour mainant que ce pouvoit
estre de raison et devoit, et fut le jugement cueilly des parties, et toutes ces choses et chacunes d'icelles tenir et entretenir bien et leaument sans venir encontre, et jura le dit Guillaume pour luy et pour ses
héritiers, et que jamais esdites choses et eu aucune d'icelles ne de-
mandera, ne ne reclamera, demandant ou reclamant ne sera pas luy ne
par autres, et les dites choses au dit Jehan et à ses héritiers garentir
et deffendre en tout, comme en luy en appartient de tous et contre
tous ès usages et coûtumes du pays, et que la saisine des dites choses
après le decez du dit seigneur chevalier ne aucunes d'icelles ne de-
mandera ne ne fera demander. Donné tesmoin notre sceau establi ès
contrats de Penthièvre, à la resquete d'iceux monsour Jehan et Guillaume, ô le propre sceau d'iceluy sire chevalier pour luy et celuy
doudit Guillaume, et les sceaux monsour Roland de la Motte, chevalier, et de Roland Biron,... mis à ces lettres à gregnoure fermeté, sauf
nostre droit et notre saisine et de chacune autre. Ce fut fait au mois
de janvier l'an de grâce mil trois cent et neuf ans.

(*D. Morice,* t. 1, col. 1221, et *Généalogie de*
Brehant, p. 77, l. 9).

Extrait de l'assiette de 200 livres de rente faite par Guy de Bretagne à Simon de Montbourcher.

1319. Item en Pomeroit pour dou ouches que Guillou Galars tient cinq sols de rente, lesquelles choses dessusd, ensemble ô les destrois et la moulte des moulins et ô toute la jurisdiction, l'obéissance, les redevances, les droits, les devoirs, les servitudes, les émolumens, les prouffits et toutes autres choses, qui peent appartenir et appartiennent et dependent aux choses dessusd. et à chiescyne d'irelles ont été assemblement ô tous leurs fees, prisagées, estimées et évaluées bien et leaument, selon qui leu a accoustumé à faire assiette la coustume du terrouer, gardée à dous cens livres de rente annuelle et perpétuelle, tant seulement par nos amez et féaux hommes Monsieur Jehan Brehant, chevalier, et Jean de Launay, vallet, députez de nous et la volonté dud. Monsieur Simon à faire lad. assiette, appelez à ce plusieurs autres nobles, qui jurèrent faire leaument l'assiette et prisage dessus dit, la quelle ils firent en la manière dessus dite, présens à ce plusors de nos gens.

(*D. Morice*, t. 1, col. 1289).

Vidimus de Lettres de Marguerite de Plancoët.

1322. A tous ceux qui oiront et verront cestes présentes Lettres Eon Sallemon, garde des sceaux dou terrouer de Penthièvre pour très noble prince Monseigneur Monsour Guy de Bretagne, seigneur de Penthièvre, et Guillaume de la Chesnay, alloué en Penthièvre pour i-cellui seigneur en icelle terre, salut en nostre Seigneur, sachez nous avoir veu les lettres scellées du sceau de Marguerite, jadis dame de Plancoit, des quelles la teneur suit :

Universis Christi fidelibus ad quos licicre isie pervenerint Margarita domina de Plancoit salutem in domino. Noveritis quod nos Guillelmum Bordon, hominem nostrum, et heredes suos, dedimus et concessimus liberos et quitos ab omni exactione et jure in puram et perpetuam elemosinam abbacie sancti Albini, Cisterciensis ordinis, et nihil juris in eis nobis vel nostris retinuimus nisi retribucionem sempiternam. In hujus rei testimonium et munimem licteras istas sigillo nostro sigillavimus. Actum, anno gracie M°CC°XXX° septimo.

Donné tesmoins le sceau de la Cour de Penthièvre, ensemble ô les sceaux Jehan de Brehant, escuier, Roiland de la Roche, et Giéffroy Pargaran, serjan de Lamballe en iceluy temps, en tesmoing de vérité et ô lo.... establi ès actes de Penthèvre, à me tesmoing que les dites lettres furent leues en Cour, et que ce soit plus ferme au temps avenir. Donné le lundy après *oculi mei*, l'an de grace 1322.

(*Cabinet des Titres et Arch. de Chabrillan*).

IIIᵉ DEGRÉ.

1347. Costes sunt les pièces que Rollant Madeuc,.., a baillé par eschance à Pierre de Brehant et à sa femme fet par Guillemet, damoisel, par Rollant de Cargoet et Jehan Jorel que......, juréz. Premièrement la desme que ledit Rollant et autrefoiz de Jehan de la Lande et de son père qui...... cours de la rivière. Item le champ du Fougerey. Item les Biesagons en la ville..., Item le champ d'avant l'otel Rousseau Binet contenant les tres pars,.... faictes en,....lesquelles choses furent prisées par lesdiz Biesagons vingt quattre auqueil prisage les parties s'asantirent et prindrent à gré. I'em sus,... escheot noff soldées de rante. Item sus Pierre Halemant du,.., de casont (sic) sices soldées de rante, des quelles sices soldées de rante... sices de rante par.... la rante que le champ du Fougeray devait. Fet au jour de dimanche avant la Chaire Saint-Pierre, l'an mil III cent quarante et sept.. les sceaux ès prisagours cessus dits, donné au jour,... dessus dit. (V. *Généalogie de Brehant,* p. 80, l. 37).

(*Arch. de Chabrillan*).

N. B. Cet acte, très endommagé par le temps, est d'une lecture difficile.

Guillaume de Brehant, capitaine d'hommes d'armes des ordonnances du duc de Bretagne, en 1419.

(*Arch. de la Loire-Inférieure* et *D. Lobineau,* t. 1, p. 964 et 1054).

1387-88. Plestan. *Extrait du compte de Collin de Lescoet, receveur de la seigneurie de Lamballe.* De la ferme doulivrage et pipage des vins et gondoles de la ville et chastellenie de Lamballe et dou Plexeisbuczon, de Monbran et de Plancoët et ailleurs. Guillet de Brehant pour 11 pipes de vin IIII escus val. III, f. IIIIᵉ (Lamballe).

1391. Mardi après le Sacrement, Brehant-Moncontour. Vente par Guillo Rouxel à Honoré de Brehant de pièces de terre pour deix et ouyet (sic) francs d'or dou coingn don roy de France. (*Moncontour*, 51.Bᵉ, 15).

Très belle charte en français.

1411-12. Pleneuf. *Extrait du compte du receveur de Lamballe. Fᵒ 2, par. de Meslin.*

Perrot Sorel sur son herbergement qui fut Guillaume de Brehant au terrouer d'Oussigné....................................... X s.
Fᵒ 8. Jehan de Brehant à cause de sa femme, sur un plan et masière que souloit Johan et cousin Colin Robert.............. XII s.

1413, 18 décembre. Brehand-Moncontour. Allain du Bocenic affirme avoir fait hommage des héritages de la succession de Margue-rite de Brehant, sa mère. (Moncontour, 47 B°, 3).

1414 16. *Extrait du compte d'Olivier le Voyer, receveur de Plancoët « rendu à messeigneurs des comptes de mon souverain Sgr le duc; » des recettes de la terre de Plancoët. Ventes, f° 30 :*

Item de l'acquet d'héritage que fit Johan de Brehant de Guillaume Rolland et sa femme, etc.............................. XX s.

(Lamballe, 58 B°, 166).

1419-21. *Extrait du compte de Rolland Baluczon, receveur de Lamballe. Par. de Planguenoual, f° 15.* Bertrand de Brehant sur sa meson qui fut Guillaume Herbert, sise au bourg, pour XI s. III d.

1429-31. F° 12 d°, au compte d'Allain Guillemot.

1434-35. F° 7 d°, au compte de Charles Mansel.

(*Arch. des Côtes-du-Nord.*)

Réformation de 1426. Par. de Maure. Nobles : Jehan du Plessis (Manron) à la Chucheville; Bertrand de la Bouère; Guillaume de Brehant, etc.

Donation par Jeanne de Brehant à Perrotte du Gouray, sa fille.

1389. Sachent tous que je Jehanne de Brehant pour moy et mes hoirs congnoist et confesse de ma pure bonne et agréable vollonté et consantement de moy Robin du Gouray, fils aisné, et principal hoir de ladicte Johanne, ma mère présomptif, et attendant avoir baillé, livré, cessé et transporté à Perrotte du Gouray, ma fille aisnée, pour lé et ses hoirs, en rabattant à valloir payement et quittance, et prin-cipal hoir quand le cas y eschera que je seray décédée sur la partie et advenant à ladicte Perrote, deniers, terres, rantes et herittages, et sur ce que luy en poura et debvra compeller et apartenir soubz le grant du fié et le nombre des enfans à la coustume, et d'effect luy baille. C'est asavoir un herbregement d'heritage, maison, place et courtil, ô toutes ses appartenances sis au bourg de Brehant, appellé vulgairement le champs Duc, contenant demy journal de terre ou en-viron, joignant d'un costé et d'un chieff à la terre Johan Boulein que il a pris à sensier des hoirs Ollivier....... et d'autre costé au che-min par ou l'on vat de l'hostel Thomas Bertran à l'hostel Jehan Mo-rice, et d'autre chief à chemin et sur le herbregement, maison, place et courtil, comme il est borné, a esté baillé de ma partie à ladicte Per-rotte, et ladicte Perrotte l'a pris et accepté sur sa partie, comme dit est, pour toute prisée, sans jamais autre prisage en estre faict, à quinze sols de rente par an, et est ladicte baillée et prinse faicte sans porter préjudice à mon principal hoir et ladicte Perrotte ne ses hoirs. Que elle en oultre à mon deceix en ce compté quinze sols de rente à cause de ladicte baillée que eux porteront à garant sur ....après mon deceix soubz le grand du fieff et le nombre des enfans, coutant, contribuant et raportant lesdicts quinze sols de rente et ce que estre debvra et l'a constituée et toutts icelles choses preditles de proprielé, de possession, d'alliénation d'héritage et de saisine, que je donne pour moy et mes hoirs à valloir et avoir payement et debvoir avoir oudit herbregement, la terre, maison, place et courtil, ô touttes ses appartenances queulxconques, comme il se poursieult et estant en long et en laiz et se deservir des autres terres et heritlages igti-maux (pour légitimaux) tant en plect, en bois, ediffices, super-fices, herbregements,................., fossés, terres arrables, et non arrables, que en touttes autres choses qu'elles soient, le tout pour le droit de ladicte Perrotte, ma fille, et de ses hoirs, à avoir, leur joir, tenir et posséder à jamais à heritage et par raison des choses dessus dictes; et quant à la dicte baillée en la manière que dict est, moy dit Robin, fils aîné, principal hoir présomptiff, et attendant de ladicte Jehanne, ma mère, pour moi et mes hoirs, me suis assanty et ay voullu et vieult quelle tienge et soict fournie et accomplie de poinct en poinct sans débat ny impeschement que je y puisse mettre en nulle manière duquel herbregement, maison, place, courtil, ô touttes ses appartenances madicte mère s'est despouillée, désisté de fet et de dit, et par les présants en ay baillé saesine réelle et corporelle à la-dicte Perrotte et ay voullu et vieult que ladicte Perrotte en entrege en sa foy et hommage du seigneur féal de qui il est tenu en ma présence, et assentement, promettant de faire davantaige à la dicte Perrotte à la coustume et ce tenir sans venir encontre en nulle manière. Nous dictz Jehanne et Robin pour tant que à chaihcun en touche avons juré sur sainctes Evangilles. Donné tesmoins le sceau dudict Robin pour cy ce que l'y touche et le faisant se esire assinty à la dicte baillée et à la requeste de moy dicte Jehanne ensemb'e. O les sceaux Guillaume Gougeon et Eon Roquelonboug à ma requeste et tesmoins d'icelle pour fermeté. Faict le vandredy après disner, l'an mil trois centz quastre vingtz et neuf.

Communiqué par M. du Cleuziou. Une copie authentique de cet acte, mais très difficile à lire, se trouve dans les Archives de Chabrillan.

—

Il faut ajouter, au nombre des enfants de Robin du Gouray et de Jehanne de Brehant mentionnés à la page 139 de la *Généalogie de Brehant*, Perrotte du Gouray dont il est question dans l'acte ci-dessus.

Descendance d'Olive de Brehant et de Guillaume Sauvaget (1).

Guillaume Sauvaget, seigneur des Clos, employé dans la Réformation de 1427, par. de Plenée-Jugon, épousa Olive de Brehant, fille d'Olivier, fils puîné de Pierre de Brehant (III), dont :

Guillaume Sauvaget, II° du nom, seigneur des Clos, vivant en 1471. Il épousa Annette le Jeune, dont :

François Sauvaget, seigneur des Clos, qui épousa Marguerite de Couëspelle dont :

Jacques Sauvaget, seigneur des Clos Il épousa, en 1500, Jacquemine le Fesle de Guébriant, dont :

Cristophe Sauvaget, seigneur des Clos, qui épousa N***, dont : 1° Thomas, qui suit ; 2° Isabeau Sauvaget, mariée à Bertrand Glé, seigneur du Boismesnard, fils puîné de Jean (1460). Ils vivaient en 1536 et 1554 ; 3° Catherine Sauvaget. Elle épousa Pierre Poulain. Ils vivaient en 1535.

Thomas Sauvaget, seigneur des Clos, épousa 1° Marie*** ; 2° Renée***. Est issu du premier lit :

Jean Sauvaget, seigneur des Clos, guidon des gendarmes de la Reine. Il eut d'Olive Bertho, dame de Cargouët, qu'il épousa en 1627, 1° Charles, qui suit, 2° René Sauvaget, seigneur de la Chapelle-Guillaume, qui épousa Catherine Ferron ; 3° François Sauvaget, seigneur de la Hauteville, père de Renée Sauvaget, mariée, le 23 avril 1667, à François de Brehant, seigneur de la Tandourie, en la paroisse de Corseul (V. au *Supplément*, Branche de la Plesse et de la Villehatte, X° degré).

Charles Sauvaget, dit le baron des Clos. Il épousa, en 1654, Marie Libault de Pinieux, dont :

Jean-Baptiste Sauvaget, dit le marquis des Clos, brigadier de cavalerie et mestre de camp d'un régiment de son nom, tué à la levée du siége de Turin en 1706. Il avait une sœur, mariée à Jean-Baptiste d'Andigné. Jean-Baptiste Sauvaget, épousa *** de Visdelou Bienassis, dont :

Marie-Anne-Jeanne-Françoise Sauvaget, dame des Clos, du Cargouët etc., héritière de sa maison. Elle épousa Charles-François de Froulay, comte de Froulay et de Montflaux, ambassadeur de France auprès de la république de Venise en 1732, lieutenant-général des armées du roi en 1738 etc. Il mourut le 27 février 1744, laissant de son mariage avec Marie-Anne Sauvaget, entre autres enfants, Renée-Charlotte de Froulay, mariée le 18 mars 1717 avec Louis-Marie de Créquy, marquis de Créquy. Une des femmes les plus distinguées du XVIII° siècle, elle a donné lieu aux curieux *Mémoires de la Marquise de Créquy* publiés sous son nom par M. de Courchamps.

(1) Voir pour les armes l'*Armorial des familles alliées*.

Par arrêt de 1668 de la Chambre établie pour la Réformation de la noblesse de Bretagne les Sauvaget ont été déclarés nobles d'ancienne extraction, et maintenus, en la qualité de chevalier. La seigneurie des Clos fut érigée en châtellenie en 1682 pour les Sauvaget.

Extrait des registres de la paroisse de Saint-Potan — 1654.

Renée Sauvaget, et Catherine Ferron, sieur et dame de la Chapelle-Guillaume, signent à un baptême.

(V. au *Supplément*, Branche de la Plesse et de la Villehatte, X^e degré).

Afféagement fait par Geoffroi de Brehant à Guillaume le Vaillant.

1408. Sachent tous que je Gefroy de Brehant connoist et confesse pour moy et mes héritiers et qui de moy aura cause avoir baillé et baille, cessé, livré, quitté et transporté à Guillaume le Vaillant d'Andel pour lui et ses héritiers à censle perpetuelle à jamais effin d'héritage, c'est à scavoir un herbregement... place, maison et courtil ô ses apartenances scis en la paroisse d'Andel contenant trois journeaux de terre de Bertran de Vaucouloure à cause de sa femme; et d'autre costé à la terre Olivier Pincin achevant d'un chief au chemin par lequel on vet du bourg d'Andel ou chemin Her... et d'autre chief par le chemin où l'on vet du Pont nouf à Lamballe; item une piece de terre en pré contenant la journée à un faucheur ô demie journée du pré ou environ joignant d'un costé et d'un chief à l'eeve de Gouessant et d'autre costé au pré que les héritiers Perret, Buvier tiennent à la censle de Jahen..... et d'autre chief au pré Ollivier Michiel en la paroisse d'And..... du moulin et toutes icelles choses de droiture de propriété et possessions des héritages... et de saisine que le dit Gefroy de Brehant pour avoir et avoir povoit et devoit avoir esd. choses et chacunes dessus dites tant en terre arrable que non arrable, maisons, murs, modien, pierres. bois, douves, fossés, communs, prés, landes..... que en toute autre chose quelque l's soient le tout pour le tout à avoir et tenir, louer. joyr, user, expleter .... au dit Guillaume le Vaillant pour luy et ses héritiers pour en joyr, user, expleter et en faire à jamais à héritages au temps à venir sa plaine volonté ainsin comme de son propre droit et héritage..... et à cause de la dite baillée à censle dessus dite..... et par an de la partie du dit Guillaume le Vaillant et de ses héritiers à moy dit Gefroy de Brehant et à mes héritiers à jamais à héritage par chacun an ou temps à venir et par chacun feste de Saint Michel Montagargan neuf perrées et un quart de froment en froment bon et competant comme du reste à la mesure.... de Lamballe sur l'obligation des dites choses et chacune susdite qui demoure et sont expressement obligez à moi dit Gefroy de Brehant pour me........ et payer le dit nombre de froment pour chacun an et terme que dit est..... et les vendre et executer par deffaut de payement du dit nombre de froment...... maintenir l'hostel en estat suffisant, s'est obligé le dit le Vaillant pour luy et ses héritiers sus l'obligation de tous ses biens meubles présents et futurs à obéir à moi dit Gefroy de Brehant et mes héritiers à cause de la dite baillée en ma seignourie comme homme pour son seignour en la coutume de la terre, et en cas et de là où led. Guillaume le Vaillant et ses héritiers voudroit delaisser la ditte baillée et plus ne la tenir, a obligé pour luy et ses héritiers à jamais à héritage pour le temps à venir en contregage un quart et le tiers d'un quart de froment de rente qui est du en droit au dit le Vaillant et à ses héritiers sur le herbregement à la degrepie Guillaume Conen et sur une place de terre en la Villeguyomart en la seignourie Rolland Madouc, joignant le dit herbregement d'un costé à la terre Coublanc et d'autre costé d'un chief au chemin par où l'on vet du moulin H.... à la Villeguyomart, la ditte pièce de terre joignant d'un costé à la ditte Jehanne et d'autre costé à la terre Guillaume..... lesquieux herbregements et la ditte place de terre sont demourés expressement obligez à moy dit Geffroy et à mes héritiers pour me fournir et payer le dit et..... à héritage par chacun an et chaque feste de Saint Michel Montegarganne en cas de delai si ainsi estoit,...... sans debat du dit Guillaume le Vaillant ne de ses héritiers ainsi et partout, je Gefroy de Brehant promest luy tenir et me oblige pour moy et mes héritiers la ditte baillée garentir et deffendre aud. Guillaume le Vaillant et à ses héritiers de tout en tout...... à la coutume et sur cette baillée à conse dessus ditte deument bannie en l'église d'Andel, au dimanche selon la coutume pour estre plus stable nul le contredisant, et toutes et chacune lesd. choses dessus dittes tenir fermes et accomplir...... Donné tesmoin le propre sceau de moy dit Gefroy de Brehant pour moy mis à ces lettres..., fermeté, ensemble à les sceaux Guillaume de la Vilemarie et Macé du Val à la prière et requeste de moy dit Guillaume le Vaillant pour moy et mes héritiers... Ô le sceau dont l'en use ès mandements de la ditte Eglise d'Andel à temoin que la ditte baillée fut bannie, mis à ces lettres à maire fermeté. Donné et fait le jeudy prochain après les saintes Cendres l'an mil quatre cens et cinq ans.

(*D. Morice.* t. 1, col. 768 et 769).

1451. Le vendredi 24e jour de septembre furent pledoyées les causes de.... Geoffroy Grobil, procureur de Jean Grobil, contre Jean de Bellouan, comparu par Jean de Brehant, son procureur (Etats de Vannes de 1451, *D. Morice*, t. 2, col. 1578).

Actes concernant la fondation, en 1416, de l'hôpital de Saint-Armel et de la chapellenie de Sainte-Catherine de Sévignac, par Guillaume du Margaro et Plosselte de Brehant, sa femme.

1556. Ensuit la déclaration du revenu de l'hôpital de Sainte-Catherine de Sévignac que fait et entend faire noble et discret dom Pierre du Margaro, prêtre chapelain et administrateur dud. hôpital, à MM. les gens de la Chambre des comptes du roy. Premier : une maison et jardin, avec une chapelle fondée en l'honneur de Dieu et madame Sainte Catherine, en laquelle maison est situé led. hôpital, le tout comme le poursuit, située au bourg dud. Sévignac; item un trait de dixme avec ses appartenances, nommée la dixme Quinier, dans la paroisse de Plenée du diocèse de Saint-Brieuc; item un autre trait de dixme, située en la paroisse de Brehant, au tenement du Plessis; davantage d'un autre trait de dixme scise près le bourg de Sévignac, appelée le fé de Beaubois; et a été fondée de deffunt, haut et puissant messire Guillaume du Margaro, et de madame Plossette de Brehant, sa compagne et épouse en leur temps, seigneur et dame dud. lieu du Margaro, et enfanter, ainsi qu'il est à plein contenu et rapporté en la Lettre de fondation en faite dez le 20e jour septemb e l'an 1416, signée dud. messire Guillaume du Margaro. — Fiat par la Cour de Beaumanoir sous le sceau d'ycelle avec les passements du P. Ferré, avec les sceaux de Robin de la Moussaye. Duquel hôpital confesse led. dom Pierre du Margaro être chapelain et administrateur usufruitier d'ycoluy, sous, et de par Claude du Margaro, escuyer, seigneur à présent du dit lieu du Margaro, de Coëtcouvran et de Langouëdre, comme successeur desd. chevalier et dame à qui appartiennent la présentation et donaison d'icelles, quelles jouissances desd. choses héritelles que devant ont été baillées dud. seigneur du Margaro et Plossette de Brehant, ses prédécesseurs. Le 11e d'octobre 1556. Ainsi signé, J. Leffroy et J. Volance.

Pièce de procédure.

1667. Déduisant Charles Lanezart, escuyer, seigneur de la Fontenelle, la Ruays-Margaro, ses moyens d'intervention entre messire Mathurin Bonnier se disant dévolutaire du bénéfice simple et chapellenie de Sainte-Catherine et l'hôpital de Saint-Armel autrefois fondés, et dès l'an 1416, par messire Guillaume du Margaro, chevalier, et dame Plossette de Brehant, son épouse, sur discret prêtre et messire Urbain d'Espinay, abbé de Boquien, dernier possesseur de la chapellenie; contendant par le moyen de son dévolu la 4e légitime nomination faite par led. intervenant de la personne de noble et discret messire René de Brehant *, seigneur, abbé de Galinée, prieur de Saint-Maur et Saint-Melleuc, bachelier de Sorbonne, dit qu'il a eu très grande raison de nommer led. seigneur abbé de Galinée, parent et de la famille et du nom des seigneurs fondateurs. Le 4 juin 1667.

(*Arch. de Chabrillan*).

* V. à la page 100 de la *Généalogie de Brehant* l'article concernant René de Brehant, 4e fils de Jean de Brehant (xi).

IV° DEGRÉ.

1415. Brehant-Moncontour. Minu d'Alain le Forestier pour le rachat de Guillaumine de Brehant, sa mère, décédée environ le 4 mai dernier (47 Bᵇ, 3).

(Arch. des Côtes-du-Nord.)

*Extrait d'une transaction entre Geoffroi de Brehant
et Roland de la Roche.*

1430. Et en outre il est dit dans ce traité : « Pour ce qu'aucuns ont
» dit, et publié, en cette partie, que le dit Jehan Orgel estoit et est
» encore en viol et non occis ès parties où il guerroyoit en homme
» d'armes.. Si le cas avient qu'il viendroit par deçà, ou envoiroit pren-
» dre et recouvrer la possession des dits héritages, icels de la Roche
» et sa femme sont tenus et obligés acquitter les dits de Brehant et sa
» femme des levées d'icels héritages. Donné témoin notre scel établi
» aux contrats de Penthièvre, avec les sceaux des dits Geoffroy de
» Brehant et de la Roche. Ce fut fait le 7° jour de février 1430. Le
» Moenne passe. »

(Arch. de Chabrillan.)

N. B. Cet acte est incomplet, et l'on n'en possède que la partie qu'on vient de citer. (V. *Généalogie de Brehant*, p. 83).

1460. Robin de Brehant est mentionné dans un titre de 1460 qui est un retrait fait par luy sur Roland Madeuc, son cousin-germain, de plusieurs héritages vendus à Roland Madeuc par Jeanne Salmon, sœur utérine de Geoffroy de Brehant, père de Robin, et provenant de la succession d'Aliette Madeuc, sœur de Roland Madeuc, et tante de ce Roland sur qui Robin de Brehant retire, comme plus proche. L'acte finit en ces termes : « Donné témoin notre scel. O les sceaux Guil-
» laume de Brehant et Allain Madeuc, à la prière et requeste de lad.
» Jehanne pour elle et ses héritiers, et ô le sceau dud. Roland Madeuc.
» Donné le dernier jour du mois de mars, l'an 1460. Morice de Les-
» meleuc passe avec plusieurs sceaux. » Celui de Guillaume de Brehant est fort entier, et porte un escu chargé d'un léopard brisé d'une
couronne comme de feuillage sur la teste du léopard. Supports :
deux léopards ; l'escu orné d'un chevalier derrière ayant un casque
antique, et pour cimier un léopard entre deux ailes.

(Gén. mss. de Brehant.)

N. B L'on aurait désiré donner cet acte en son entier, mais on l'a vainement cherché dans les Arch. de Chabrillan.

8

Descendance de Mathurine de Bréhant et de Roland Boschier *
jusqu'en 1668.

Roland Boschier, seigneur d'Ourxigné, procureur d'office de Lamballe en 1456, épousa, vers 1430, Mathurine de Bréhant, dont il eut :

Guillaume Boschier, Ier du nom, seigneur d'Ourxigné, marié à Marguerite du Chalonge, veuve en 1493, dont :

Guillaume Boschier, IIe du nom, seigneur d'Ourxigné, qui épousa Marguerite de Bréfeillac, dont :

Julien Boschier, seigneur d'Ourxigné, marié à Catherine du Gripon. Ils vivaient en 1558. Est né de ce mariage :

Hervé Boschier, seigneur d'Ourxigné, qui épousa, en 1574, Françoise le Mintier, fille aînée de Charles, et de Louise Visdelou, seigneur et dame de Pont-à-l'Asne, dont :

Charles Boschier, seigneur d'Ourxigné, marié le 12 décembre 1604, à Hélène de Lesmelleuc, fille unique et présomptive héritière de Guillaume de Lesmelleuc, écuyer, et de Blanche des Bois, seigneur et dame de la Fontaine, dont :

Claude Boschier, seigneur d'Ourxigné. Il épousa, en janvier 1634, Jeanne de Beaucé, fille aînée de René de Beaucé, seigneur de la Forest, conseiller au parlement de Bretagne, et de Françoise de Champagné. Claude Boschier avait une sœur, Hélène, qui, en 1636, fut mariée à Noël Visdelou, écuyer, seigneur des Aubiers.

1471, 4 septembre. — Partage des biens ayant appartenu à noble homme Guillaume Barac'h, seigneur de Gareth, mort au mois de janvier 1462, fait entre noble damoiselle Jeanne de Bréhant, veuve dudit défunt, et noble écuyer Jean Budes, seigneur du Hirel, héritier principal et noble dudit défunt par représentation de feue noble damoiselle Jehanne Barac'h.

Le tiers est accordé à la dite Jeanne pour son douaire et les dettes et charges dont sont grevés lesdits biens.

Ces biens sont partagés en trois lots :

1o L'hôtel de Gareth, en la paroisse de Pledran, et les maisons, terres, courtils, etc, qui en dépendent ;

2o L'hôtel de Coessurel, les terres, maisons, etc., qui en dépendent ;

3o Les cens et rentes.

N. B. Deux actes compris dans l'acte de partage, l'un du 4, l'autre du 11 septembre 1471, déterminent la part qui revient à Jeanne de Bréhant pour son douaire et les charges des biens.

L'acte communiqué par M. du Cleuziou entre dans de si longs développements, qu'on a dû se borner à en donner l'analyse.

* V. pour les armes l'*Armorial des familles alliées.*

Testament de Jehanne de Brehant, femme de Guillaume de Barac'h.

1481. *In nomine patris et filii et spiritus sancti amen.* Je Jehanne de Brehant ostant en bon meretoire (*sic*) esperante le salut et sauvement de mon âme pessante en la mort et passion de Jesus-Christ mon créateur, considerant qu'il n'est chose plus certaine que la mort et l'eure d'icelle incertaine, fais et ordonne cestuy mon présent testament et ordenances. Et premier, je donne mon âme à Dieu mon père créateur qui la fist et forma et auci à la benoiste vierge Marie, à monseigneur saint Michel l'angere auquel il plest l'amener et conduire ou benoist reaulme de paradis. Item affin qu'il plest à Dieu me pardonnez mes pechez et failtes, je pardonne à toutz ceulx ou celles qui oneques mo firent mal et despleisir, et auxi je demande pardon à toutz ceulx ou celles à qui jay mesfait en quelque guise que soit. Item, je veil et ordonne que mes debtes soient poyées et mes tors faitz amandez et restituéz par tout ou ilz seront trouvéz de reson. Item, je veil et ordonne que mon corps soit ensepulturé et inhumé en l'eglise de Pledran en mon enfeu et en l'enfeu de Guillaume Barra, mon espoux, en son vivant sieur de Garest. Item je cognoys debvoir à dom Pierre Rouxel tant par or que par argent et à cause de prest et pour la tourné de Piérre Gouyon et a virance (*sic*) de la somme de sexante soulz, et pour plusieurs mirs (*sic*) que fist ledit dom pour le testament de mon dit feu mari, la somme et numbre de quinze libvres monnoie. Item j'ay eu dudit dom Pierre ugn escu d'or vallant xxvii sous vi deniers qu'est somme ensemble saeze livres sept sous seix deniers. Item, je doy audit dom Pierre Rouxel pour fromnent à cause des acquetts de la confrarie blanche fondée en l'église de Pomeret en l'oneur de nostre dame dont il m'a acquitté et fait les services pour moy par plusieurs ans et dit les messes èz mes acquitz dont luy est deu audit dom Pierre pour lesditz acquitz la somme et numbre de vingt sept justes froment mesure de Saint Brieuc. Item je veil et ordonne que ledit dom Pierre soit poyé tant de la somme et numbre predite contenant saezo livres sept solz seix deniers monnoie, et ladite somme et numbre de froment contenant xxvii justes comme dit est. Je veil qu'il en soit poyé par quatre années, savoir, pour les troys premières années après mon deceix par chacun an des dits troys ans seix justes froment et quatre libvres monnoie, et pour le quatriesme an neuff justes froment et quatre livres sept solz seix deniers monnoie. Item je doy à Jehanne Tuphorel vingt quatre solz monnoie. Item je doy à ajestre Sevestre du Bœsboexel la somme et numbre de sept livres monnoie usuale pour l'acquit que ledit du Bœsboexel fist à Pierre le Mentier pour moi pour le rachat de mondit feu mary au receveur de Moncontour. Item je doy à Henry Dollo quinze solz monnoie à cause de prest fait à Bonnet Barra mon fils. Item je doy

à Tephaine Dedart à cause de prest sacze solz. Item je congnoys et
confesse que depuis le deceix de Guillaume Barra mon dit feu mary
et Bonnet Berra mon fils, je joy et mis en mon prouflit des levées de
la terre Jehanne Barra ma fille, quelles levées se montent à la valleur
et numbre de quatre tonneaulx froment, pour quoy je veil et ordonne
que ladite Jehanne ma fille soit recompensée dudit numbre de quatre
tonneaulx froment. Item je veil et ordonne que soit dit et celebré ung
trantiesme de messes pour l'âme de moy et de mes amys trespassez,
et veil que dom Pierre Rouxel le dige et qu'il soit poyé audit Rouxel
pour ledit trantiesme et pour sa paine la somme et numbre de cinquante soulz monnoie. Item je donne à mes frères chapellains de ladite confrarie de Pomeret la somme et numbre de vingt solz monnoie une foiz poiéz pour prier Dieu pour moy. Item je donne à Fanc-
zoise fille Jehan Olivier une couette un couvretonez et deuz linceulx
pour prier Dieu pour moy. Item je donne à Allain Budes une touaille
large, ung linceul de quatre telles et une vache pour prier Dieu pour
moy. Item je veil et ordonne que soit dicte et celebrée une messe annuelle jucques à quatre ans ung jour la sepmaine, savoir au vendredi
pour l'âme de moi et mes amys trespassez, et ordonne dom Pierre
Rouxel pour la dire et qu'il soit poyé audit Rouxel pour ladite messe
et pour sa paine la somme et numbre de seix justes froment mesure de
Saint Brieuc par chacun an. Item je ordonne que ladite messe soit com-
mancée ung an après mon deceix. Item je veil et ordonne que Jehan,
Olivier et Alain Budes aent la charge et accomplissement de cestuy
mon présent testament et qu'ils en soint executeurs si c'est leur plesir
en prandre la charge, et auxquels je supplie de la prandre. Item je
oblige toutz et chacuns mes biens meubles jucques à l'accomplissement de mondit testament comme dit est et levées de héritages. Item
je supplie messeigneurs le promoteur et official de Saint-Brieuc et
chacun de y pourvoire de convenable et remede opportune. — Ce
fut fait en la meson de la Mottehousse le quietiesme jour de janvier l'an
mill IIII^{cts} IIIIxx ung. Presentz à ce Marie du Bœshardi, Jehanne Budes,
Jehan Barra, Marie Ballanerme, en revoquant toutz aultres testamentz
et ordenances faicts avant cest jour. *Sic signalum L. Henrici testis* *.
P. Rouxel testis, Stephane testis, R. Pervan testis, tenor vero certe
codicilli talis est. Item le IXe jour dudit moys en augmentant à mondit testament je donne à Alain Budes une maye de foin estante près
la meson de la Mottehousse pour prier Dieu pour moy. Presentz ad ce
Jehan Lescuyer filz, Yven et Jean Lescuyer filz, Henry Olivier Gour-
lay et Olivier Hamon. *Sic signalum P. Rouxel testis.*

Lorfebvre pro copia decreti
judicati coram domino officiali Briocensi.
Communiqué par M. du Cleuziou.

---

*. Ces mots sont d'une lecture très-douteuse, et le sens seul nous a engagé
à les interpréter ainsi. (*Observation du paléographe.*)

BUDES DE GUÉBRIANT.

*D'argent, au pin arraché de sinople, fruité d'or et accosté
de deux fleurs de lis de gueules.*

L'illustration nobiliaire et historique de la maison de Budes est
trop généralement connue pour qu'il soit nécessaire d'en parler ici.

Il existe, généalogiquement parlant, de nombreux points d'affinité
entre les Budes et les Brehant (V. à l'*Index alphabétique*, les nos des
pages de la *Généalogie de Brehant* et du *Supplément*, dans lesquelles
il est question des Budes); aussi est-ce uniquement par suite d'une
omission typographique que le nom de Guébriant n'est pas mentionné à la page 69 de la première partie de la *Généalogie*.

*Descendance de Jeanne de Brehant et de Guillaume Barac'h
jusqu'en 1688.*

Jeanne de Brehant, fille de Jean de Brehant, quatrième fils de Geoffroy de Brehant, et de N*** Baron, épousa en... Guillaume Barac'h,
seigneur de Garoth, dont : 1° Bonnet Barac'h, fils aîné, mort sans
hoirs; 2° Jeanne Barac'h, héritière de Garoth, mariée vers 1449, à
Henri Budes, qui suit; 3° Olive Barac'h.

Henri Budes, seigneur Du Hirel, eut de son mariage avec Jeanne
Barac'h : 1° Jean, qui suit; 2° Olivier Budes; 3° Alain Budes.

Jean Budes, seigneur du Hirel, épousa Catherine Pennec'h. Ils vivaient en 1496, et eurent pour fils :

Bertrand Budes, seigneur du Hirel, qui épousa Françoise le Voyer,
fille de Jean, seigneur du Couëdic, et de Marguerite Madeuc, dont :
1° Jacques Budes, qui suit; 2° Marguerite Budes, femme de Jean du
Bois-Jagu.

Jacques Budes, seigneur du Hirel, épousa en 1561, Béatrix de Ro-
milley, dame de Sacé, dont : 1° Charles Budes, qui suit, 2° Julien
Budes, seigneur de Blanchelande, auteur de la branche de ce nom, la
seule existante de nos jours, et dont le chef actuel est Ernest-Louis-
Marie-Silvestre Budes, comte de Guébriant, marié le 18 janvier 1839,
à Marie-Cécile-Victorienne de Rochechouart-Mortemart. Julien Budes,
épousa : 1° Anne Arel, dame de Kermaquer; 2° Françoise de Rosmar.

Charles Budes, seigneur du Hirel, de Sacé, etc., épousa Anne
Budes, Anne de Quatrevaux, dont : 1° Ives Budes, qui suit; 2° Jean-
Baptiste Budes, comte de Québriant, maréchal de France, mort sans
hoirs, de Renée du Bec; 3° Renée Budes, mariée à Guy du Gouray,
seigneur de la Coste, etc.

Ives Budes, baron de Sacé, seigneur du Hirel, épousa Françoise Bouhier de Beauregard, dont : Renée Budes, héritière, mariée à Sébastien de Rosmadec, dont : Madeleine de Rosmadec, qui épousa, en 1650, Jean-François du Gouray, marquis de la Coste, lieutenant du roi en Basse-Bretagne, et mère de Sainte du Gouray, marquise de la Coste, comtesse de Guébriant, baronne de Sacé, dame de Brehant, héritière, mariée en 1688 à Louis-Hyacinthe de Brehant, comte de Mauron et de Plélo. (V. du Gouray, *Généalogie de Brehant*, p. 139.)

Olivier et Alain Budes, fils puînés de Henri Budes, ne sont pas mentionnés dans les diverses généalogies de la maison de Budes qu'on a été à même de consulter, parce que probablement ils n'ont pas laissé de postérité, mais leur identité résulte trop clairement des dispositions testamentaires de Joanne de Brehant, rapportées précédemment, pour qu'il puisse exister le moindre doute à cet égard.

Budes de la Roche, père d'Azénor, qu'on donne pour femme à Geoffroi de Brehant, fils aîné de Guillaume de Brehant (V. *Généalogie de Brehant*, p. 70), appartient aux la Roche-Saint-André, selon l'*Ouest aux Croisades* (t. 2, p. 120 et 121). Le fait est qu'on ne trouve aucune trace de ce Budes de la Roche dans *le Laboureur* et dans les autres généalogies de la maison de Budes; et l'on ne voit pas d'ailleurs que celle-ci l'ait jamais revendiqué pour un de ses membres.

Vᵉ DEGRÉ.

1449-55. Dans le compte de 1449 rendu par Roland Caro, receveur de Lamballe, f° 1, Gabriel de Brehant, figure comme devant 10ˢ de rente censive. 168 B°.

Dans celui de 1455, rendu par le même, c'est Bonnet de Brehant qui doit les 10 ˢ.

N. B. Il est dit *Geoffroi de Brehant*, dans la copie, du compte de 1449; mais il y a évidemment là l'erreur, attendu que Geoffroi mourut en 1435, et il est sans aucun doute question ici de *Gabriel de Brehant* (V), fils aîné de Geoffroy.

(*Archives des Côtes-du-Nord.*)

L'on trouvera au n° 31 des Preuves, l'acte de partage de Thibault de Brehant, fils puîné de Gabriel de Brehant (V), et l'auteur de la *Branche de la Roche et Bonneuil*.

V° DEGRÉ.

Voir au degré précédent, relativement à Eonnet de Brehant, l'Extrait du compte de la seigneurie de Saint-Melaine de *1449*, le minu du 12 janvier *1455*, et l'Extrait des comptes de Rolland Caro, receveur de Lamballe, années *1449-55*.

1461. 17 mai. — Acte portant transaction entre nobles gens, Eon de Brehant, seigneur de Belleissue, Anthoine de Brehant, curateur d'Honoré de Brehant, son fils naturel, pourvu d'une chapelle à Notre-Dame de Lamballe, et Jehan de Vaucouleurs-Lanjamet, patron et présentateur de lad. chapellenie, au sujet d'une rente qu'ils prétendent estre dûe par noble Eon de Brehant, comme héritier d'escuyer Jean Orget, décédé, duquel fut heresse noble damoiselle Thomine Alnor de Penthièvre, ayeulle dud. Eon de Brehant, mère de son père, et dont il est héritier principal et noble, et qu'ils disoient avoir esté vendue à feu escuyer Julien de Vaucouleurs, père dudit Jean, pendant son mariage avec damoiselle Olive Rouxel, sa femme, laquelle avoit donné cette rente en dotation et fondation de ladite chapellenie; au sujet de quoy led. Jehan de Vaucouleurs, de son bon gré, en faveur, et pour plaisirs, proufits et faveurs qu'il disoit led. Eon de Brehant lui avoit faits, dont s'est tenu et tient à content, l'en quitta et quitte celuy Vaucouleurs pour luy et haers, et cause ayant, en principal, levées et intérêts généralement, et entièrement, voulant que le dit de Brehant et ses haers en soient et demeurent quittes. Thebaud des Deserts passe.

(Archives de Chabrillan).

1462. 21 décembre. — Acte au sujet de l'exécution du testament de noble damoiselle Jeanne de Vaucouleurs, dame de la Ville Cadoret, par noble homme Eonnet de Brehant, escuyer, seigneur de Belleissue, son beau-fils, et exécuteur de son testament.

1470. Contrat du 10 juillet entre N. et P. Eonnet de Brehant, seigneur de Belleissue, du Clos, de Beaulieu, etc. et Pierre le Moënne, où led. Eonnet se dit garde naturel d'escuyer Gabriel de Brehant, son fils.

1471. Acte passé par la Cour du Plessis-Bertrand entre nobles Eonnet de Brehant, seigneur de Belleissue, etc., et Josselin, seigneur du Challonge. Led. Eonnet, en qualité de lors curateur de Marguerite du Challonge. Le 9° de décembre 1471. Signé Taillefer et Garonde.

1475. Sur le Plet et débat qui meu était et qui plus grand sy pust ensuir et emouvoir entre nobles gents Jehan le Norman, et Perrotte du Challonge, sa femme, de leur partie, et noble homme Eonnet de Brehant, seigneur de la Ville-Corbin, d'autre partie, sur le fait de ce que led. Jehan et sa femme avaient dit et disoient vers led. Eonnet que icelle Perrotte, et led. Eonnet sont frère et sœur, enfants de deffunts damoiselle Thomine de la Lande, leur mère, en la succession de laquelle lad. Perrotte est fondée avoir son droit et part, ès héritages provenant de la succession de lad. deffunte en noble et en partable à la coutume et usement du pays, entre nobles gens. Lequel Eonnet connoist led. mariage, lignage, hoirie, ainsi que dessus avoir dit et n'avoir que débattre à iceluy droict, s'obligea faire bailler et assoir èsd. Jehan le Normand, et sad. femme, et de laquelle assiette celuy de Brehant bailla auxd. mariés une terre en Lodéac ès-fiefs du... le quart jour d'avril après Pasque, l'an 1404. Gouyon passe, et signé, pour plus grande assurance, de Hervé de la Lande.

1475. Sachent tous que par notre Cour de Lamballe furent devant nous présents en droits établis nobles hommes Eonnet de Brehant, seigneur de Belleissue, d'une part, et Richard dit Jean le Normand, seigneur de la Villeholu, au nom, et comme tuteur et garde de Jean le Normand, son fils, de luy procréé en deffuncte Perrotte du Challonge, seconde femme dud. Jehan, et sœur demye aud. Eonnet d'autre part, lesquels par devant nous firent et sont confessant, l'un vers l'autre, que touchant le droit héritier et mobilier qui compétoit à lad. Perrotte du Challonge en la succession echoite de deffuncte noble damoiselle Thomine de la Lande, mère dud. Brehant, et de lad. Perrotte, led. Jehan, son fils, et fils dud. Jehan le Norman, est héritier principal et noble, avoit été entre eux esdits noms apointement fait pour tout le droit mobilier et héritel apartenant aud. le Normun esd. noms, en la succession : led. Eonnet, fils aisné, héritier principal et noble de lad. damoiselle Thomine de la Lande, sa mère, par le prisage et evaluement de Roland de la Roche, Olivier Martel et Roland de Plancouet que lesd. parties avoient choisis. Le pénultième jour de mars, l'an 1475 après Pasques. Nicolas et Lestourmel passe.

(*Arch. de Chabrillan.*)

1475. Afféagement fait par noble et puissant Eonnet de Brehant, seigneur de Belleissue, à Guillaume Goubé, de torres en Noyal, le 11 janvier 1475.

1482. Echange entre noble escuyer Eonnet de Brehant, seigneur de Belleissue, et Bertrand Hervé, seigneur du Coudray, de rentes en Maroué et Noyal, 23 janvier 1482. — Signé : Jehan Gié, et Yves le Corgne.

1485. Transaction entre noble homme Eonnet de Brehant, seigneur de Belleissue, etc., d'une part, et de l'autre, escuyer Jean le Métaër du Hourmelin, curateur d'escuyer Jacques du Breil sur l'assiette d'une rente qu'avaient faite autrefois à Eon du Breil, et à Allain, son fils, nobles, Geoffroy de Brehant et Thomine de Penthièvre, sa femme, lors seigneur et dame de Belleissue, et dont le dit Eonnet estoit hoir principal et noble, à prendre sur une disme appelée Lancufme des Aunor, en la disme de Saint-Sauveur, qu'ils tenaient de l'hoirie de Penthièvre, pour l'extinction de la dite rente, il fut transporté au dit du Hourmelin, curateur, une autre rente de pareille valeur sur les

Ruault, le 17 septembre 1463. Passé aux généraux plaids de Lamballe, le 3e de janvier 1488.

(Arch. de Chabrillan).

1493. 25 novembre. Dans l'aveu de Jehan du Prez et Jehanne de Saint-Gilles, sa femme, seigneur et dame de Saint-Melaine et Lanjouan, Gabriel de Brehant (fils aîné d'Eon de Brehant), fait acte de féodalité passive. (Lamballe, 167e B. 2).

1500. Gabriel de Brehant fournit minu et déclaration au receveur de Lamballe, le dernier jour de juillet l'an 1500, des héritages, fiefs et rentes que N. et P. Eon de Brehant, son père, tenoit en son vivant, à devoir de rachat de la Cour de Lamballe.

(Arch. des Côtes-du-Nord).

1527. Marguerite de Boisboessel eut en partage et partie de son droit un fief et tenue dans la paroisse de Piérin, nommée *la tenue de la Villecadoret,* et qui, de son mari et de ses descendants se nomma *le fief et tenue de la Villecadoret-Brehant,* aliéné depuis, ainsi que tous les autres fiefs de cette seigneurie.

Il résulte de deux actes du 21 novembre et 16 décembre 1527, que la seigneurie de la Villecadoret appartenait à cette époque à Pierre de Quélen, seigneur de Closneuf.

Réformations. — 1443. 27 janvier, Maroué. Nobles : Eonnet de Brehant.

1476. Maroué. Nobles : Eonnet de Brehand, noble homme demeurant en sa maison de Belleissue, qui fut à Guillaume l'Evesque * ; Guillaume de Brehand.

Partage de Marie de Brehant.

1513. Marie de Brehant, mariée à Jean Boudan, seigneur de la Lande, par contrat du 14 septembre 1505, fut partagée le mardi 1er jour de novembre l'an 1513 « par noble et puissant Jehan de Brehant,
» escuyer, seigneur de Belleissue, etc. son frère, héritier principal et
» noble de noble et puissant homme Eonnet de Brehant, et de D.
» Marguerite le Breton du Boisboessel, leur père et mère, et aussi
» héritier principal et noble de nobles hommes deffuncts Gabriel et
» Roland de Brehant qui, fils aynés estoient des dits Eonnet et Mar-
» guerite, seigneur et dame de Belleissue, etc, en leur vivant. Pour
» assiette duquel partage, celuy de Brehant a baillé, délaissé aux dits
» de Boudan et sa femme, une grande pièce de terre en pré au dit

* Ceci est une erreur ; le fief de Belleissue appartenait à la famille de Brehant dès l'an 1428, comme le prouve l'acte d'afféagement mentionné à la p. 83, l. 20 de la *Généalogie de Brehant.*

» de Brehant d'ancienneté appartenant (c'estoit partie du partage de
» Sibille Tournemine, une de ses ayeulles) en la grande prée de la
» Villegaudu. »

Transaction entre Jehan de Brehant, et Jehan du Boudan et Marie de Brehant.

1519. Noble homme Jehan de Brehant, escuyer, seigneur de Belleissue, etc, d'une part, et nobles gents Jehan du Boudan, et Marie de
Brehant, sa femme, seigneur et dame de la Lande, sur les prétentions
qu'avoient les dits de Boudan dans les rentes d'acquest roturier aux
successions de deffunctes nobles damoiselles Catherine de Brehant,
dame en son temps du Margaro, et Jehanne de Brehant, dame de
la Ville-Dérien, sœurs germaines des dits Jehan de Brehant, et
Marie, et desquelles le dit Jehan est héritier principal et noble... sans
que le présent appointé porte préjudice au dit Jehan, au surplus desd.
successions collatérales, qui à luy appartiendront en entier, ainsi que
ces prédécesseurs qui se sont de tout temps gouvernés noblement
et avantageusement, estant d'ancienne chevalerie, et qu'il puisse en
jouir comme héritier principal et noble, ainsi que la coutume le permet, que l'héritier principal et noble recueille, et ait le tout desd. successions collatérales. Le 12ᵉ jour de février 1519.

Autre transaction en interprétation de l'acte du 12 février 1519.

1547. Entre nobles gents Jehan du Boudan, escuyer, seigneur de
la Lande, et damoiselle Marie de Brehant, sa femme, d'une part, et
noble escuyer Jacques de Brehant, seigneur du Clos, curateur de N.
et P. Jehan de Brehant, escuyer, seigneur de Belleissue, Beaulieu,
Galilée *, etc, sur les prétentions desd. du Boudan et femme, disoit
led. curateur, que les prédécesseurs dud. de Brehant, seigneurs de
Brehant et de Belleissue, par le passé, se sont gouvernés noblement
et avantageusement de tous temps, et partagé les successions d'ycelle
maison en dépendantes, et y estant advenues par le passé, noblement
et avantageusement, et n'appartenir aucune chose aux jouveigneurs,
ny jouveigneures d'ycelle maison aux successions collatérales, et
si accord avait été fait sur ce, ce serait déroger, et contrevenir à
l'Estat, ordre et gouvernement de la maison de Brehant et de Belleissue, et proteste contre le curateur, et avoir Lettres royaux pour
casser led. accord. De plus le curateur dit qu'après le deceis de noble
homme Claude de Brehant, dernier curateur dud. seigneur de Galilée et de Belleissue, arrivé en guerres et pays éloignés, led. du Boudan

---

* Comme il a été dit à la p. 11 du *Mém. prél.*, on lit dans les actes *Galilée*
ou *Galinée*; ce dernier nom a prévalu, mais seulement au commencement du
xviiᵉ siècle.

se serait emparé de plusieurs biens, tant meubles qu'autres titres, lettres et enseignements pendant que le dit mineur était à pourvoir; pour lesquels pillages led. curateur demande aud. du Boudan dix mille escus d'or sol, à quoi se peuvent monter lesd. pillages, avec restitution des levées et fruits faits biens, et des lettres, titres et enseignements de lad. maison; à quoi répondant led. du Boudan, dit qu'il confesse et appure que la maison de Brehant et de Belleissue, par le passé s'est toujours gouvernée noblement et avantageusement, estant race de chevalerie, et de toute ancienneté, mais que ce qu'on luy avoit promis dans lesd. successions collatérales estoit à cause de quelques rentes d'acquest roturier et non de patrimoine de la maison de Brehant et de Belleissue, qu'yl confesse être noble et de toute ancienneté, et à l'esgard desd. pillages, il offre de tenir compte de deux levées et de payer les dommages de sa téméraire invasion, à l'opinion de leurs parents et amis; au surplus qu'il abandonne ses prétentions dans lesd. successions collatérales, ce qu'accepte led. curateur, se réservant au surplus l'action vers led. du Boudan, pour le recouvrement des lettres, titres et enseignements dud. mineur. Ce 16e jour do juing 1547. Signé : Gougeon et Le Boulanger.

(Arch. de Chabrillan.)

Il n'est fait mention de la famille des Boudan dans aucun des Armoriaux de Bretagne. Elle était possessionnée dans la par. de Maroué où se trouve la Lande-Boudan. Elle a dû se fondre dans Rouxel par le mariage de Nicolas Rouxel, sieur de Ranléon (père de Toussaint Rouxel, sieur de la Lande-Boudan, qui épousa Perronnelle de Brehant), avec Guillemette du Boudan, car il n'est nullement question de cette famille dans la Réf. de 1668 et dans l'*Armorial général de France*, mss. dressé en vertu de l'édit de 1696.

« Ensuit le raport et déclaration des héritages, terres, fiefs, dismes et choses héritelles que furent et appartinrent à deffuncte noble damoiselle Thomine de la Lande, mère de noble homme Eonnet de Brehant et de Perrotte du Challongo, sœur de mère dud. Eonnet, et de laquelle Thomine led. Eonnet est fils esné, et haer principal et noble, et lad. Perrotte fille et heresse, et fondée à son droit. Et premier l'hostel, maison et manoir de la Ville-Corbin, avec les jardins, pourpris etc.; item un trojet et cours de disme étant en la paroisse de Corseul, appelé la disme du Fié Boschier... » (Le reste de l'acte est lacéré). (Arch. de Chabrillan).

VII° DEGRÉ.

Partage noble de Jehan de Brehant.

1499. Comme plaids, procelx et controverse se furent meu et pendant par cette Cour de Lamballe entre nobles gens Gabriel de Bre-

hant, seigneur de Belleyssue, d'un part, et Jehan de Brehant, frère
jouveigneur dudit Gabriel, d'autre partye, sur le fait de ce que le dict
Jehan disoit ou povoit dire vers le dict Gabriel que puiz vingt ans
derrains Eonnet de Brehant et Marguerite du Boisbœssel, sa femme,
leurs père et mère, en leurs temps seigneur et dame Belleyssue, sont
allez de vye à deceix, quelx au temps de leur deceix, avoient plusieurs biens meubles et héritaiges, savoir par héritaige à la valeur de
quatorze cents livres de rente au dedans, et de meubles à la valeur
de deux milles livres monnoie, desquelz Eonnet et sa femme est fils
aisné, héritier principal et noble, le dict Gabriel de Brehant, frère
germain d'iceluy Jehan, et celuy Jehan fondé en celle subcession en
son droict et part en noble comme en noble, et en partable comme
en partable de l'usement et coustume du pays, et les choses et chacune que dessus estre vrayes dont le dict Jehan quezoit responses et
confession de ces faictz, et ces faictz luy congnoux et prouvés, ce soit
conclusion que son dict droict lui appartenoit ésdictes subcessions,
à cette fin lui estre baillée, aussi que celuy Gabriel pour mieulx servir et aider à l'esclarcissement d'iceluy droict, soit condempné mons-
trer les lettres et aultres choses faisant mencion et enseignements
des dictes subcessions, sauff droict d'aultres conclusions, lequel Gabriel estoit ou povoit estre congnessant et confessant des dits déceix
et hoyries de ses père et mère, et n'avoit pas à debapire que le droict
et portion appartenant au dit Jehan de Brehant ésdictes subcessions
luy... et soit adjugé et esclardi (sic) à la coustume an débapt duquel
octroi ainsi sur le faict du rapport, et faire le grand de la richesse des
dictes subcessions... il pourroit entre eulx ensuivre plaids et proceix
qui.... ésdictes partyes à conduire. Pour y obvier et entre eulx nourrir paix, accord, et bonne union qui de raison y doibt estre, ont été ce
jour en jugement le dict Gabriel, seigneur de Belleyssue, de sa part,
et le dict Jehan de Brehant, d'autre partye, où c'est que les dictes
partyes ont sur les cas et matières susdits juridiciellement faict trans-
uction, et accordant par forme que après avoir esté par le dict Jehan
de Brehant apuré les dictes subcessions avoir été, par le passé, ré-
glées et gouvernées noblement, et comme l'usement des nobles du
pays est, et ainsi avoir esté... pour et affin, que le dict Gabriel soit
et demeure quicte généralement et entièrement du tout du droict et
advenant qui peult compéter et appartenir au dict Jehan de Brehant
ès subcessions de ses ditz père et mère, celuy Gabriel a promis et s'est
obligé bailler et assoir au dict Jehan de Brehant acceptant aux héritaiges des dictes subcessions, en lieu suffisant et vallable, assiette de
vingt livres de rente vallables et de leyde quittes de toutes charges
par deu prisaige et par gens à ce congnessant, pour en joir comme
usufruitaire tant qu'il vivra, non aultrement, et sera la dicte assiette
commencée à se faire sur la maison et mestayrie du Clos, à leurs
dicts père et mère aultrefois appartenant, et sellon l'advis de noble
homme Guillaume Boschier, et attendant que la dicte assiette en soit

faicte, le dict Gabriel n'a que débastre que le dict Jean jouisse d'icelle mestayrie du Clos, et par ainsi le dict Jehan a quicté le di t Gabriel acceptant, de tout luy compétant et appartenant aux subcessions de ses dicts père et mère. Ce qu'ils ont promis et juré tenir par leurs sermenz, et par la Cour de céans en jugement y ont esté condempnés. Fait aux plaids de Lamballe le septième jour d'octobre l'an mil quatre cent quatre vingt dix neuff. P. Mallet passe.

(*Archives de Chabrillan*).

1501. Voir aux *Additions et corrections*, vi° degré, le minu par Jehan Brehant pour le rachat de ses frères Roland et Gabriel de Brehant.

GUIBÉ

Le nom de Guibé n'est ni noble, ni ancien; il est cependant illustré par de belles dignités et par la chevalerie. Il doit tout son lustre à Pierre Landais, trésorier et favory de François II, duc de Bretagne, qui ayant marié sa sœur Olive Landais à Adenet Guybé, le mit sur la taxe, et le fit faire chevalier. D'Adenet Guybé et d'Olive Landais furent enfants Robert Guybé, evesque de Nantes et cardinal, que Varillas traite d'homme de grande qualité et noblesse, tant il est certain que les historiens françois ont peu de connaissance des noms, faits et gestes des bretons. Michel Guybé, autre fils d'Adenet, fut evesque de Rennes. Jacques Guybé, fils d'Adenet, fut capitaine des archers de la garde de la royne Anne de Bretagne, et lieutenant du roy Louis XII. Jean Guybé, capitaine ou gouverneur de Rennes, fut leur héritier à touts. Il avoit deux sœurs, scavoir Marie, mariée à Jacques Belloneau, et Guillemette Guybé mariée à Guillaume Hamon, Je ne parle pas d'Olivette, mariée à Jean de Brehant, car elle mourut presque mariage faisant. Les descendants de ces deux filles eurent des procès et des discussions pour le partage de ces successions qui, quoique pourvues de chevaliers, furent jugées en 1597 d'estat commun et non nobles, car pour establir un gouvernement et estat nobles, il faut bien autre chose qu'une chevalerie qui est personnelle.

Jean Guybé, chevalier, seigneur de Montbourcher, épousa Jeanne de la Vache, dame et héritière de la Tousche-à-la-Vache. Ils vivaient en 1513 et encore en 1549.

(*Extrait d'un Armorial mss. de Bretagne du* xvii° *siècle*).

Olivette Guibé, première femme de Jehan de Brehant, était-elle sœur ou nièce du cardinal Guibé? Sa sœur, selon la notice qu'on vient de lire et les Généalogies mss. de Brehant du Cabinet des Titres et de la Collection des Blancs-Manteaux; sa nièce, si l'on s'en rapporte à Moréri, la Chesnaye des Bois, et à la Généalogie mss. des Archives de Chabrillan. Tout bien considéré, il est probable qu'Olivette était sœur du Cardinal, car, dans le cas contraire, elle ne pouvait être fille que de Jacques Guibé, sieur du Chesnay, capitaine de Fougères, etc., frère puiné de Robert, lequel Jacques Guibé n'est mentionné nulle part comme ayant été marié.

Maintenant, il s'offre une autre difficulté : d'Argentré ne parle que de trois sœurs du cardinal Guibé : 1° Marie, qui épousa Jacques Belonneau ; 2° Guillemette, mariée à Guillaume Hamon ; 3° Hilariette, femme de Pierre Souchu. Comme on le voit, il n'est nullement question d'Olivette Guibé. Il est vrai qu'on trouve autre part (dans d'Argentré ou D. Taillandier), qu'Adenet Guibé laissa quatre fils et quatre filles. Cette quatrième fille devait être Olivette Guibé. Pourquoi n'est-il pas question d'elle dans la Généalogie des Guibé? Sans doute parce qu'étant morte jeune et sans laisser de postérité, elle n'a pas figuré dans les actes de partage des descendants de ses sœurs, notamment dans celui de 1597, d'après lequel a été établie la Généalogie des Guibé. En somme, cette généalogie semble renfermer des lacunes et n'être pas strictement exacte, si l'on en juge par les divergences des renseignements fournis par ceux qui en ont parlé. Ainsi la notice ci-dessus et, après elle, M. Stéphane de la Nicollière, dans son *Armorial des évêques de Nantes*, donnent quatre fils à Adenet Guibé, mais seulement deux filles, tandis que d'Argentré le fait père de trois fils et d'autant de filles.

L'on attachait, dans l'origine, si peu d'importance au mariage de Jehan de Brehant, qui a été de courte durée et est resté stérile, qu'on ne s'était nullement préoccupé de savoir si Olivette était sœur ou nièce du cardinal Guibé. Ce n'est que plus tard qu'on a cherché à approfondir le fait ; mais les recherches auxquelles on s'est livré à cet égard dans les Archives des Côtes-du-Nord et de Chabrillan, et ailleurs, n'ont amené aucun résultat satisfaisant, et l'on en est réduit aux hypothèses. L'on doit ajouter que les actes concernant Jehan de Brehant sont en petit nombre dans les Archives de Chabrillan, et qu'il n'y est point parlé d'Olivette Guibé.

1558. Transaction entre noble damoiselle Marie de Brehant, dame douairière de Kerabel, et noble et puissant Jean de Brehant, seigneur de Galilée, Belleissue, etc., sur l'effet des promesses faites par deffunct messire Mathurin de Brehant, seigneur de Belleissue, des Cougnets, la Rivière et Galilée, frère aisné de la dite damoiselle Marie, à la dite damoiselle, mariage faisant de elle avec Jacques de Boisgeslin, écuyer, seigneur de Kerabel, duquel messire Mathurin de Brehant le dit Jean de Brehant est fils aisné, héritier principal et noble ; de plus sur le droit appartenant à la dite damoiselle Marie dans la succession de feue noble D. Françoise de Quergu, sa mère, et mère du dit messire Mathurin, et sur plusieurs autres prétentions, sur toutes lesquelles pour obvier au ....., qui leur serait somptueux, après avoir été reconnu et apuré de toutes les parties que les successions de leur père et mère sont nobles, de régime et gouvernement noble et avantageux, et ainsy par le passé, les biens d'yceux, et de tous temps immémorial avoir esté entre leurs prédécesseurs, gouvernés et partagés noblement selon l'assise d'entre les gentilshommes, ledit seigneur Jehan de Brehant a ratifié les assiettes cy devant ordonnées par sentence. Fait au lieu et manoir de Galilée, le 11e jour de septembre l'an 1558.

(Arch. de Chabrillan).

Descendance de Marie de Brehant et de Jacques de Boisgeslin *.

Marie de Brehant, fille de Jehan de Brehant (VII), épousa Jacques de Boisgeslin, seigneur de Kerabel, dont :

    1° Jeanne de Boisgeslin, dame de Kerabel, qui épousa René Chrétien, seigneur de Tréveneuc et de Pommorio ;

    2° Isabeau de Boisgeslin, mariée à Jean de Lespervez, seigneur de Coëtquarie.

Henri Chrétien, fils de René, et de Jeanne de Boisgeslin, vicomte de Tréveneuc et de Pommorio, vivait en 1600. Il épousa Catherine de Lannion, dont :

Jean Chrétien, vicomte de Tréveneuc et de Pommorio, qui épousa Marguerite le Véer, dont il eut Claude Chrétien, fils aîné, mort sans hoirs, et :

Jean Chrétien, vicomte de Tréveneuc et de Pommorio, par la mort de son frère aîné. Il épousa N*** de Queneguerant, dont :

N*** Chrétien, vicomte de Tréveneuc et de Pommorio, qui épousa N*** du Breil, fille N*** du Breil, comte de Rays, seigneur de la Monneraye.

   Jean de Lespervez eut de son mariage avec Isabeau de Boisgeslin :

    1° Pierre, qui suit ;

    2° Anne de Lespervez, mariée à Roland de Quélen, seigneur de Kerlan.

Pierre de Lespervez, seigneur de Coëtquarie, épousa N***, dont :

François de Lespervez, seigneur de Coëtquarie. Il épousa Marie de la Bouëxière, dont :

Pierre de Lespervez, seigneur de la Bouëxière et de Coëtquarie, qui épousa, en 1667, Françoise le Borgne, fille de Vincent, seigneur de Lesquiffiou, et de Marguerite Budes.

(Gén. mss)

---

* Voir pour les armes l'Armorial des familles alliées.

Les seize quartiers de Françoise de Kergu.

OLIVIER DE KERGU, chevalier, épousa Thomine de Québriac.

TRISTAN DE KERGU, chevalier, fils d'Olivier, épousa Jeanne d'Angoulvent, fille de N*** d'Angoulvent, et de N***.

TRISTAN DE KERGU, fils de Tristan, épousa Jeanne Ferré, fille de Pierre Ferré, seigneur de la Garais, et d'Olive d'Angoulvent (1468), fille de N*** d'Angoulvent et de N***.

> Pierre Ferré était fils d'Eon Ferré, seigneur de la Garais, et de Guillemette du Margaro.

JEAN DE KERGU, fils de Tristan, épousa Jeanne du Bouays, ou du Bois, sœur de Robert, tué à la rencontre de Saint-Aubin, en 1488, et fille d'Olivier du Bouays *, chevalier, et de Marguerite Milon, fille de Pierre Milon, seigneur de la Ville-Morel, et de Marguerite de Lanvallay, fille de Robert de Lanvallay, et de Marguerite de Tournemine. Pierre Milon était fils d'Etienne Milon, chevalier, seigneur de la Ville-Morel, et de Jeanne d'Yvignac.

Olivier du Bouays était fils de Jean du Bouays (1445), et de Jeanne Bernier, fille de Jean Bernier, seigneur de la Chapelle, et de N***.

Jean du Bouays était fils de Guillaume du Bouays qui vivait en 1445, et de Perrine de Cadoudal.

FRANÇOISE DE KERGU, fille de Jean, épousa, en 1504, JEHAN DE BREHANT, chevalier, seigneur de Belleissue, la Rivière, etc.

(Gén. mss.)

XII. Thomas de Boisgeslin, seigneur de Kerabel, écuyer (neveu de Jacques, qui épousa Marie de Brehant), fut présent, le 21 mai 1582, à un bail à cens consenti par Jeanne Boussel, mère et tutrice de Jean de Boisgeslin, en faveur d'Etienne le Floc'h, et s'allia avec Catherine Richard, fille de Jean Richard, seigneur de la Roche, et de Marguerite de Brehand. (*Courcelles*, Gén. des Boisgeslin).

*Descendance de Catherine de Brehant et de René du Bouilly ** jusqu'en 1668.*

René du Bouilly, seigneur de la Morandais, était fils de Guillaume, 1er du nom, et de Julienne Bertho, et frère de Renée, mariée à Christophe Budes, seigneur du Tertre-Jouan. Il épousa, vers 1545, Catherine de Brehant, dont :

Guillaume du Bouilly, IIe du nom, marié à Marguerite de Coues-

---

* Du Bouays porte : *de gueules à la croix d'argent, cantonnée de quatre croissants de même.*

** Voir pour les armes l'*Armorial des familles alliées.*

pelle, dont : 1º Guillaume, qui suit; 2º Sébastien du Bouilly, seigneur de la Morandais, qui eut pour femme Elisabeth de Brehant, fille de Louis de Brehant (X), et de Catherine Huby.

Guillaume du Bouilly, IIIe du nom, seigneur des Portes, épousa Marguerite de Rosmadec, dont :

Mathurin du Bouilly, marié à Anne du Pont, dont il eut : 1º Guillaume, qui suit; 2º Gilles du Bouilly, seigneur de la Ville-Morin ; 3º Guillaume du Bouilly, seigneur de Saint-Saudien.

Guillaume du Bouilly, IVe du nom, seigneur châtelain de Trébry et des Portes, épousa Guillemette du Poulpry, dont il eut : 1º René du Bouilly, seigneur de Renon; 2º Sébastien du Bouilly.

Réf. de la noblesse de Bretagne, en 1668, mss. de la Bibliothèque de l'Arsenal.

Descendance de Catherine de Brehant et d'Allain Urvoy *.

Catherine de Brehant épousa Allain Urvoy, seigneur des Fermes, fils de Jean, et de Jaquette Chaton, dont :

Charles Urvoy, seigneur des Fermes, qui épousa Plesson de Bouteville, dont :

Anne Urvoy, dame de Crénan, héritière, mariée, vers 1600, à Maurice de Perrien, dont :

> 1º Pierre de Perrien, marquis de Crénan, échanson de France, qui épousa 1º, en 1645, Madeleine N***; 2º, en 1654, Anne du Bueil, sœur de Jean, sire de Bueil ;
>
> 2º Marie de Perrien, mariée en 1641 à Gabriel d'O, seigneur de Villers.

Pierre de Perrien, IIe du nom, marquis de Crénan, lieutenant général des armées du Roi, tué à Crémone, en 1702, était fils du premier lit de Pierre.

Jean de Perrien, dit de *Bueil*, fils du second lit de Pierre, fut substitué aux nom et armes de Bueil (*Gén. mss.*).

Alain Urvoy avait une fille cadette, Hélène Urvoy, qui épousa N*** Derrien. Il descendait de Pierre Urvoy, seigneur de la Villeoury et des Fermes, son trisaïeul, auteur des diverses branches de cette famille, déclarée noble d'ancienne extraction par arrêt du 3 décembre 1668. Elle date d'Etienne, croisé en 1248. Il est à remarquer que la terre de la Touche-Brehant, en la paroisse de Maroué, lui appartenait. Il est à présumer qu'elle lui venait de Catherine de Brehant.

* Voir pour les armes l'*Armorial des familles alliées.*

1530. Il est fait mention dans l'enquête dont il est parlé à la p. 91, l. 10 de la *Généalogie* d'un certificat, en date du 23 avril 1530, de René de la Jaille, lieutenant de la compagnie du sire de Montéjean, portant que « Jean de Brehant et Jacques, son frère, étaient en l'exercice et expédition avec les autres hommes d'armes delà les monts, sous la charge et enseigne du seigneur de Montéjean. »

Voir au viiiᵉ degré des Preuves l'*Enquête de la Cour de Lamballe de l'an 1532* dans laquelle il est question de Jehan de Brehant (VII).

Partage de Claude de Brehant et de ses frères et sœur.

1533. Sur l'action et demande que faisoient escuyers, Jean, Jacques, Claude et Françoise de Brehant, damoiselle, enfants de feu noble et puissant Jehan de Brehant, en son temps seigneur de Belleissue, de Beaulieu, la Rivière etc., envers et contre noble homme Mathurin de Brehant, escuyer, seigneur des dits lieux, à présent leur frère aisné, que depuis 10 ans derniers, led. Jehan de Brehant est mort et decebdé, lequel au temps de son décès avoit et lui appartenoit plusieurs terres, rentes, fiefs et seigneuries à grande valeur et richesse ; duquel led. Mathurin est fils aisné, héritier principal et noble, et comme tel lui avoit succédé, et lesd. Jehan, Claude, et Jacques et Françoise de Brehant, enfants jouveigneurs et héritiers de leurs droits, et concluent lesd. jouveigneurs à avoir leurs droicts en lad. succession; en noble comme en noble, et partable comme en partable pour demeurer quitte led. seigneur aisné vers lesd. jouveigneurs, tant de la succession sus-mentionnée que de la succession de N. D. Françoise de Querqu généralement ; a promis de faire assiette à chacun desd. jouveigneurs du nombre de quarante livres monnoye de rente par dû prisage à la coutume, et ce faisant demeure quitte vers lesd. jouveigneurs. Et le ont quitté et quittent, connoissant et ont connu lesd. jouveigneurs lesd. successions estre nobles et avantageuses, de grande ancienne chevalerie. Ce fut fait et passé au manoir de Galilée, le 8ᵉ jour de Juillet 1533.

Aud. jour et an que devant, et à l'instant lesd. écuyers Jehan, Jacques et Claude de Brehant ont pour eux et leurs successeurs transporté aud. seigneur leur aisné, sur ce présent et acceptant, scavoir est tout le droit part et portion leur compétant auxd. successions et hoiries de leur père et mère, selon, et aux fins de l'accord, et promesse leur est faite. Payant... d'or qui est à chacun des trois jouveigneurs... livres monnoye, et est faite et accordée la dite subrogation, en considération que le droit desd. jouveigneurs leur estoit dû, et appartenoit à viage seulement, et a esté par led. seigneur aisné baillé et payé à chacun desd. jouveigneurs la somme de..... disant lesd. jouveigneurs à leur dit seigneur aisné vouloir employer led. argent en diverses et honestes occupations, scavoir led. Jehan à continuer à hanter les guerres comme par les passé dans les ordonnances du Roy. A dit pareillement led. Jacques à hanter guerre et voyage à Rome comme il a délibéré, et led. Claude à continuer servir le Roy comme il a fait cy devant. Ce fut groyé led. jour et an que dessus. Gouyon passe, Florans passe.

(Arch. de Chabrillan.)

1553, 20 février. Catherine de Brehant, dame des Fermes (femme d'Alain Urvoy, seigneur des Fermes et de la Villeoury), est marraine d'une fille de Jean Roussel. *Extrait des registres de la ville de Lamballe.*

VIII° DEGRÉ.

Enquête faite par la Cour de Lamballe en 1532.

Bertrand Bellourdeau de la paroisse de Noueal (Noyal), agé d'environ 60 ans, recorde connoistre noble homme Mathurin de Brehant, chevalier seigneur de Belleissue, que dès le temps de 40 ans derniers il eut connaissance de noble homme Gabriel de Brehant, seigneur du dit lieu de Belleissue etc., et de noble homme Jehan de Brehant, son frère juveigneur, père du dit messire Mathurin de Brehant, que Gabriel et Jehan de Brehant estoient enfans et héritiers de feu noble et puissant Eonnet de Brehant, seigneur, en son vivant, de Belleissue, de Beaulieu etc., et de feue N. D. Marguerite du Boisbouessel, dite communément le Breton, sa femme épouse, scavoir le led. Gabriel, fils aisné, héritier principal et noble, et led. Jehan de Brehant, juveigneur, héritier en son droit part ; et que aussi des environs de 30 ans au plus led. Gabriel de Brehant, seigneur de Belleissue, de Montbrant, de Beaulieu etc., décéda à la guerre sans hoirs procréés en mariage de sa chair, et d'yceluy Gabriel fut, et a esté héritier principal et noble led. Jehan, son frère nommé communément le *capitaine de Bonnet*, père du dit messire Mathurin de Brehant, et à luy succéda, et comme tel vint des guerres d'Italie, où il estoit, recueillir la succession et en jouir, sans que le dit déposant luy en ait vû faire d'empeschement dès le temps du décès du dit Gabriel jusques au temps de son décès qui fut environ 15 ans à comme estime le dit Parlant ; déposé en outre que des environs le temps de 30 ans led. Jehan de Brehant seigneur des dits lieux et autres, après le décès dud. Gabriel son frère aisné, fut convolé par mariage avec N. D. Françoise de Quergu sa femme épouse, dès lequel temps des environs 30 ans, et depuis jusqu'au temps du décès dud. Jehan de Brehant qui fut environ le temps de 15 ans, comme estime à peu près led. parlant, il vit le dit messire Jehan de Brehant et dame Françoise de Quergu s'entrapeller respectivement

homme et femme; durant le quel mariage, et dès le temps environ à
de 25 ans, comme estime il qui parle, a vu lesd. Jehan et sa femme
nourrir et élever led. messire Mathurin de Brehant, comme leur fils
aisné, naturel et légitime.

(Arch. de Chabrillan.)

1535. Aveu, en date du 11 avril, de Mathurin de Brehant et de Gilette des Cougnets, sa femme, seigneur et dame de Belleissue et de
Galinée (Lamballe, 25 B°, 97).

1537-44. Extrait du compte de Thomas Martel, receveur de
Lamballe pour les années 1537-41, F° 33 Cy après sont les douaires.
Gilette des Cougnets décebdée au mois de février (44) qui estait
veuffve de Mathurin de Brehant.

1538. Aveu, en date du 9 janvier, de Gilette des Cougnets, tutrice
de Jean de Brehant pour la Belleissue (Lamballe 28° B°, 102).

(Arch. des Côtes-du-Nord.)

1541. Accord passé le 1er mars 1541 entre noble dame Gilette des
Cougnets, veuve de noble homme Mathurin de Brehant, et noble
homme Robert Gautron, pour s'en tenir à l'avis et décision de noble
D. de la Vache, dame de la Touche, leur parente, sur le partage dû à
N. dame Françoise Gautron, mère de la dite Gilette, dans les successions de Raoul Gautron et de Jacquette la Vache, père et mère de la
dite Françoise.

(Arch. de Chabrillan.)

1549-51. Extrait du compte de Bertrand Lapie, receveur de la seigneurie de St. Melaine (en Maroué) appartenant à Toussaint de Co-
maillo.

F° 3. « Bonnet de Brehant est rapporté devoir à la dite seigneurie
» dix soubz de rente que à présent paye le sieur de Belleissue » (Lamballe, 167° B°, 2).

(Arch. des Côtes-du-Nord.)

Partage de Roland et de François de Brehant.

1565. — Pour faire fin au procès et différent meus entre messire
Roland de Brehant, et François de Brehant, escuyers, et chacun enfant jouveigneur de la maison de Brehant et de Galinée, demandeurs
à l'encontre de N. et P. Jehan de Brehant, chevallier, seigneur de
Belleissue et de Galinée, de Beaulieu et des Cougnets, leur frère ayné
deffendeur; disant que deffunt N. et P. Mathurin de Brehant et D.
Gilette des Cougnets, sa compagne, seigneur et dame en leur vivant
des dits lieux, leur père et mère communs, seroient à présent morts
et décédés, et que au jour de leur vivant et jusques au jour de leur
décès exclusivement ils étaient riches et puissants; le tout desquels

biens et richesses a esté, et est tenu et apprehendé par le deffendeur
comme leur fils ayné, héritier principal et noble, lequel comme tel
auroit cueilly et perçu le total de la dicte hoirie sans en avoir baillé
leur droit et portion aux demandeurs, y fondés, comme enfants jouveigneurs et puisnés ; deffendent à quoy le dit deffendeur maintenoit,
de sa part, le total des dites successions estre nobles et les biens
provenant de régime, et gouvernement noble et avantageux, et avoit
ainsi esté gouvernés noblement et avantageusement, entre tous leurs
prédécesseurs de tous temps, et imm émorial ; dit aussi que puis le
décès de leurs dits père et mère, seroient allés de vie à décès, escuyer
Robin de Brehant, et autre escuyer François de Brehant, et escuyer
Ollivier de Brehant, leurs frères morts sans héritiers procréés de leur
chair en mariage ; la portion desquels comme de succession collatérale devoit céder et accroistre au profit et seul avantage dudit deffendeur, concluant... il soit partagé selon le régime et gouvernement
noble et avantageux. A esté sur les cas et matières présuppees transigé comme en suit, après que lesd. messire Roland et escuyer François de Brehant, demandeurs, ont été respectivement connaissant et
confessant lesd. successions de leur père et mère deffuncts, et leur
prédécesseurs estre nobles, et que de temps immémorial les biens en
provenant ont été régis et gouvernés et partagés noblement et avantageusement, et le devoir ainsy, et l'avoir esté, entre tous leurs prédécesseurs, tant de l'estoq paternel que maternel, le dit seigneur
aynê leur a promis bailler et asseoir aux biens des dites succession,
à égard des priseurs nobles dont ils conviendront, à chacun d'yceux,
comme enfants jouveigneurs de maison noble, ancienne, et de chevalerie, et selon le règlement du dit partage noble et avantagieux, sui-
vaict l'assise, et non autrement, ce que a esté pareillement ainsy entendu, connu et confessé des dits jouveigneurs, 120 livres monnoye
de rente, valable, et de levée, et toute fois par grâce et volonté spéciale du dit seigneur aynê, accordé à yceux jouveigneurs qu'ils en
jouiront eux et leurs hoirs, en les tenant de luy comme jouveigneurs
d'ayné et non autrement, comme dit est, à leur prière et requeste,
promettant luy en obéir, suivant la coutume et usement du pays, à
quoy ont été reçus du dit seigneur leur frère aynê. Fait au bourg de
St. Postan le 8° jour de juing 1565.

Autre acte de l'année suivante au sujet de ce partage.

• 1566. Combien que par cy devant, et dès le 8° jour de juing l'an
1565 précédent par la transaction, et accordance paternelle, par devant notaires, et par Cour capable, par noble homme Jehan de Brehant, chevalier seigneur de Belleissue, au droit naturel, héritel et
mobilier, dû, et appartenant à Mre Roland de Brehant, seigneur des
Cougnets, son frère puisné, aux hoiries et successions de deffunct

N. et P. Mathurin de Brehant, et dame Gilette des Cougnets, sa
compagne, seigneur et dame en leur vivant desd. lieux, led. seigneur
ayné comme héritier principal et noble saisi des successions, ait consenti aud. seigneur des Cougnets, son frère, pour estre quitte de
luy, et de son droit, et légitime, qu'yl eust six vingt livres de rente,
par assiette, aux biens desd. maisons et successions, et à être assises
sur et en la maison et métairies des Cougnets, dépendant desd. successions, et suivant le dit contrat ; et yceluy enthérinant le 23e jour
d'aoust aud. an 1565, ait esté procédé à la perfection d'ycelle assiette,
et que le dit seigneur ayné, de sa grâce et volonté spéciale ait reçu
son dit frère à homme, pour causes desd. choses héritelles à les tenir
de luy perpétuellement comme jouveigneur d'ayné, et lui en fera en
cet égard toutes seigneuriales redevances. Ce néanmoins est expressément convenu aujourd'hui par entre eux mutuellement pour éviter
aux préjudices des anciens partages de leur maison, que led. seigneur
des Cougnets fera et tiendra joissement de la dite pièce et manoir des
Cougnets selon l'étendue d'ycelle par la dite assiette, à la nature et
qualité d'usufruit, et sa vie durante, seulement, et non autrement,
sans aucunement en povoir disposer par partage, demeurant lod. seigneur ayné perpétuellement saisi de la propriété et seigneurie
d'ycelle pièce, maison, et métairie, nonobstant le dit précédent bail,
auquel le dit des Cougnets a renoncé, retenant seulement ledit seigneur
des Cougnets la fruition et jouissance des dits héritages à sa vie seulement. Tout quoy a esté de la manière voulue, et consentie des dites
parties, et juré et promis en foy de serment de gentilshommes, tenir
réciproquement et sous signes manuels, par nostre Court de Saint-
Jagu, à toute pertinente soumission et prorogation. Ce fut fait et
groyé au manoir de Galilée, le 28e jour de février 1566. Signé : Jehan
de Brehant, Rolland de Brehant, Martin et Le Boulanger, nros, et
scellé.

(Arch. de Chabrillan.)

XII. Thomas de Boisgeslin, écuyer, seigneur de Kérabel, fut présent, le 21 mai 1582, à un bail à cens consenti par Jeanne Bollessel,
mère et tutrice de Jean de Boisgeslin, en faveur d'Etienne le Floch,
et s'allia avec Catherine Richard, fille de Jean Richard, seigneur de
la Roche, et de Marguerite de Brehand. (Histoire généalogique et
héraldique des pairs de France, par Courcelles, t. 3, p. 16 et 17).

DES COGNETS *.

Percevaux dominus des Cognets (Cougnets) et de Galilée, fit bâtir
Galinée, anno.... Jeanne de Malignon fut sa femme.

_____

* Voir pour les armes l'Armorial des familles alliées.

Perceval, seigneur des Cognets et de Galinée, descendu par une suite inconnue de Percevaux, épousa Aliette de Saint-Dénoual. Ils vivaient en 1310. Ils eurent pour fils :

Jean, seigneur des Cognets et de Galinée, chevalier, qui épousa Mahaut de Plöuer, fille de Pierre, seigneur de Plöuer, et de Jeanne de Dinan. Ils vivaient en 1360. Ils eurent pour fils :

Jean, IIe du nom, seigneur des Cognets et de Galinée, qui épousa Thomine d'Yvignac, fille d'Olivier, seigneur d'Yvignac, et Catherine de Montbourcher, dont :

    1º Bertrand, qui suit ;
    2º Perceval des Cognets (1471) ;
    3º Pierre des Cognets (1494) ;
    4º Marguerite des Cognets, mariée à Jean le Porc, seigneur de la Porte.

Bertrand, seigneur des Cognets et de Galinée, chevalier, épousa : 1º Jeanne de la Fruglaye ; 2º Marie de Bodégat. Il eut de son premier mariage :

Pierre, seigneur des Cognets et de Galinée, qui épousa Françoise de Kergu, dont :

Hélène des Cognets, morte en bas âge.

Les enfants du second lit de Bertrand des Cognets, furent :

    1º Guyon, qui suit ;
    2º Lancelot, Bertrand, Bertrand le Jeune, et Jeanne des Cognets.

Guyon, seigneur des Cognets et de Galinée, après la mort d'Hélène des Cognets, sa nièce, aînée du premier lit, épousa, en 1506, Françoise Gautron, dont :

    1º Charles des Cognets, mort sans hoirs de Louise de Plorec ;
    2º Gillette des Cognets, héritière de sa maison, qui épousa Mathurin de Brehant, chevalier, seigneur de Belleissue, la Rivière, etc.

(*Gén. mss.*)

Les seize quartiers de Gillette des Cognets.

JEAN DES COGNETS, seigneur de Galinée (1330), épousa Mahaut de Plöuer.

JEAN DES COGNETS, fils de Jean, épousa Thomine d'Yvignac, fille d'Olivier, seigneur d'Yvignac, et de Catherine de Montbourcher.

BERTRAND DES COGNETS, seigneur de Galinée, fils de Jean, épousa Marie de Bodégat, sœur de Caro de Bodégat, qui épousa Marie de Rohan. Elle était fille d'Allain de Bodégat, chevalier, et de Jeanne de Limur, fille de Charles de Limur, et de Jeanne de Malestroit.

Allain de Bodégat était fils de Caro de Bodégat et de Catherine de Keraulem.

GUYON DES COGNETS, seigneur de Galinée, fils de Bertrand, épousa Françoise Gautron, fille de Raoul Gautron, seigneur du Plessis-Gauron, qui épousa Jacquette la Vache, fille de Gilles la Vache, seigneur de la Touche à la Vache, et de Marguerite Madeuc, fille de Roland Madeuc, seigneur de Guémadeuc, et de Catherine de Restrenen.

Raoul Gautron était fils de Jean Gautron, seigneur du Plessis-Gauron, et de Guillemette d'Acigné, fille de Guillaume d'Acigné et de Françoise Péan, dame de la Roche-Jagu.

Jean Gautron était fils de Pierre Gautron, seigneur du Plessis Gauron, et de Roberte Durand.

GILETTE DES COGNETS, dame des Cognets et de Galinée, héritière, fille de Guyon, épousa, en 1530, MATHURIN DE BRÉHANT, chevalier, seigneur de Belleissue, etc.

(Gén. mss.).

IX° DEGRÉ.

1548. Aveu rendu à Jean de Bréhant au fief et seigneurie des Cognets, ou plustôt à son curateur, par noble escuyer Jehan de la Fluglaye, sieur de la Villeaubault, lequel est connaissant estre, et qu'il est, de fait, homme et sujet de noble escuyer Jacques de Bréhant, sieur du Clos, au nom et comme curateur de N. et P. homme Jehan de Bréhant, chevalier, seigneur de Galinée, Belleissue, la Rivière, des Cognets, etc, et de luy, au dit nom, tenir prochement, à devoir de foy, rachat et recept, et premier la maison et métairie du Perrin sises au bourg de Plurien, etc, et item dans le fief Sanzillon, appartenant au dit seigneur; sur le tout du quel fief est, chacun an, deû au dit seigneur de Galinée, et à son dit tablier, 8 * froment et 12 d monnoye de minu mangier, au jour de Noël, à amende, item au fief Guerrif. A Montbréant, près l'abbaye, le 14° jour de septembre l'an 1548.

1550. Décret de justice pour confirmer une transaction passée le 18 octobre 1550 par Jacques de Bréhant, escuyer, sieur du Clos, comme curateur de N. et P. Jean de Bréhant, sieur de Galinée, son neveu, héritier principal et noble, et fils ayné de N. et P. Mathurin de Bréhant, sieur de Belleissue, et de noble D. Gilette des Cognets, ses père et mère, et Bertrand Chapelle, escuyer, sieur de la Villecoleu, sur l'avis de plusieurs des parents et alliés dudit mineur, sçavoir de Jean Gouyon, sieur de Saint-Jean, né de germain du père dudit mineur; Jean Langlois, sieur de Longpré, en pareil degré, et marié à Jeanne de Lesquen, cousine au 3° de la mère dudit mineur; Jean de la Lande, sieur de Calan, né de germain; Jean Hersart, sieur du Vaucouronné, parent par l'y, et aussi par Gilette Gouyon, sa femme, tante dudit mineur; et sur les procurations de Thomas Martel, sieur du Val, cousin germain de feu Mathurin de Bréhant, père dudit mineur, et Jean, sieur de Quergu, aussi cousin germain de feu Mathurin de Brehant, père du mineur, etc. Par la Cour de Lamballe le 5° jour de février l'an 1550.

(Arch. de Chabrillan.)

1555. Aveu en date du 24 janvier, de Jean de Brehant, sieur de Belleissue, fils de Mathurin et de Gilette des Cougnets. (Lamballe, 29° B°, 101).

1555. Hommage de Jehan de Brehant, sieur de Belleissue, en date du 25 octobre. (Lamballe, 21° B°, 88).

1556, 29 octobre. Inféodation des fiefs de Belleissue et de la Ville-Corbin (ou la Corbinais), en Saint-Potan; accordée par Jehan de Bretagne, duc d'Etampes, comte de Penthièvre, à Jean de Brehant, écuyer et sieur de Belleissue et de Galinée (au dossier de la terre de Galinée).

1563. Partage en date du 23 et du 27 août, de la succession de Mathurin de Brehant et de Gilette des Cougnets, en leur vivant, sieur et dame desdits lieux, entre Jehan de Brehant, sieur de Belleissue et de Galinée, fils aîné, et Roland de Brehant, son frère puîné (classé à la famille de Brehant).

(Archives des Côtes-du-Nord).

1561. Aveu de Jullien d'Espagne de la paroisse de Trégomar, rendu à N. et P. Jean de Brehant, chevalier, seigneur de Belleissue, de Galinée, etc. le 23 novembre 1561.

1561. Aveu rendu par Jacquette Ruellan, veuve de Gabriel Gaborel à N. et P. seigneur Jehan de Brehant, chevalier, seigneur de Galinée, etc., au fief de la Bousserie, en Pluduno, dépendant de la seigneurie de Galinée; le 10 décembre 1561. Scellé du sceau de la juridiction de Galinée qui est le même écartelé des armes de Brehant et des Cougnets.

1568. Bail à ferme d'une dixme en Corseul fait par messire Guy de Lesquen, prieur de Saint-Nicolas, procureur de N. et P. seigneur messire Jean de Brehant, chevalier, etc., à escuyer Guy de la Bouëxière, sieur de la Villejouan, le 14 mai 1568.

(Arch. de Chabrillan)

Contrat de mariage de Jean de Brehant et de Jeanne
du Plessis-Mauron.

1572. Traitté de mariage d'entre N. et P. homme Jehan de Brehant, chevalier, seigneur de Belleissue, Galilée, des Cougnets, Beaulieu, la Rivière, la Villecorbin, Montbran, etc., et noble damoiselle

Jehanne du Plessis, fille seule de noble homme Pierre, seigneur du Plessis, de Mauron, la Conçise, le Boiscleret, Launay-Milon, la Haye-Boutlier, etc., et de noble D. Jehanne Josses. Et portant ès moyens du contenu aux présentes les dits seigneurs de Brehant et damoiselle Jehanne du Plessis, se sont, avec l'authorité des dits sieur et dame du Plessis, promis la foy et loyauté de mariage, et baisés, promettant iceluy mariage en face de l'Église solenniser, et par yceux moyens ladite damoiselle Jehanne du Plessis, avec ladite authorité de ses père et mère et du dit de Brehant, son futur époux et mary, a quitté et quitte François du Plessis, fils ayné, héritier présomptif, principal et noble des dits sieur et dame du Plessis. Lesquels de Brehant et sa future épouse promis et fiancés ont esté, et sont connaissant et conf. ssant les dites successions estre nobles, et de gouvernement avantageux, sans que jamais ait esté vu rien, ni entendu dire au contraire, ce qui est de connaissance publique, la maison du Plessis étant d'ancienne chevalerie. Fait, conclu et consenti au lieu et manoir du Plessis, en la salle basse, le 27° jour de mai 1572. Tout ce que dessus fait avec les avis, conscrits et opinions de nobles personnes, messire Georges des Cougnets, seigneur de la Roncière, cousin dudit seigneur de Brehant; Claude des Cougnets, seigneur de Pangrand; Jullian de la Chapelle, seigneur de...; Pierre de Saint-Meloir, seigneur de la Garde; Aufroy le Voyer, seigneur de Tregomar; Thomas de Guémadeuc, seigneur de..., et de plusieurs autres parents et alliés dudit seigneur de Galilée; François du Plessis, seigneur de la Tousche; Jean du Plessis, seigneur du Boisclairet, oncles de la dite damoiselle Jehanne du Plessis; Guy de la Vallée, seigneur de Burry; Jean de la Vallée; François Bernard, seigneur de Lesmès; Robert de Couëtus, parents et alliés du costé paternel de la dite demoiselle; noble et discret Anthoine Josses, protonotaire du Saint-Siège, seigneur de la Lande-Ferron, chantre et chanoine de Rennes; Jean Rogier, escuyer, seigneur du Clyo; Jean du Chesne, escuyer, et demoiselle Percevalle Josses, sa compagne; dame du Boislevé; François Josses, seigneur de la Lande-Josses; Bonnabes le Voyer, escuyer, seigneur de la Morandais et du Clais, parents et alliés de la dite damoiselle Jehanne du Plessis, tous lesquels parents et alliés de chacune part ont signé.

(Arch. de Chabrillan.)

1572. Bail à ferme d'une dixme c.. Maroué donné par N. et P. seigneur Jehan de Brehant, chev., seigneur de Belleissue, etc, à Denis des Hayes de Lamballe, le 10° de juing 1572.

1577. Aveu rendu par escuyer Guyon Bouan, sieur de la Brousse, à noble homme et puissant messire Jehan de Brehant, chevalier, seigneur de Galinée, Belleissue, etc,, par la Cour de Galinée le 8° jour de janvier 1577. Scellé du sceau de la juridiction qui est un escu en bannière chargé du léopard de Brehant.

1578. Transaction entre N. et P. Jehan de Brehant, seigneur de Belleissue, de Galinée, etc., et Jean Bocquien, passée au manoir de Galinée, jouxte la petite porte, le 16 de novembre 1578. Scellé d'un sceau écartelé des armes de Brehant et des Cougnets.

1579. Aveu d'escuyer Guyon Bouan, sieur de la Brousse, à N. et P. seigneur Jean de Brehant, sieur de Belleissue, etc, son seigneur, rendu le 25 janvier 1579.

1587. Aveu rendu par Thomas du Clos de la Tréviale de Lequoit à N. et P. D. Jeanne du Plessis, dame douairière de Galinée, Belleissue, la Rivière, etc., tutrice et curatrice de noble homme Louis de Brehant, seigneur des dits lieux, à cause du fief de la Rivière, passé par la Cour de la Rivière, le 10° mai 1587.

(Arch. de Chabrillan).

1583. Hommages, f° 181. Jehan de Brehant, sieur de Belleissue et de Galinée, pour la terre de Belleissue et dépendances en Maroué, lesquelles choses provenues des successions de ses père et mère décédés depuis plus de trente ans (8 juin).

1585. Aveu de Jean de Brehant, sieur de la Belleissue et de Galinée, pour les biens lui provenus de la succession de Mathurin et de Gilette des Cougnets, ses père et mère. (Lamballe, 38 B°, 122).

. **1586.** Minu du 18 juin, fourni par Jeanne du Plessis, tutrice de Louis de Brehant, en Saint-Potan. (Lamballe, 165 B°).

1586, 19 juin. Minu de Jeanne du Plessis, tutrice de Louis de Brehant, pour le rachat de Jean de Brehant, son mari. (Lamballe, 18° B°, 80).

(Arch. des Côtes-du-Nord).

1596. Noble homme François de Brehand, seigneur de Belleissue, décédé le pénultième de mai mil cinq cent nonante seize, et fut ensépulturé en l'église de Saint-Potan.

(Extrait des registres de la par. de Saint-Potan).

EXTRAIT *du contrat de mariage d'Hélène de Brehant et de Louis le Vayer.*

1601. Au chastel, maison et manoir de Galilée, paroisse de Saint-Postan, domicile de noble et puissant Louis de Brehant, seigneur de Belleissue, de Galilée, la Rivière, Beaulieu, les Cougnets, etc, frère germain de damoiselle Hélène de Brehant, touts deux présents et assistés de leurs parents et amis cy après dénommés, ont comparu et se sont présentés en personne noble homme Louis le Vayer, seigneur de Cariot, et noble homme François l'Abbé, sieur de la Motte, son beau-frère, et en qualité de procureur spécial de dam^{elle} Catherine Botherel, dame de Loumero, etc. Au moyen de quoy la dite damoiselle Hélène de Brehant a consenti le dit mariage, ce qu'elle n'eust autrement fait pourvu que la dite dame, sa mère, et le dit seigneur, son frère, et autres ses parents cy après, le trouvent agréable et qu'il plaise ainsi le déclarer, etc. Lequel (Louis de Brehant) en considération, amitié et proximité de sa sœur et de luy, a donné et donne à sa dite sœur pour l'avantager la somme de 338 escus d'or, et un tiers qu'il lui a promis bailler sans diminution de son partage. Ont esté présents les parents cy après nommés de la dite damoiselle Hélène de Brehant, scavoir : N. D. Jeanne Josses, douairière du Plessis, dame de la Morinière, grand'mère de la dite damoiselle; Me Jean Hayel, procureur de N. H. François Rogier, seigneur de la Villeneuve, président au mortier du parlement de Bretagne, parent de la dite damoiselle en l'estoq maternel au 3e degré; Sébastien du Plessis, seigneur de Grenédan, cousin-germain de la dite damelle en l'estoc maternel; Charles, seigneur du Plessis de Mauron, oncle de la dite damelle en l'estoq maternel; Damelle Catherine de Lannion, mère et tutrice de noble homme Claude Chrestien, seigneur de Pommorio, parent de la dite damoiselle dans le 4e degré du costé paternl; noble François d'Estival, parent au 4e degré dans l'estoq paternel de la dite damoiselle, et au 5e dans l'estoq paternel du sieur de Cariot; noble écuyer, Jean Sevestre, seigneur de la Ville-Breheu, parent au 4e degré dans l'estoq paternel de la dite damoiselle; noble homme Jean de Forsanz, cousin né de germain de la damoiselle en l'estoq paternel. Ce que vû par M. l'alloué de la Cour de Saint-Jagu, sur ce ouy Pierre Gouyon, procureur fiscal d'icelle, permis aux dits futurs mariés de solenniser le dit mariage en l'Église. En faveur duquel le dit seigneur de Cariot a donné à la dite damoiselle sa future épouse, une bague d'or avec une pierre de rubis, qu'elle a reçue de luy. Fait par la dite Cour de Saint-Jagu, devant M. l'alloué, le jeudy environ mydy le 14e jour de juing 1601.

(Arch. de Chabrillan).

Descendance d'Hélène de Brehant et de Louis le Vayer *.

Hélène de Brehant, née en 1583, fille de Jehan de Brehant, seigneur de Galinée, etc, épousa, en juin 1601, Louis le Vayer, seigneur de Cariot, fils de Nicolas, et de Catherine de Botherel, dont :

    1° Catherine le Vayer, née le 29 août 1602, et mariée à Mathurin des Nos, qui suit;

    2° Françoise, née le 25 septembre 1603;

    3° Anne, mariée à Louis de la Bouëxière, dont il sera question plus bas;

---

* Voir pour les armes l'*Armorial des familles alliées.*

4° Jeanne et Julienne, sœurs jumelles, nées le 28 octobre 1607.
Julienne le Vayer épousa François Roussel, seigneur du
Préron.

5° Louise le Vayer, née le 24 mai 1611 ;

Mathurin des Nos, seigneur des Fossés, eut de son mariage avec
Catherine le Vayer, autre Mathurin des Nos, seigneur des Fossés,
qui épousa, en 1626, Marie le Vayer, dame de la Ville-Daniel, dont il
eut :

Louis des Nos, seigneur des Fossés, marié à N***, dont :

1° Louis-Florian des Nos, seigneur des Fossés ;
2° N*** des Nos, qui épousa : 1° N*** Thierry, seigneur de
la Provalaye ; 2° N*** Fouegret, seigneur de Chalain.

Louis de la Bouëxière, seigneur de la Villetanet, eut de son mariage
avec Anne le Vayer :

Guillaume de la Bouëxière, seigneur de la Villetanet, qui épousa
Hélène de Trémaudan, dont :

Louis de la Bouëxière, seigneur de la Villetanet, qui épousa Françoise de Visdelou, dont :

François de la Bouëxière, seigneur de la Villetanet, marié à Jeanne
le Mintier.

(Généalogie mss.).

C'est en conformité de la Table généalogique qui accompagne
l'arrêt de maintenue des Pépin, seigneurs du Frettay, dans les diverses
copies de la Réformation de 1668, qu'on a dit précédemment que
Hélène de Brehant avait épousé en secondes noces René Pépin, seigneur du Frettay, conseiller aux requêtes du parlement de Bretagne ;
mais cela n'est pas possible, attendu que Louis le Vayer a survécu à
sa femme, comme le démontre le minu suivant : « 1625, 19 novembre.
» Maroué et Noyal. Minu des biens provenant de la communauté de
» Louis le Vayer, seigneur de Cariot, garde de demoiselle Catherine
» le Vayer, dame de Quellereuc, sa fille, et d'Hélène de Brehant, pour
» le rachat de cette dernière. — Maison de la Sallevillyon, et pièces
» de terres en Maroué et Noyal. » (Lamballe, 18e Be, 81).

(Arch. des Côtes-du-Nord).

Selon les présomptions les plus motivées, fondées sur les liens et
rapports de parenté qui existaient entre les Boisgeslin et les la Roche-
Brehant, par suite du mariage de Christophe de Boisgeslin et de
Marie de Brehant, Hélène de Brehant, qui épousa René Pépin, sei-
gneur du Frettay, devait être la deuxième fille de Gilles de Brehant (X),
Ier du nom, seigneur de la Roche-Brehant.

(V. *Généalogie de Brehant,* page 114, et le *Supplément, Additions et Corrections,* xe degré de la *Roche-Brehant*).

Extrait des registres de la paroisse de Maroué.

1602, 29 août. Baptême de Catherine le Vayer, fille de Louis et d'Hélène de Brehant, seigneur et dame de Cariot. Louis de Brehant signe.

1603, 25 septembre. Baptême de Françoise le Vayer, fille des mêmes.

1604, 11 avril. Hélène de Brehant assiste et signe au baptême de Noël de la Roche, fils de Jean, et de Jeanne de Visdelou.

1605, 26 octobre. Baptême d'une fille de Louis le Vayer et d'Hélène de Brehant, sieur et dame de Cariot. Parrain, Louis de Brehant, sieur de Ga'inée et de Belleissue; marraine, Anne le Vayer, dame de la Motte et de la Villedeleix.

1607, 28 octobre. Baptême de Jeanne et Julienne le Vayer, filles des sieur et dame de Cariot.

1608, 5 mars. Hélène de Brehant, marraine d'Hélène Martel, fille des sieur et dame de Bosquilly (et elle signe).

1608, 29 juin. Hélène de Brehant assiste et signe au baptême de Roland de la Roche, fils de Jean.

1608, 7 novembre. Hélène de Brehant assiste au baptême de Louis Poulain, fils de Pierre, sieur de Tramain.

1611, 24 mai. Baptême de Louise le Vayer, fille de Louis et d'Hélène de Brehant. Parrain, Jacques Halna, sieur des Postes, et marraine, Catherine Huby, dame de Galinée et de Belleissue.

1615, 13 mars. Hélène de Brehant signe au baptême de Guy, fils de Jean de la Roche et de Jeanne de Visdelou, sieur et dame des Noës.

1617, 30 avril. Hélène de Brehant est marraine d'Hélène le Moënne, fille de Pierre et de Françoise de Lanjamet.

OBSERVATIONS.

Dans tous les actes qu'on a sous les yeux, Louis le Vayer est qualifié *sieur de Cariot.* Suivant l'Armorial de M. B. de Laubrière et le Nobiliaire de M. P.-P. de Courcy, la véritable orthographe de ce nom de seigneurie serait *Kerriou.* Il est écrit ainsi dans la *Transaction de 1622,* au sujet du partage de la succession de Jeanne du Plessis-Mauron.

Testament de Jeanne du Plessis, douairière de Galinée.

1621. In nomine Domini, amen. Damoiselle Jeanne du Plessis, dame du Plessis, de Mauron, la Morinière, etc, douairière de Galinée et de la Coste, résidante à présent au lieu et maison de Bellyssue, paroisse de Maroué, juridiction de Lamballe, considérant qu'il n'est rien plus certain que la mort ny incertain de l'heure d'ycelle, estant saine d'esprit et entendement, a faict le présent testament et ordonnance comme ensuit.

Premier : A donné son âme à Dieu le créateur, son corps à la terre, apprès son deceix estre ensepulturé en l'église parochialle....... en l'enfeu de deffunct monsieur de la Coste, son second mary, sans qu'il y soict faict aucunes tantes (tentures), fores une représentation et parement à trois auctelz et une ombre.

... Item ladicte damoiselle ordonne que le jour de son enterrement il soict donné et réparty à cinquante paouvres, cinquante beguines, chascun d'une aulne de frisse, et oultre la somme de neuf livres tournois aux paouvres nécessiteux, et le service estre dict en manière acoustumée.

Plus ordonne que dans trois jours prochains apprès ledict enterrement il soict dict et célébré à son intention en ladicte eglisse de Brehand trente messes et deux services durant les jours de la huictaine ensuyvant et que la fondation quelle a faicte audict Brehand soit executtée sellon sa forme et teneur.

Davantaige ladicte damoiselle ordonne qu'il soit dict et célébré en la chapelle du lieu et maison de Launay-Gouray audict Brehant une messe où la Passion soict leue durant ung an entier au vandredy de chacunes sepmaines à commancer le premier vendredy apprès son deceix.

Pareillement elle a ordonné qu'il soit dict et celebré en priant Dieu pour elle et de ses amys ung service général incontinant apprès son dict deceix, et oultre ung trantième ensuyvant en l'églisse parochialle de Mauron.

Oultre ladicte damoiselle ordonne qu'il soict dict et célébré en la chapelle dudict lieu du Plessis audict Mauron une messe où la passion soict ausy leue durant ung an entier au vandredy de chascune sepmaine à commancer au vandredy prochain apprès sondict deceix.

Davantaige a ordonné que apprès son dict deceix il soit dict et célébré à son intention et de ses amys ung oby de sept prebstres durant ung an entier à tel jour qu'elle decebdera en l'église dudit Mauron.

Comme aussy elle ordonne qu'il soict donné incontinant apprès son dict deceix aux paouvres necessiteux dudit Mauron la somme de quinze livres tournois.

Plus ladicte damoiselle veult et ordonne que le prochain dismanche apprès son dict deceix il soict dict et célébré un service général en l'église parochiale de Montauban en priant Dieu pour son âme et de ses amys trespassez.

Item ladicte damoyselle a ordonné que apprès son dict deceix il soit dict et célébré en la chapelle do la Morinière une messe en l'honneur des cinq plaies de nostre Seigneur et que la Passion soict leue durant ung an au vandredy de chacunes sepmaines à commancer le prochain yndredy d'apprès son dit deceix.

Et oultre de ce veult et ordonne que les services des fresyres (sic) qu'elle....... an passé, et entretient encore à présent, soient, incontinant sondict deceix advenu, dicts et célébrés aux églises de Brehant, Mauron, Broons, Montauban et le Sainct Esprit des Boais, et que la fondation quelle a faicte en la chapelle de Saincte-Brigitte en Merdrignac sorte à son plain et entier effect sellon sa forme et teneur.

Item ladicte damoyselle a donné aux religieuses de Nostre Dame de Saincte Claire de Dinan la somme de soixante livres tournois, la · quelle somme elle entend et veult leur estre baillée et poyée incontinant son dict deceix advenu, affin qu'en ayent mémoire de prier Dieu pour elle et de ses amys trespassez.

· (En marge est écrit) : A valoir sur les soixante livres marqués si dessus je baigle à sœur Maturine, leur servante, vinct livres. Le quatrième d'octobre 1621.

Plus, elle déclare donner tant aux religieux du couvent des Augustins de Lamballe que aux Capucins de la ville de Saint-Brieuc par moityé la somme de soixante livres tournois, qu'elle veult empareil leur estre payé apprès sondict deceix advenu, qui seroit à chacun trante livres tournois, et ce pour qu'elle devienne participante en leurs bonnes prières qu'ils font journellement et qu'ils aient mémoire de prier Dieu pour elle et de ses amys trespassez.

Item, icelle damoyselle a donné par donnaison yrévocable à damoyselle Helayne de Boisbaudry, fille aisnée de deffuncte dame Catherine du Gouray, sa fille, la somme de trois cens livres tournois et dès à présent elle a declaré avoir mis en dépot et garde ladicte somme de trois cens livres entre les mains de noble homme Guy du Gouray, son fils, seigneur de la Coste, et luy avoir donné charge de delivrer ladicte somme à ladicte du Boisbaudry lorsqu'elle sera capable de la recepvoir pour en disposer comme elle voira bon, et ce tant en fabveur de l'amityé qu'elle a dict luy porter que pour aultres bonnes considérations.

Davantaige ladicte dame du Plessis a donné à damoyselle Barbe Guillemot, dame de Longnerais, la somme de soixante livres tournois qu'elle ordonne luy estere payée oultre ses gaiges apprès sondit deceix, et ce pour la récompenser des bons et agréables services qu'elle a recongneu luy avoir esté faitz par ladicte Guillemot.

Oultre a donné à Mary Baillet et..... servantes, à chacune vingt livres tournois, aussi oultre leurs gaiges, qu'elle a ordonné empareil leurs estre payés apprès sondict deceix pour les récompenser des bons services que ladicte testateur a empareil recongneu lui avoir esté faitz par lesdicts Baillet et Marchand.

(En marge est écrit:) Je déclare donner les vint livres à Janne Bailet, à présent ma servante, et révoque la donnaison que jan aurés faicte à Fransoize le Marchand. Faict le quatrième de novembre 1621.

Plus ladicte dame testateur a ordonné que au cas qu'il luy adviendroiet quelques maladyes promptes qui seroient causes de déchoir de son jugement et perdre la capacité de donner ordre à ses affaires, qu'elles sont aussi en la disposition de damoyselle Helayne de Brehant, sa fille, pour la nourrir et avoir tous soingz de sa personne et de ses affaires, s'en remettant ladite du Plessis en sadite fille, mesme en noble homme Loys le Vayer de Cariot, son mary, les priant d'en prandre la charge, en fabveur de quoy elle veult et ordonne que lesditz sieur et dame de Cariot aient la disposition et jouissance de ses immeubles tant pour subvenir à sondict entretenement, nécessité et aultres affaires, sans qu'ils soient tenuz ny subjectz tenir aucuns comptes, faire rapport ny restitution de sesdits terres et jouissances.

Lesquelles présentes ordonnances cy dessus ladite dame du Plessis veult et ordonne qu'ilz soient entherinées et exécuttées des poinctz et articles en aultres selon leur forme et teneur, à quoy faire elle a obligé ses biens meubles et immeubles pour sur iceulx y avoir toutes manières d'exécutions et ventes suyvant la coustume. Et pour executteurs desdites ordonnances ladite dame testateur a nommé et institué noble homme Loys de Brehand, seigneur de Galinée, son filz aisné, et présomptif héritier principal et noble, et mesme escuyer Loys le Vayer, sieur de Cariot, son gendre, le priant d'en prendre et accepter la charge et de s'en y acquitter fidellement. Et ainsi ce que devant a esté de ladite dame du Plessis voullu, consenty, accordé, groyé, promis et juré par sermant, sauf aultre forme, parlant à ce faire et tenir nous, notaires subsignez, l'avons de son consentement et requeste condemnée par nostre cour du duché de Penthièvre, pairye de France au siége de Lamballe, avec que submission et prorogation y jurée soubz le signe de ladite dame du Plessis et les nostres. Faict et légué prins audict Lamballe cheix René Loremet, le mardy avant midy sixiesme jour d'apvril mil six cens vingt ung. Les signes sont apposés en l'acte de décès.

Janne DUPLESSIS.   LE PROVOST, notaire.
Jacques BIGREL,   BIGREL,
    notaire royal.   notaire royal.

De la main de la testatrice.

Plus je donne à Janne Bridelot, ma figleule, la somme de trante et sis livre pour luy estre poiée après mon décès.

Item. Je désire que mes deux cadets, mon fis et ma filgle, soinct abilglés sur le plus clair de mes meubles. Faict à Bellissue sous mon signe le quatrième de novembre mil six cens vingt et eun.

JANNE DU PLESSIS.

N. B. L'on doit à M. H. du Cleuziou la communication de cet acte.

7

à l'orthographe duquel on n'a rien changé, comme dans plusieurs autres cas.

Les seize quartiers de Jeanne du Plessis-Mauron.

JEAN DU PLESSIS (1495), épousa Bertrane de Bostang.

MATHURIN DU PLESSIS, fils de Jean, épousa Jeanne Josses de la Pomeraye, fille de Gilles Josses, seigneur de la Pomeraye, et d'Annette de la Morinière.

FRANÇOIS DU PLESSIS (1540), fils de Mathurin, épousa Marie de la Bouère, fille de Jean, seigneur de la Bouère, et de Trongof, et de Marie de Trécesson, fille de Robert de Trécesson, et d'Aliette le Rebours.

Jean de la Bouère était fils de Robert de la Bouère, seigneur de Trongof, et d'Olive Guyto.

PIERRE DU PLESSIS (de Grenédan), fils de François, épousa Jeanne Josses, fille de Nicolas Josses, seigneur de la Morinière, et de Marguerite de Clairefontaine, fille de N*** de Clairefontaine, et de N***, fils de N*** de Clairefontaine, et de N***.

Nicolas Josses, était fils de Barthélemy Josses, seigneur de la Morinière, et de Jeanne du Breil, fille d'Eustache du Breil, seigneur d'Iffendic, et de Jeanne de la Feillée.

Barthélemy Josses était fils de Charles Josses, seigneur de la Morinière, et de Guillemette Ferron.

JEANNE DU PLESSIS-MAURON, fille de Pierre, héritière de la branche aînée de sa maison, épousa, en 1572, JEAN DE BREHANT, chevalier, seigneur de Galinée, Belleissue, etc.

(*Gén. mss. de Brehant.*)

Xe DEGRÉ.

1600. Louis, chef du nom et armes de Brehant, chevalier, seigneur de Galilée, Belleissue et Mouessigné, Beaulieu, des Cougnets, la Rivière, la Lande, la Morinière, la Sorays, la Haye Bouttier, seigneur chastelain du Plessis et de Mauron, chevalier de l'ordre du roy, gentilhomme ordinaire de sa chambre, capitaine de 50 hommes d'armes de ses ordonnances etc., scavoir faisons qu'estant bien et dûment informé des sens, capacité, bonne vie, et religion de Jean Tirotelle, pour ces causes avons donné au sieur Tirotelle un office de notaire et procureur dans nostre jurisdiction et seigneurie de Galilée pour l'exercer etc. Sous nostre signe, et le sceau de nostre dite jurisdiction cy apposé pour plus grande fermeté et assurance. Donné à Dinan le 3e de janvier 1600. Loys de Brehant, et plus bas, par le commandement de mon dit seigneur, Moinnerie.

(*Arch. de Chabrillan*).

1607. Echange entre Louis de Brehant, seigneur de Galilée, Bel-leissue etc, et Jean Glé, seigneur du Chancheix, de plusieurs pièces de terre en Maroué.

(*Arch. de M. H. du Cleuziou*).

1608. Aveu et déclaration de Louis de Brehant à autre Louis de Brehant, son cousin, abbé de St. Jagu. « Devant nous, notaires de la » Cour de St. Jagu, s'est représenté en personne noble homme me-» sire Louis de Brehant, chevalier, seigneur de Galilée etc., lequel » connaissant et confessant, connoist et confesse tenir prochement, » noblement à devoir de foy... les manoirs et terres, jurisdictions » et seigneuries cy après déclarés, de autre messire Louis de Bre-» hant, par la grace de Dieu et du St. Siége apostolique abbé com-» mandataire de l'abbaye et benoist moustier de St. Jagu, à cause d'i-» celle abbaye ; scavoir est les maison et manoir de Galilée consis-» tant en trois grands corps de logis, colombier, bois de haute futaye. » Consenti sous le signe dudit seigneur de Galilée, au dit lieu et » manoir de Galilée, ce 18° jour de février 1608. »

1614. Minu et déclaration des terres qu'escuyer Gilles Michelet, sieur de Chef du Bois, et damoiselle Barbe Moquet, femme de noble Ollivier Ginguené, tiennent de N. et P. dame Catherine Huby du Kerlosquet, femme et compagne de N. et P. homme messire Louis de Brehant, chevalier, seigneur de Galinée etc., leur seigneur. Le 28° novembre 1614.

(*Arch. de Chabrillan*).

Transaction au sujet du partage de la succession de Jeanne du Plessis-Mauron.

1612. Pour éviter aux procès qui se pourroient mouvoir et ensui-vre entre nobles personnes messire Louis de Brehant, chevalier, sei-gneur de Galinée, et fils ayné, héritier principal et noble de deffuncte N. D. Jeanne du Plessis, dame Du Plessis, Launay-Milon, la Mori-nière etc., en elle procréé par deffunct messire Jean de Brehant, chevalier, seigneur de Galinée, premier mary de la dite dame, et mes-sire Guy du Gouray, seigneur de la Coste, puisné de la dicte dame, et de deffunct messire Jean du Gouray, vivant seigneur de la Coste, noble damoiselle Hélène de Brehant, femme authorisée de messire Louis le Vayer, seigneur de Kerriou, et de messire Claude de Bois-baudry, chevalier, seigneur de Trans, père et garde naturel de ses en-fants par luy procréés en feue dame Catherine du Gouray, sa femme, touchant le droit et partage aux dits puinés appartenant en la suc-cession de la dite deffuncte dame Jeanne du Plessis, que le dit sei-gneur de Galinée a offert de bailler aux dits puinés, et eux de l'accep-ter, a esté ce jour par devant nous notaires de la Cour de Lamballe accordé, transigné entre les dites parties, après que les dits puinés sont demeurés d'accord d'avoir été instruits du grand et montement de la dite succession, tant par les titres et enseignements d'icelles, que par les fermes des terres, maisons, qui sont nobles et de gouvernement avantageux, ainsy que les personnes ; par lequel accord pour le dit seigneur de Galinée demeurer quitte du dit partage appartenant à ses dits puinés en la succession de la deffuncte D. Jeanne du Plessis, il a transporté aux dits seigneur de la Coste et dame Hélène de Brehant, pour leur respect, les maisons, terres qui appartenaient à la dite dame dans la paroisse de Broons, consistant aux maisons de Prealart, Launay-Milon, de la Haute Frelière, et des domaines. Le 27º jour de février 1622.

1622. Minu de la terre de Concise tombée en rachat de la seigneurie des Cleots et de Beuves par le décès de noble et puissante dame, Jeanne du Plessis, dame douairière de la maison de Galinée et de la Coste, décédée au mois de décembre 1621, fourni par H. et P. messire Louis de Brehant, chevalier, seigneur de Galinée, du Plessis de Mauron, la Landebasse, le Pontgrossard et la Sorays, fils ayné, héritier principal et noble de la dite dame du Plessis sa mère. Le 3ᵉ jour d'aoust 1622.

Extrait du testament de Louis de Brehant.

1624. Je désire en cas que je meure à Galilée, où je me suis retiré, d'estre enterré dans l'enfeu de mes prédécesseurs, seigneurs de Belleissue et de Mouessigné, ou si je mourois ailleurs au prochain où je mourrai des quatro mendiants. Je veux qu'il ne soit fait aucune dépense au convoi de mon enterrement. Je veux qu'il y ayt 100 pauvres des plus nécessiteux qui auront chacun une aulne de drap et une aumosne arbitraire outre ; et parceque portant les armes particulièrement, ayant des commandements dans les armées, il s'est commis beaucoup de concussions, tant par mes soldats et gens d'armes, que serviteurs et domestiques, tant à mon sçu qu'à mon non sçu, en Bretagne, principalement estant plus jeune, et ne pouvant en cela satisfaire entièrement en particulier, je supplie mon Dieu avoir pour agréable que pour les méfaits et autres que j'aurais causés que je donne la somme de 9000 livres, scavoir : 150 livres à l'hostellerie hospital de Dinan ; 150 livres à l'hospital de St. Meen etc. Je prie ma femme d'employer son soin et faire estudier mes fils, en gents de qualité comme ils sont, et lesquels j'admoneste de vivre dans la grace de Dieu, advisant mon fils ayné, outre l'honneur qu'il doit à sa mère, d'aimer ses frères et sœurs, les assister non seulement de ce que nature et la coutume du pays entre gentilshommes leur a acquis, mais en ce qu'il pourra, et Dieu le bénira. Je veux qu'il soit acheté trois escus de rente foncière, ou autre, pour ceux qui répondront les messes fondées par ma mère en l'église de Brehant. Fait et parachevé le 27ᵉ janvier 1624. Loys de Brehant.

(Arch. de Chabrillan).

Louis de Brehant mourut à Galilée le 6 d'avril 1633. Sa succession fut partagée selon l'assise et la loy establie entre gentils hommes d'ancienne chevalerie, de l'aveu et reconnaissance de tous les puînés et jouveigneurs. Il jouissait de grands biens, nonobstant les atteintes qu'avoient données à la fortune de sa maison trois minorités consécutives, des tuteurs négligents et dissipés, plusieurs rançons, le pillage de ses terres pendant les guerres, Belleissue ayant été totalement razé et détruit, et Galilée bruslé, etc., les grandes dépenses qu'il avait faites à la guerre, et les seconds mariages de sa mère et de sa grand'-mère qui emportèrent beaucoup de ses biens et presque tous les titres de sa maison dans celles de leurs seconds marys. Catherine, dame de Kerlosquet, sa femme, qui estoit née le 29 mars 1585, mourut au mois d'octobre 1643, et sa succession fut partagée noblement en 1646.

(*Généalogie mss. de Brehant.*)

1633. — Messire Louis de Brehand, vivant seigneur de Galinée, du Plessis, de Mauron, la Morinière, le Pontgrossart, la Lande-Basse, la Soraye, la Belleissue, etc., rendit son âme à Dieu le mercredi sixième jour d'avril environ nuit fermée, et fut ensépulturé le dimanche suivant dans l'église de Saint-Postan où il y avait très-belles compagnies.

1648. — Charles de Brehand, seigneur de la Soraye, est témoin à un mariage de Gouyon.

Extrait des registres de la par. de Saint-Potan.

Guillaume Rouxel, seigneur de Ranléon, mari de Jacquemine Huby, est fils de Toussaint Rouxel et de dame Pétronille (Perronnelle) de Brehant. Le dit Toussaint était issu de Nicolas Rouxel et de Guillemette du Boudan.

Réf. de la noblesse de Bretagne en 1668, mss. de la Bibliothèque de l'Arsenal.

Extrait des registres de la paroisse de Maroué.

1635, 25 novembre. — Mariage de Toussaint Rouxel, seigneur de la Lande-Boudan, de la paroisse de Saint-Igneuc, et de Perronnelle de Brehant, de la paroisse de Maroué, dame des Vergers, en présence de Jean de Brehant, seigneur du Plessis, de Mauron, Galinée, et de la dame de Galinée, dans la chapelle du Pontgrossart.

1636. Mariage d'Hervé Boschier, seigneur de la Motte, d'Oursigné, de la paroisse de Hénan, et d'Hélène de Brehant de Belleissue, de la paroisse de Maroué, en présence de la dame de Galinée et du Pontgrossart, mère de la dite Hélène, dans la chapelle du Pontgrossart.

1638, 6 décembre. — Perronnelle de Brehant, dame de La Lande, est marraine de Nicolas Rouault, fils d'Olivier et d'Hélène Gaultier.

1640, 7 février. — Perronnelle de Brehant est marraine de Perronnelle des Nos, fille de Mathurin, et de Catherine le Vayer, sieur et dame des Touches, de la Ville Daniel et de Cariot. On dit que la dite de Brehant est la femme de Toussaint Rouxel, seigneur de la Lande-Boudan.

1643, 11 janvier. Acte de décès de Perronnelle de Brehant, dame de la Lande-Boudan, enterrée dans l'Église paroissia'e de Maroué, par Guillaume Rouxel, recteur (famille de Brehant).

(*Arch. des Côtes-du-Nord.*)

1702. Jacquemine de Brehand, dame de la Moussaye, est marraine de Jeanne Collas. (*Extrait des registres de la par. de Saint-Potan.*)

1704, 13 juillet. — Sentence sur l'aveu fourni par Anne de Lesmleuc, veuve de François de Brehand de la Lande-Galinée, le 10 novembre 1692, pour les biens en Erquy, Morieux, Plurien, Hénansal, Plœnœuf, Lamballe (Lamballe, f° 184 de l'*Inventaire de la Réformation au Supplément*).

1717. Procédure devant la juridiction de la Hunaudaye, au siége du Chemin-Chaussée, entre Françoise-Radegonde Visdelou, dame de la Lande, veuve communière et douairière de Claude-Maurille de Brehand (p. 98 de la *Généalogie*, l. 14), seigneur de la Lande, décédé sans hoirs de corps, et Louis-François Berthelot, sieur de Saint-Jean, père et garde naturel de ses enfants, et de feu Jacquemine le Vicomte qui seule fille et unique héritière était de Françoise de Brehant, sœur aînée dudit Claude-Maurille, au sujet de la succession de ce dernier. (Grand des biens et autres actes.)

(*Arch. des Côtes-du-Nord.*)

Les seize quartiers de Catherine Huby de Kerlosquet.

GUYON HUBY, seigneur de Kerlosquet, épousa Clémence de Partenay.

JEAN HUBY, seigneur de Kerlosquet, fils de Guyon, épousa Blanche de l'Espinefort, fille de Jean de l'Espinefort, et de Blanche de Bellouan.

ANTOINE HUBY, seigneur de Kerlosquet, fils de Jean, épousa Olive le Cointe, fille de Pierre le Cointe, seigneur de Kerohan, et d'Olive le Mintier, fille de *** le Mintier et de ***.

Pierre le Cointe était fils d'autre Pierre le Cointe, et d'Amice de la Forest.

JEAN HUBY, seigneur de Kerlosquet et de la Sorays, conseiller au Parlement de Bretagne, et du conseil de la reine, fils d'Antoine, épousa Perronnelle Bertho, héritière, et dame du Pontgrossart et de Launay, fille de François Bertho, seigneur de la Vallée, du Pontgros-

sart et de Launay, et de Catherine du Chastel, dame de Landro-
nesco (1555) fille de Jean du Chastel, seigneur de Mesle et de Chà-
teaugal, et N*** de Ploeuc, fille de Vincent de Ploeuc, et de Jeanne
de Rosmadec. Jean du Chastel était fils de Henri du Chastel, seigneur
de Mesle et de Châteaugal, et de Jeanne de Quélen.

François Bertho était fils d'Allain Bertho, seigneur de la Vallée et
du Pontgrossart, et de Jeanne Poulain, fille de Jean Poulain, seigneur
de Pasquenois, et de Françoise de Lescoët.

Allain Bertho était fils de Jean Bertho, et de Marie Dolo, 2º femme.

CATHERINE HUBY, héritière de Kerlosquet, fille de Jean Huby,
seigneur de Kerlosquet, épousa, en 1599, LOUIS DE BREHANT, chevalier, seigneur de Galinée, Belleissue etc.

(*Gén. mss. de Brehant*).

CHATTON OU CHATON (1).

(COMTE DE RANLÉON ET DES MORANDAIS).

Cette famille d'ancienne chevalerie, est originaire des environs de
Lamballe. Elle date de Raoul Chatton qui vendit la forêt de Mezun à
l'église de Dol en 1204. Elle a figuré dans les *monstres* et dans les anciennes réformations de Bretagne aux xivᵉ et xvᵉ siècles ; et lors de
la recherche de 1668 elle fut reconnue, par arrêt du 6 mars 1671, noble d'ancienne extraction avec qualité de chevalier. Un de ses membres, Julien Chaton, épousa, en 1630, Perronnelle de Brehant, fille
de Louis de Brehant (X), et de Catherine Huby. Perronnelle, devenue
veuve après quelques années de mariage, se remaria, le 25 novembre 1635, à Toussaint Rouxel, seigneur de Ranléon (Voir *Généalogie
de Brehant*, p. 99, et *Supplément*, p. 10). La branche de Rouxel de
Ranléon s'est fondue en 1686 dans Chaton.

Le chef actuel de cette famille est Charles-Eugène-Marie Chaton,
comte des Morandais, lieutenant au 1ᵉʳ régiment de la garde royale,
retiré en 1830, marié en 1836 à Alphonsine de Montagnac, fille du
marquis de Montagnac, dont :

Charles-Eugène Chaton des Morandais, né le 28 juin de 1837 (Voir
Annuaire de la noblesse de Borel d'Hauterive, année 1847).

XIᵉ DEGRÉ.

1631. Hillion et Maroué. — Aveu, en date du 6 janvier, de
Jean de Brehant, seigneur du Plessis, de Belleissue etc., pour des
biens lui provenus de Louis de Brehant, son père (Lamballe, 40ᵉ
Bᵉ, 127).

(1) Voir pour les armes l'*Armorial des familles alliées.*

1631. Résumé d'un *Extrait des registres du greffe civil de la Cour de Lamballe*. Jean-René de Brehant, seigneur du Plessis, conseiller au Parlement, contre Olivier du Boisbaudry, seigneur de Trans.

Catherine Huby, femme de Louis de Brehant, seigneur de Galinée. Mre Jean de Brehant, seigneur du Plessis, fils aîné, héritier principal des dits seigneur et dame de Galinée, et démissionnaire de son père (Famille de Brehant).

(*Arch. des Côtes-du-Nord*).

1634. Lettres de conseiller à la cour pour Jean de Brehand du 23e février 1634. Reçu le 30e octobre du dit an. F° 12, V°.

Extrait des registres de la paroisse de Ruca. (Les registres commencent en 1578).

En 1635 Jan de Brehant, conseiller du roi en son parlement de Bretagne, seigneur du Plessis, de Galinée, de la Lande-Basse, etc., est parrain de Jan de Kergu, fille de René de Kergu, et de Françoise des Noës, sa compagne, seigneur et dame de la Vigne, le Prédero, le Tertre des Noës etc. Elisabeth Lesquen, dame de Kerga, du Boisgerbault, est marraine. Allain des Noës signe.

1640. Noble enfant Claude Boschier, fils d'écuyer Hervé Boschier et demoiselle Hélène de Brehant, sa compagne, seigneur et dame de la Motte et de la Villehalé, fut nommé par noble homme Charles de Brehant et dlle Elisabeth de Lesquen. Ont signé Charles de Brehant, de Kergu, Hervé Boschier, Pierre Bouan, Bedée, Hélène de Brehant.

Communiqué par la famille de la Motte Rouge. Cette pièce appartient en outre au x° degré.

1645, 10 octobre. Accord au sujet des biens de la succession de Catherine Huby, dame douairière de Galinée, fait à Lamballe devant M{es} Pellé et Lemaignan, notaires.

« Entre messire Jean de Brehant, chevalier, seigneur de Galinée,
» le Plessis de Mauron, La Grée etc., conseiller au parlement de Bre-
» tagne, fils aîné et héritier principal et noble de defuncte dame
» Catherine Huby, vivante dame douairière du dit lieu de Galinée,
» propriétaire des maisons, manoirs et seigneuries du Pontgrossart,
» la Sorais, Mouexigné etc. d'une part, et messire Charles de Brehant,
» chevalier, seigneur de la Sorais, tant en privé nom que comme pro-
» cureur et faisant le fait vallable pour autre messire de Brehant,
» seigneur de la Landebasse, son frère ; messire Hervé Boschier,
» chevalier, seigneur de la Villehaste, mari et procureur de droit de
» dame Hélène de Brehant ; messire Robert Moro, chevalier, sei-
» gneur de Maugouërou, aussi mari et procureur de Catherine de
» Brehant, sa compagne ; messire Toussaint Rouxel, chevalier, sei-

» gneur de la Lande-Boudan, père et garde naturel de ses enfants, et
» défunte dame Perronnelle de Brehant, vivante sa femme ; et mes-
» sire Sébastien du Bouilly, chevalier, seigneur de la Morandais, mari
» et procureur de droit de dame Elisabeth de Brehant, sa compagne ;
» les dits de Brehant tous enfants puînés, de la dite défunte dame
» de Galinée d'autre part etc. » (Classé au dossier de la famille de
Brehant).

(Arch. des Côtes-du-Nord).

1662. Messire Jean de Brehand, seigneur de Galinée, chevalier, conseiller du roi en son parlement de Bretagne, est parrain d'un enfant
à escuyer Jean Boschier.

(Extrait des registres de la par. de Saint-Potan).

Lettres du mois de juin 1653 en faveur de messire Jean de Brehant,
conseiller en la Cour, confirmation du droit de haute justice de la
terre de Galinée.

(Arch. de Chabrillan).

1668. — Induction d'actes que fait en la chambre établie par le
roi pour la réformation de la noblesse de cette province messire Jean
de Brehand, seigneur de Galinée, conseiller en la cour, faisant pour
lui et pour messire Maurille de Brehand, aussi conseiller en la Cour,
seigneur baron de Mauron, son fils, et ses autres enfants, et aussi
pour messire Charles de Brehand, sieur de la Sorais, demeurant à sa
maison du Clos, paroisse de Saint-Potan, et messire François de la
Lande, demeurant à sa maison de la Vigne, paroisse d'Hénansal, ses
frères, évêché de Saint-Brieuc, deffendeur.

Contre Monsieur le Procureur général du roi, demandeur.

A ce que le dit de Brehand, ses enfans, petits enfans et frères
soient maintenus en la qualité de nobles d'extraction noble de temps
immémorial, et en tous les priviléges et avantages des nobles d'extraction noble de cette province, comme les autres nobles d'icelle. Dit
à cet effet ledit sieur de Galinée que de tous temps, ses prédécesseurs,
dont il est descendu en droite ligne, ont possédé et été de la maison
et terre de Belleissue, située en la paroisse de Maroué, près Lamballe,
audit évêché de Saint-Brieuc, dont l'exposant est encore aujourd'hui
propriétaire, et descendu, de père en fils, desdits seigneurs d'icelle,
mentionnés aux Réformations des nobles faites aux temps de nos
ducs et qui ont toujours vécu noblement. Et quoique Louis de Brehand,
père de l'exposant, et Jean de Brehand, son aïeul, soient demeurés
mineurs, le premier de treize ans, et l'aïeul de huit seulement, et que
leurs veuves se soient remariées en secondes noces *, et ainsi aient
porté partie de la fortune de sa maison, et beaucoup de ses actes, en

* Jeanne du Plessis, devenue veuve de Jean de Brehant (IX) épousa en

icelles de leurs seconds maris, il croit néanmoins qu'il lui est demeuré de reste plus de titres qu'il n'en est requis pour faire voir que ceux de sa maison ont été nobles de tout temps, et que cette qualité ne leur a jamais été contestée. L'exposant dit, à ces fins, que lui, et les dits sieurs de la Sorays et de la Lande, ses frères, sont enfans de messire Louis de Brehand et de dame Catherine Huby de Kerlosquet, fille de monsieur Jean Huby, sieur de Kerlosquet, conseiller à la Cour, et de damoiselle Petronnelle Bertho, sa femme. Leur contrat de mariage est du huitième décembre mil cinq cent quatre-vingt dix-neuf, où les qualités des parties sont établies ; et pour le montrer produit le dit contrat de mariage en date du dit jour. Signé Cadler et Bigrel, notaires royaux ; coté A.

De ce mariage il y eut neuf enfans, savoir l'exposant, aîné, Charles, sieur de la Sorays, François, sieur de la Lande, Guy, religieux carme, et Louis capucin, Hélène, mariée à écuyer Hervé Boschier, sieur de la Villehalé, Catherine, mariée à écuyer Robert Moro, sieur de la Villebougault, Perronnelle, mariée à escuyer Toussaint Rouxel, sieur de Ranléon, et Elisabeth, mariée à écuyer Sébastien du Bouilly, sieur de la Morandais.

Louis de Brehand décéda au mois d'avril 1633, et sa succession fut partagée en l'année 1635, après un prisage d'icelle, ordonné et fait par priseurs........ convenus en're l'aîné et ses frères et sœurs, et ensuite du dit prisage l'exposant aîné désigna des lotties à ses frères et sœurs, et comme Guy de Brehand, son frère, avait pris l'habit et fait profession chez les R. P. Carmes, l'exposant ne laissa pas de faire huit lotties, et en choisit une, en la place et en l'ordre du dit Guy de Brehand, son frère, et pour faire voir le dit prisage et les dites lotties signifiées à ses puînés ou à leurs curateurs, produit le dit prisage fait d'autorité de la juridiction de l'abbaye de Saint-Jacut dont relève la maison de Galinée, après convention des priseurs, fait en la dite juridiction, le dit prisage délivré par le greffier d'icelle du 16e novembre 1635, signé le Matzon, ci coté B. Et pour faire voir des lotties fournies par le dit sieur de Galinée à ses dits puînés, et ensuite du dit prisage pour choisir leurs parts et portions, comme en succession noble, produit les dites lotties avec la signification d'icelles au pied, en exécution de quoi les dits puînés ont choisi leurs lotties, et disposé d'icelles comme il leur a plu. Icelles lotties cotées C.

Dame Catherine Huby, mère du dit sieur de Galinée et de ses puînés, décéda au mois d'octobre 1645, et la succession fut partagée en septembre 1646 ensuite des jugements rendus en la juridiction du Pontgrossart où demeurait la dite dame à son décès, la convention des priseurs y faite ; et pour le faire voir produit le dit prisage rendu

secondes noces, comme on l'a vu précédemment, Jean du Gouray, seigneur de la Coste ; mais l'on n'a pas trouvé de traces dans les actes du second mariage de Catherine Huby de Kerlosquet, femme de Louis de Brehant (X).

en la juridiction de Lamballe le 28 septembre 1616, signé Douet passe, greffier de Lamballe. Ci coté D. Ensuite duquel l'exposant fournit des lotties à ses puinés pour leur partage, comme en une succession noble; et comme Louis de Brehand avait pris l'habit de capucin et fait profession depuis le décès du père, il fait deux lotties pour lui et pour Guy, religieux carme, et choisit en leur place, et succéda au dit Louis en la lottie qu'il avait choisie en la succession paternelle, qui consistait en la maison de La Cour, avec son colombier, et en celle de Huchegaut, situées en le paroisse de Saint-Cast, qu'il possède encore aujourd'hui, et pour faire voir des dites lotties, produit les dites lotties par original signifiées à ses dits puinés. Ci cotée E.

Louis de Brehand était fils de Jean de Brehand et de dame Jeanne du Plessis, fille d'écuyer Pierre du Plessis, et de damoiselle Jeanne Josses, sieur et dame du Plessis, de Mauron et de la Morinière. Le contrat de mariage est du 27 mai 1572, signé Lucas et Olive, notaires royaux. Ci produit par original coté F.

De ce mariage sortirent quatre enfants, Louis aîné, Françoise, Jeanne et Hélène de Brehand, puisnées. Françoise et Jeanne décédèrent sans hois de corps, et Louis aîné leur succéda collatéralement. Hélène fut mariée avec écuyer Louis le Vayer, puiné de la maison de Trégomart, et le dit sieur de Galinée aîné la partagea par acte du 22 septembre 1603, en forme de transaction, où se voit que la dite Hélène n'était fondée qu'en un 9e de la succession paternelle, reconnue et partagée comme noble; et pour le montrer produit le dit partage en forme de transaction, en date du dit 22 septembre 1603. Ci coté G. Le dit acte signé Maignan et Bigrel, notaires royaux à Lamballe. Le dit Jean de Brehand décéda en 1586, le dit Louis étant seulement âgé de 13 ans, et écolier au collège de Clermont, à Paris; et la dite damoiselle Jeanne du Plessis épousa en secondes noces messire Jean du Gouray, seigneur de la Coste, duquel mariage elle eut deux enfants, savoir messire Guy du Gouray, sieur de la Coste, père de messire Jean-François du Gouray, seigneur du dit lieu, et lieutenant pour le roi en Basse-Bretagne, et dame Catherine du Gouray, mariée à messire Claude du Boisbaudry, seigneur de Trans.

La dite du Plessis avait deux frères quand elle fut mariée avec le dit de Brehand, comme cela se voit par son contrat de mariage, savoir François du Plessis, aîné, qui fut lieutenant du seigneur de Sourdéac, à Brest, et lieutenant de sa compagnie de gendarmes, et qui fut tué en un combat près Brest en 1591. Et lui succéda Charles du Plessis, son frère, sénéchal de Ploërmel, qui décéda sans enfans en l'année 1611; tellement que la dite Jeanne du Plessis devint héritière de la dite maison du Plessis, de Mauron, etc. Elle décéda au mois de décembre 1621, et sa succession fut partagée entre Louis de Brehand, aîné, Hélène de Brehand, sœur du dit Louis, tous deux enfans du premier lit, et Guy du Gouray, seigneur de la Coste, et Catherine du Gouray, femme du sieur de Trans, enfans du second lit, et fut

partagée noblement comme se voit par la transaction passée entre les
parties le 27 février 1622, signée le Prevost et le Maignan. Ci produite par original, cotée H.

Ledit Jean de Brehand était fils de Mathurin de Brehand et de damoiselle Gilette des Cougnets, fille de Guion des Cougnets et de damoiselle Marguerite Gautron, de la maison de du Plessis-Gautron,
laquelle Gillette des Cougnets devint héritière de la maison de Gali-
néo par le décès de Charles des Cougnets, son frère. On ne peut produire le contrat de mariage dudit Mathurin de Brehand avec ladite
des Cougnets qui s'est trouvé perdu par divers accidents, et appa-
remment par le second mariage de ladite Gilette des Cougnets avec
le sieur de la Villelouays de Saint-Meloir, dont la maison est ruinée ;
mais ce défaut est suppléé par des actes incontestables. En premier
lieu il se trouve que ledit Mathurin de Brehand , sieur de Belleissue,
et ladite Gillette des Cougnets, mari et femme , traitent avec Louise
de Plorec, veuve dudit Charles des Cougnets, pour son douaire et
autres prétentions en la succession do son mari par transaction du
21 février 1531, ladite transaction signée de Couasville passe, et le
Den... passe; et pour le montrer produit ladite transaction en date
dudit jour par original. Ci cotée J.

Il se voit de plus que la ditte Gillette des Cougnets fut tutrice dudit
Jean de Brehand, son fils aîné, et, en cette qualité , bailla déclaration
à messire Pierre d'Argentré, sénéchal de Rennes, des fiefs, sujets aux
aveux, que ladite dame, et audit nom, tenait le 16 mai 1539. Produit
ladite déclaration signée la Gaventie dud. 16 mai 1539. Plus produit
le minu fourni par la dite damoiselle Gillette des Cougnets en la dite
qualité de tutrice, à la seigneurie de Montafilant, en date du 9e août
1539. Ci coté L. Plus autre minu rendu par la dite Gillette des Cougnets, en la dite qualité de tutrice, à la seigneurie de Lamballe, des
choses qu'en relevoit ledit Mathurin de Brehand, son mari, et damoiselle Françoise de Kergu, sa mère, où elle prend encore la dite qualité de mère et tutrice dudit Jean de Brehand, son fils, le 4e octobre
1539. Ci coté M. Plus autre minu rendu par Jean de Brehand, écuyer,
sieur du Clos, tuteur d'écuyer Jean de Brehand, fils de la dite Gillette
des Cougnets, et son héritier principal et noble, des choses qu'il tenait
prochement de Lamballe, en date du 14e juin 1544. Ci produit et coté
N. Par les dits deux minus se voit que ledit Mathurin de Brehand décéda en l'année 1538, et la dite Gillette des Cougnets en l'année 1544.
Et fut leur héritier principal et noble ledit Jean de Brehand, qui partagea leurs successions avec messire Rolland de Brehand, et François de Brehand, ses deux puînés, le 8 juin 1568. Et fut ledit partage
fait noblement, la succession reconnue noble et avantageuse. Et leur
bailla le dit Jean aîné à chacun 60 liv. de rente par héritage, et encore
qu'au dit temps les puînés n'avaient partage qu'à viage, il est expressément rapporté au dit partage que, par grace spéciale dud. sieur
aîné, il est accordé à iceux juveigneurs qu'ils jouiraient de leurs par-

tages, eux et leurs hoirs, en les tenant de lui comme juveigneurs d'aîné, et non autrement, à quoi ils ont été reçus par leur aîné, à leur prière, requête, promettant lui obéir suivant la coutume du pays. Ce qui fait voir, en autres clauses ci rapportées, comme la succession était noble. Et depuis ledit Rolland étant décédé, sa succession revint à la maison de son aîné, et les mêmes choses qui lui avaient été bail lées en partage furent baillées par Louis de Brehand, fils du dit Jean, à Hélène de Brehand, mariée à Louis le Vayer, sieur de Cariot (Kerriou), sa sœur, par transaction en forme de partage ci-dessus produite à la cote F. Le dit partage coté O.

Mathurin de Brehand susnommé, sieur de Belleissue, fut fils de Jean de Brehand et de Françoise de Quergu, fille de la maison de Quergu (Kergu). Leur contrat de mariage est du 15 avril 1504, que le dit sieur de Galinée a recouvré par hasard, et qu'il produit par original. Signé Ourry passe, et Rolland passe. Ci coté P.

On ne sait pas quand ledit Jean de Brehand décéda, mais il laissa de son mariage quatre fils, savoir : ledit Mathurin aîné, Jean, Jac- ques et Claude de Brehand, et deux filles : Françoise et Marie de Brehand. Lesdits Jean, Jacques, Claude et Françoise de Brehand eu- rent leur partage, et passèrent transaction avec ledit Mathurin leur aîné, par laquelle ils reconnaissent les qualités de leur famille, et Ma- thurin leur aîné leur promet à chacun quinze livres de rente, tant pour la succession échue de Jean de Brehand, leur père, que pour celle à échoir de Françoise de Kergu, leur mère, et par le même acte, en considération que le droit desdits juveigneurs ne leur était dû...... qu'à viage seulement, les dits Jean, Jacques et Claude ven- dent leur partage à leur aîné, pour chacun trois cents livres, et pour le faire voir produit ledit partage en forme de transaction de la teneur ci-dessus du 5 juillet 1533. Signé Lorans passe et Guion passe. Ci coté Q.

Tous les dits Jean, Jacques et Claude de Brehand moururent sans enfants, et suivirent la fortune de Monsieur le maréchal de Montejean aux guerres d'Italie, comme il est constaté par les passeports qui leur furent baillés par Monsieur de Vassé, lieutenant de sa compagnie de gendarmes, après que la dite compagnie eut été défaite à Brignoles en Provence. Et Claude étant de retour en cette province, fut tuteur de Jean de Brehand, son neveu, des biens de qui il fut très mauvais ménager ; et après son décès, Jacques, son frère, lui succéda en la dite tutelle, qui ne fit pas mieux. Mais comme ces choses ne ser- vent de rien à établir la généalogie ni la qualité du dit sieur de Ga- linée, il en parle seulement pour faire voir que sous ces mauvais tu- teurs la plupart des actes de sa famille ont été perdus et dissipés, et n'en veut tirer autre induction de crainte d'ennuyer la Chambre.

On ne sait pas à qui Françoise fut mariée, ni si elle le fut, et ap- paremment elle ne le fut pas, car on n'en trouve pas de mention ; mais Marie, dernière fille des dits Jean de Brehand et Françoise de Kergu, fût mariée à Jacques du Boisgeslin, écuyer, sieur de Kerabel, et eut vingt livres de rente de partage, comme se voit par le traité de mariage qui porte l'accord à la dite somme. Ci produit par copie collationnée à l'original, le dit traité en date du 10 janvier 1533. Ci coté R.

Le dit Jean de Brehand fut fils puîné d'écuyer Eonnet de Brehand et de Marguerite le Breton, sa femme, sieur et dame de Belleissue, icelle le Breton fille de la maison de la Villecadorel Boisboessel, à présent ruinée, et avait deux fils plus âgés que lui, nommés Gabriel et Rolland de Brehand qui étant décédés tous deux sans hoirs du corps, le dit Jean leur succéda collatéralement, et cela se prouve par une copie du minu rendu par le dit Jean de Brehand après la mort de ses deux frères, le 17 février 1501, que le dit exposant a retiré des archives du duché de Penthièvre cette présente année, en présence de l'alloué, substitut du procureur d'office et greffier du dit Lamballe, et d'eux signé, et pour le faire voir produit la dite copie de minu en la forme que dessus. Ci coté S.

Le dit Jean de Brehand pendant qu'il fut puîné partagea avec son aîné, Gabriel de Brehand, sieur de Belleissue, reconnut la succession de ses père et mère comme noble, et eut 20 livres de rente à viage, comme se voit par le dit partage fait judiciellement à Lamballe, en date du 7e octobre 1499, signé P. Mallet passe. Ci produit et coté T.

Le dit Jean de Brehand eut trois sœurs. L'aînée d'icelles fut mariée par Eonnet de Brehand et Marguerite le Breton, ses père et mère, de leur vivant, à noble ecuyer Gilles le Berruyer, l'on n'a pu lire la seigneurie au contrat du dit mariage, et lui promirent 20 livres de rente. Le dit contrat, en date du 24 mars 1486, ci produit par original signé Bertrand Doréal passe, et P. de Quedillac passe. Ci coté V.

La seconde nommée Marie fut mariée à Jean du Boudan, sieur de la Lande, à qui le dit Jean, son frère, bailla 15 livres de rente par contrat de mariage en date du 14 septembre 1505, ci produit par original signé le Corgne passe. Ci coté X.

Et la dernière mariée par le dit Jean à Thomas Chaignon, sieur de la Ville-Derien, qui décéda sans hoirs de corps, et lui succéda le dit Jean son frère, et transigea avec le dit Thomas Chaignon pour sa part de la communauté de la dite Jeanne. Le dit contrat de mariage est du 13 avril 1502, et la transaction du 8 mai 1520, l'un et l'autre produits par original, et cotés Y.

Plus produit l'accord fait par le dit Eonnet de Brehand avec Jean le Breton, sieur de la Villecadorel, son beau-frère, pour le partage dû à Marguerite le Breton, sa femme, en date du 21 mai 1466. Ci coté Z.

Le dit Eonnet de Brehand est rapporté noble en la Réformation des nobles de l'année 1443 en la paroisse de Maroué où est située la maison de Belleissue, comme aussi Mathurin de Brehand, son petit-fils, aux réformations faites en l'année 1535, comme se voit par l'extrait ci coté A.A.

Ledit Eonnet de Brehand fut fils de Gabriel de Brehand et de Tho-

mine de la Lande, et eut un frère nommé Thibault de Brehand, qui
après avoir été absent longues années et cru mort, revint en la province et demanda partage qui lui fut baillé, et lui fut baillé 11 f. de
rente, à viage seulement, et pour en jouir sa vie durant, comme se
voit par l'exploit judiciel passé entre les parties, et le consentement
y porté. Le dit exploit passé en la juridiction de Lamballe, délivré
en parchemin, scellé et signé Bernard passe, en date du 15e avril
1482. Ci produit, et coté B. B.

Thomine de la Lande survécut son mari, et se remaria à Thomas
du Chalonge, dont elle eut deux filles, l'une d'icelles nommée Marguerite, mariée à Jean Poullain, sieur de la Gressinière, et l'autre nommée Perrette du Chalonge, mariée à Richard le Normant, sieur de la
Villeheleuc. Il y eut un long procès entre le dit Eonnet et le susdit du
Chalonge, tant pour la tutelle d'icelles que le dit du Chalonge avait
grevée que pour leurs partages ; mais jamais l'on ne parla que de
partager noblement, et tous les exploits parlent de la succession à
partager convenable. Enfin il y eut transaction passée entre le dit
Eonnet de Brehand et le dit le Normant le pénultième de mars 1475,
ce qui se voit par les dites procédures, contenues en un grand rouleau
de parchemin où les dites procédures sont au pied les unes des autres, et par ladite transaction. Le tout ci produit et coté C. C.

Gabriel de Brehand avait un frère, nommé Julien de Brehand, qui
fut homme d'armes et lieutenant de la compagnie du sieur d'Avaugour, et après son décès, Marguerite Ourry, sa veuve, et le dit Eonnet
de Brehand ayant longtemps plaidé et à la fin transigé, notre dernier
duc fit expédier des lettres par lesquelles il mande au commis du
sieur Landais, son trésorier, qu'il ait à faire payer au dit Eonnet les
appointements dûs au dit Julien, son oncle, où le dit duc qualifie le
dit Eonnet et le nomme écuyer. Les dites lettres produites par original en date du 26 avril 1482, cotées D. D.

Il est inutile d'aller plus loin et de montrer que Gabriel était fils de
Geoffroy employé en la Réformation de 1426 au dit extrait ci dessous
produit, Geoffroy descendu de Pierre qui fils puîné seigneur était de
Guillaume et de sa femme Sybille, partagé de leur consentement par
Geoffroy, leur aîné, à qui il fait hommage par acte dont la date est
en partie rongée et qu'on ne trouve pas nécessaire après ce qui est
ci-dessus dit.

Tous les ci-dessus nommés portaient en leurs armes de *Gueules
au léopard d'argent*, qui étaient les armes du dit Geoffroy de Brehand, comme se voit par un acte d'arrentement fait par le dit Geoffroy
d'une pièce de terre qui est encore aujourd'hui près Belleissue,
nommé Laire Fourré, aujourd'hui comme elle était lors où le dit Geoffroy scelle de son sceau le dit acte d'arrentement qui est lait, et qui
sont les armes du dit sieur de Galinée à présent, comme se voit par
le dit acte du 26 mai 1411, coté B. E.

Les mêmes armes sont encore aujourd'hui en grand nombre d'églises dud. canton du pays, en bosse et litre, comme à Nostre-Dame de Lamballe, à l'église de Saint Jean, aux Augustins de Lamballe et en très grand nombre d'endroits où il y a prééminences d'église dépendantes de leurs maisons, aux dites maisons et aux chapelles d'icelles dont le dit sieur est propriétaire, et font voir clairement la noblesse de l'exposant et de sa famille, dont le nom et les armes sont demeurés depuis trois cents ans et plus en la dite maison de Belleissue qui lui appartient encore.

Pour faciliter l'intelligence des filiations ci-dessus articulées et les mettre tout d'un coup aux yeux de la Chambre le dit exposant a fait faire un abrégé généalogique où ce que dessus est rapporté ensemble, les armes des prédécesseurs du dit sieur de Galinée, et celles de leurs femmes en la ligne directe seulement. Ci produit et coté FF.

Par ces raisons le dit seigneur croit avoir justifié plus que suffisamment la noblesse de sa famille, et que jamais les puinés intéressés pour leur partage n'ont demandé que le partage noble, et ne se trouvera un seul de ces actes qui ne le dise en termes formels. Et ainsi il est bien fondé à conclure aux fins par lui ci-devant prises. *Signé:* de Brehand, etc.

Le 30e septembre mil six cent soixante huit signifié copie à M. le Procureur général du Roi parlant à son secrétaire à son hôtel à Rennes (signature illisible).

                                 (Arch. de Chabrillan).

On lit à la marge du premier feuillet de cette Induction d'actes : « Induction faite par Thebaut, clerc du palais, malhabile généalo- » giste, où les filiations sont mal arrangées, les titres d'honneur ou- » bliés, etc. »

L'on trouve à la page 158 de la *Généalogie de Brehant* l'arrêt de la Chambre de la Réformation, en date du 8 octobre 1668, qui a déclaré Jean, Maurille, Charles et François de Brehant, nobles d'ancienne extraction, et comme tels, leur a permis de prendre les qualités d'écuyer et de chevalier, etc.

———

Lettres du mois d'octobre 1676 en faveur de Jean de Brehant, seigneur de Galinée, pour union de fiefs à la baronnie de Mauron.

(*Archives de la Cour des Comptes de Nantes*, 35e vol. des mandements, fo LXVIX, vo).

Le 24 février 1679 fut née au manoir noble de la Villehatte, paroisse de Saint-Alban, Claude-Marie de Brehand, fille de messire Claude de Brehand, chevalier, et de dame Françoise Bouan, sa compagne, seigneur et dame du dit lieu, et à raison de danger de mort fut baptisée à la maison par messire Antoine Navaut, prêtre, et les

saintes cérémonies baptismales et l'imposition du nom faites et
suppléées à Lamballe 24 octobre 1687. Parrain, messire Claude Boschier, seigneur de la Villehaló, conseiller du roi, et sénéchal de Lamballe, chef du duché de Penthièvre, pairie de France, et marraine
Marie Sébille, dame de la Ville-Orain.

(Extrait des registres de la par. de Saint-Alban).

1685, 16 juin. — Minu de Françoise Bouan, veuve de Claude de
Brehant, sieur dudit lieu, et tutrice de leurs enfans. (Lamballe,
19e Be, 32.)

1690. Françoise Bouan, veuve de Claude Brehant, pour la maison
et métairie de la Villehatte. (*Extrait* de la déclaration des maisons
nobles de la par. de Saint-Alban. Lamballe, 159e, Be, 11.)

1691, 22 mars. Aveu de Françoise Bouan, veuve de Claude de
Brehant et tutrice de leurs enfans, pour la maison de la Villehatte,
autrefois nommée Traversjunet, tenue en juveigneurie de la Hunaudaye, le manoir de Maulny, la maison et métairie du Boismorin, du
Guebrault, de Rocheruart, des Evans, de la Chaussée, etc. (Lamballe, 18e, Be, 143).

(Arch. des Côtes-du-Nord.)

LE FER, *aliàs* : PIEDEFER *.

Noble et ancienne famille originaire du comté de Blois, transplan-
tée en Bretagne à la fin du xve siècle. Bernier en fait mention dans
son *Histoire du comté de Blois*, au chapitre des noms et armes de
familles nobles de la province, et M. Guigard cite, dans sa *Bibliothèque héraldique*, no 3953, une *Généalogie de MM. Le Fer, ori-
ginaires de Blois et venus à Saint-Malo en 1488* (s. l., vers 1787).
In-fo plano.

Gaston Le Fer, dit Piedefer, homme d'armes dans   compagnie du
seigneur de la Trémoille à la bataille de Saint-Aubin et à la prise de
Saint-Malo, épousa Jeanne Pesset, dont :

Jean Le Fer, écuyer, marié à Gilette de la Haye, dont il eut :

Jean Le Fer, qui épousa Isabeau Jolif, dont :

Guillaume Le Fer, seigneur de Galardin, marié à Françoise de
Lartavais, dont il eut Jean, Simone, etc.

Jean Le Fer, écuyer, seigneur de la Motte-lez-Saint-Malo, épousa
Marie du Plessis de Grénedan, dame de la Gréo, laquelle épousa en
secondes noces Maurille des Landes, conseiller au parlement de Bretagne en 1648. Elle eut du premier lit Françoise Le Fer, héritière,
dame de la Motte, de la Grée, des Marais, d'Anaillé, etc., mariée, en
1630, à Jean de Brehant, seigneur de Galinée, etc., baron de Mauron, conseiller au parlement de Bretagne.

* Voir pour les armes l'*Armorial des familles alliées.*

Simone Le Fer, sœur de Jean, épousa Raoul Marot, seigneur des Alleux, sénéchal et capitaine de Dinan. L'on remarquait, avant la Révolution, dans une des églises de Dinan, un beau tombeau en marbre de Simone Le Fer.

XIIᵉ DEGRÉ.

1654. — Lettres de conseiller à la cour pour Maurille de Brehand, du 4ᵉ février 1654. Reçu le 27ᵉ mars du dit an. Fᵒ 298, vᵒ.

1659, 3 juin. — Subrogation faite par François le Duc à Maurille de Brehant, seigneur baron de Mauron, à sa résidence de Saint-Bihy en Mauron (en Plélo), d'un droit de présentation de chapelain pour la fondation de feue Jeanne Derrien.

1659, 5 décembre. — Requête et sentence du présidial de Rennes entre Maurille de Brehant, seigneur de Mauron, conseiller du roi au parlement, mari et procureur de Louise de Quélen, et curateur de Renée de Quélen, et le procureur de Charles de Guivy, tuteur des enfans mineurs de feu Charles de Quélen, sieur de Villeneuve, défendeur. Ce dernier est condamné à rendre plusieurs titres du feu sieur alloué de Rennes, et appartenant aux dames Louise et Renée de Quélen.

(Arch. de M. du Cleuziou.)

1663. — La terre de Plélo a été vendue le 25 juillet 1663 à Maurille de Brehand, époux de Louise de Quélen, par Louis de la Trémoille. (Il y a lieu de faire remarquer ici que le *Nota*, p. 162, l. 22, de la *Généalogie de Brehant*, n'est pas à sa place, ayant pour objet la terre de Plélo et non celle de Mauron).

1664, 28 juin. Ferme du moulin du Val en Plélo par Maurille de Brehand, seigneur baron des baronnies de Mauron et Plélo, le Plessis, St. Bihy, Tressigneaux et l'Oursière, le Pellen, Maulny, Murs (en Anjou) etc.

(Arch. des Côtes-du-Nord).

1666. Partage de la succession de noble homme André Rodays et damoiselle Marie le Febvre, seigneur et dame de la Combaudière. Passé à Ingrandes par devant Pierre Joulain, notaire royal à Angers, le 16 septembre 1666.

Au nombre des arbitres, figure dans cet acte messire Maurille de Brehand, seigneur de Mauron, conseiller au parlement.

Relevé sur les archives de la maison de Launay de la Mothaye. C. de la Motte-Rouge.

1668. Induction d'actes et pièces pour la Réformation par Louis Rouxel, sieur du Préron, faisant tant pour lui que pour Louis et Jean-François, ses enfants, p. 3 : « Le dit défendeur est fils unique de défunt

» écuyer François Rouxel, et de dame Julienne le Vayer, sieur et
» dame du Préron, et la dite le Vayer était fille puisnée de feu mes-
» sire Louis, et d'Hélène de Brehand, sieur et dame de Cariot; le-
» quel le Vayer était puisné de la maison de Tregomart, et la dite de
» Brehand puisnée de la maison de Galinée ainsi que le défendeur le
» justifie par le contrat de mariage de ses père et mère, du 23 jan-
» vier 1630. » N. B. en marge de l'art. ci-dessus on lit: « Galinée,
» de gueules au léopard d'argent. »

(Famille Rouxel du Préron.)
(Arch. des Côtes-du-Nord.)

1671, 16 mai. Partage en forme d'échange entre Madeleine du
Halégoët, épouse d'Armand du Cambout, duc de Coislin, pair de
France etc., d'une part, et Louise de Quélen, épouse de Maurille de
Brehand, chevalier, seigneur baron de Mauron, d'autre part, la dite
dame héritière par bénéfice d'inventaire de défunt seigneur François du Halégoët, seigneur de Cargré, marquis de Beaumanoir, et
de Pierre du Halégoët, seigneur de la Villecaré, ses oncles, auto-
risée dudit seigneur de Mauron, et encore Iceluy père et tuteur naturel de Jeanne de Brehand, leur fille, légataire pour une moitié
dans la moitié appartenant au dit feu seigneur de Cargré dans
la maison sise à Paris, faubourg Saint-Germain, et des meubles
de sa communauté, suivant testament du 18 octobre 1667. Le duc
et la duchesse de Coïslin cèdent les maisons de la Villebatard
et des Ligneries-lez-Cesson, et celles de la Villecaré et du Petit-Qué-
ret-en-Tregueux (près Saint-Brieuc). M. et Mᵐᵉ de Brehand renon-
cent à leur part et portion, droit et propriété à titre d'héritier et de
légataire dans la terre de Beaumanoir, maison à Paris et meubles et
effets, même dans la subdivision du dit sieur de la Villecaré.

(Arch. de M. du Cleuziou.)

1678, 12 novembre. — Tutelle des enfants de René de Beaucé,
seigneur de Chambellé, conseiller au parlement de Bretagne, et de
Renée de Quélen. On trouve au nombre des parents appelés à cette
tutelle, Charles de Sevigné, seigneur de Montmoron, conseiller en la
cour (du côté paternel); et Maurille de Brehand, chevalier, seigneur de
Mauron, conseiller en la cour (du côté maternel).

1680, 23 septembre. — Vente par Maurille de Brehand, sieur baron
de Mauron, et dame Louise de Quélen, son épouse, à Claude de
Brehand, seigneur dudit lieu, et Françoise Bouan, sa femme, de la
maison de Maulny (Lamballe, 57 Bᵉ, 161).

(Arch. des Côtes-du-Nord.)

1681. — *Erection de la seigneurie de Plélo en baronnie, sous le
domaine royal de Saint-Brieuc, en faveur de Maurille de Brehand,
conseiller au parlement de Bretagne.*

Veu par la cour les lettres patentes du Roy données à Saint-Germain-en-Laye au moys de febvrier mil six cent quatrevingt un, signées sur le reply par le roy, Colbert, et scellées du grand sceau de soie verte à lacs de soies rouge et verte, obtenues par messire Maurille de Brehand, chevalier, sieur baron de Mauron, par lesquelles pour les causes y contenues le dit seigneur Roy désirant gratifier et favorablement traiter le dit de Brehand de Mauron en considération de ses services depuis plus de trente ans dans l'exercice de conseiller en la cour, que de ceux rendus à Sa Majesté et ses prédécesseurs par le sieur de Galinée, son frère, lieutenant dans le régiment des gardes françaises dans toutes les conquestes de Sa Majesté où il a donné des preuves de sa valeur et fiddélité jusques à la prise de Lille où il fut tué; considérant d'ailleurs sa dicte Majesté que tous ses ancêtres ont servi dans la profession des armes avec grande fiddélité et courage, que le sieur de la Lande, son oncle, ne s'est retiré dans sa maison qu'après plus de trente ans de service dans les armées de différents et grands employs, à cause de la quantité de blessures qu'il receust en plusieurs rencontres et batailles; que la famille des dits de Brehand est allyée des plus anciennes de cette province de Bretagne, y ayant peu de grandes maisons avec lesquelles elle n'ayt alliance; le dit sieur de Brehand estant en état de soutenir la dépense convenable à la dignité dont sera décorée sa terre et seigneurye de Plélo, ayant plusieurs autres terres, particulièrement celle de Mauron érigée depuis longtemps en baronnye, auroit de sa grace, pleine puissance et authorité royale crée, et érigé et élevé la dite terre, siegneurye et fiefs de Plélo, ses appartenances, circonstances et dépendances, en titre, prééminences et dignité de baronnye pour la tenir en plein fief et à foi et hommage de sa dicte majesté que le dit de Brehand et ses successeurs seront en la dite qualité obligés de luy rendre à cause de son domaine de St. Brieuc, voulant que les hommes et vassaux de la dite baronnye, tenant noblement ou en roture, les recgnoissent pour tels etc.

Veu et mûrement considéré, la Cour a ordonné et ordonne que les dites lettres seront enregistrées au greffe de la dite Cour pour avoir effet et en jouir l'impétrant suivant la volonté du Roy aux clauses et conditions portées aux dites lettres.

Fait en parlement à Rennes le troisième juin mil six cent quatrevingt un.

Signé : LECLERC.

Contrôle gratis. Epices, six escus. Pour l'arrest, quatre livres. Le tout payé par Buffon, procureur, fors le retrait de l'arrest gratis.

(*Arch. des Côtes-du-Nord. Dossier de la terre de Plélo.*)

1688, 10 janvier. Scellés après le décès de Maurille de Brehant, baron de Mauron, Conseiller en la Cour, décédé depuis jeudi dernier en la maison de M. du Grissot, située près la Poisonnerie de cette ville (Vannes), par. de Ste Croix (Famille de Brehant).

1690, 13 août. Transaction au sujet de la gestion de la tutelle de Chambellé (dont il est question ci-dessus) entre Charles de la Blinaye et Marie de Beaucé, son épouse, fille de René, et Louise de Quélen, veuve communière et douairière de Maurille de Brehant, seigneur de Mauron.

(Arch. des Côtes-du-Nord).

1694. — *Extrait de la Commission de Lieutenant des Maréchaux de France en faveur de Louis-Hyacinthe de Brehant, comte de Plélo.*

1694. Louis par la grâce de Dieu roi de France et de Navarre, à tous ceux que ces présentes verront, salut par notre édit du mois de mars 1693, registré où besoin a été, nous aurions, entre autres choses, créé et érigé en titre d'office formé en chacun bailliage et sénéchaussée de notre royaume un Lieutenant de nos très-chers et bien amés cousins les Maréchaux de France pour connaître et juger des différents qui surviendront entre les gentilshommes et autres faisant profession des armes, soit à cause des chasses, droits honorifiques des églises, prééminences des fiefs et seigneuries, et autres querelles mêlées avec le point d'honneur, en exécution duquel voulant pourvoir à l'office de Lieutenant de nos dits cousins les Maréchaux de France dans les sénéchaussées d'Auray et Ruys en Bretagne, savoir faisons que par la pleine et entière confiance que nous avons en la personne de notre cher et bien amé Louis-Hyacinthe de Brehant, comte de Plélo, et en ses sens, suffisance, loyauté, prud'homie, expérience, fidélité et affection à notre service, à ces causes et autres à ce nous mouvant, nous lui avons donné et octroyé, donnons et octroyons par ces présentes l'office de nos dits cousins les Maréchaux de France dans lesdites sénéchaussées d'Auray et Rhuys créé et érigé par notre édit pour en jouir le dit sieur de Brehant aux gages de 300 livres pour chacun an, etc. Et jouira du droit de *committimus*, ainsi qu'en jouissent les officiers de nos cours supérieures, de l'exemption du service du ban et arrière ban, d'y contribuer, en aucune manière que ce soit, tutelle, curatelle, et nomination d'icelles, et aura rang dans les cérémonies publiques immédiatement après les gouverneurs, lieutenants-généraux, et lieutenant des provinces, et autres honneurs, autorités, prééminences, pouvoirs, fonctions, franchises, libertés, exemptions, immunités et privilèges, le tout comme il est plus au long porté dans le dit édit, etc.

Donné à Versailles le 18e jour de novembre 1694, et de notre règne le cinquante-deux, signé : *Louis*. Et sur le repli par le Roi *Galloys*; et sur le revers est écrit : Enregistré le 20e novembre 1694, signé : *Noblet*. Sur le repli des dites lettres est écrit : les Maréchaux de France, aujourd'hui, 5e décembre 1694, le sieur Louis-Hyacinthe de Brehant, comte de Plélo, dénommé aux présentes, a été mis et installé en possession de sa charge de Lieutenant de Messeigneurs

GÉNÉALOGIE DE BREHANT

dans les sénéchaussées d'Auray et Ruys en Bretagne, par Monseigneur le marquis de Bellefond, chevalier des ordres du roi et premier maréchal de France, suivant l'édit de création, arrêt du conseil et déclaration, rendus en conséquence après qu'il lui est apparu des bonnes vie et mœurs, et religion dudit sieur comte de Plélo, et du serment de fidélité ordinaire par lui prêté en conséquence entre les mains de Mgr. le marquis de Sévigné, lieutenant de Roi en Bretagne, commis par Messeigneurs à cet effet. Ainsi signé par Messeigneurs *Bourgogne*.

Collectionné aux originaux apparus et rendus avec le présent par nous Conseiller du roi, référendaire à la Chancellerie près le Parlement de Bretagne. Delisle.

(*Arch. de M. du Cleuziou.*)

1701. — Haut et puissant seigneur Louis-Hyacinthe de Brehant, comte de Plélo, signe au baptême de Jean-Louis de Perron. (*Extrait des registres de la par. de Saint-Potan.*)

1705, 7 mars. — Minu au roi en son domaine de Saint-Brieuc, à cause du décès de Louis-Hyacinthe de Brehand, comte de Plélo, décédé le 6 décembre 1704, fourni par Jean-René-François de Brehand, comte de Mauron, conseiller au parlement de Bretagne, son frère, et héritier principal. (*Terre de Plélo, titres généraux.*)

(*Arch. des Côtes-du-Nord.*)

Testament de Charles, marquis de Sévigné, en date du 29 septembre 1711.

Testament olographe de Jeanne-Marguerite de Brehant, marquise de Sévigné, en date du 17 juillet 1721.

Testament de la même en date du 6 janvier 1735, passé devant Me Meunier, notaire, et qui modifie le précédent.

Ces trois pièces ayant été reproduites *in extenso* aux pages 213 et 218 de l'*Appendice* au tome XII des *Lettres de la marquise de Sévigné*, récemment publiées par la maison Hachette, l'on croit pouvoir se dispenser de les insérer dans ce *Supplément*.

1738. — Conclusion et sentence contre Guillaume Hiérosme du Bouilly de la Morandais sur l'aveu du 4 mars 1692 rendu par Louis-Hyacinthe de Brehant, comte de Plélo, etc. (Lamballe. Réformation au supplément des sentences.)

(*Arch. des Côtes-du-Nord.*)

L'*Appendice* du tome XIIe des *Lettres de madame de Sévigné* publiées par la maison Hachette contient, aux pages 195 et suivantes, quatre lettres inédites de Jeanne-Marguerite de Brehant, marquise

Charles de Sévigné, empruntées aux Archives de Chabrillan. Trois de ces lettres sont adressées à son frère, Jean-René-François-Almaric de Brehant, comte de Mauron.

Les frais funéraires, à la mort du marquis de Sévigné, se sont élevés à la somme de 1171 livres d'après un mémoire d'Adam, juré crieur, conservé dans les archives de Chabrillan.

Le marquis de Sévigné fut inhumé dans l'église de Saint Jacques du Haut-Pas en présence de : « de Mauron ; de Colanges ; Desmoulins ; Curé ; Simiane ; l'abbé de la Fayette ; de Harouys. »

Les seize quartiers de Louise de Quélen.

RENAUD DE QUÉLEN, seigneur de St. Bihi, épousa Catherine Taillart.

IVES DE QUÉLEN, seigneur de St. Bihi, fils de Renaud, épousa Jeanne Jourdain, dame du Pélen, héritière, fille d'Ivon Jourdain, et de Catherine de Rostrenen.

OLIVIER DE QUÉLEN, seigneur de St. Bihi, fils d'Ives, épousa Guillemette Visdelou. Elle était fille de Jacques de Visdelou, et de Gilette de Landujan, fille de Charles de Landujan, et de Perronnelle Glé.

Jacques Visdelou était fils de Jean, qui épousa, vers 1513, Marguerite Abraham, dame de l'Hôtellerie.

GILLES QUÉLEN, seigneur de St. Bihi, fils d'Olivier, épousa Renée du Halégoët, fille de Jean du Halégoët, qui épousa Louis James de la Ville-Carré, fille de François James, seigneur de la Ville-Carré, et de Louise le Carme.

Jean du Halégoët était fils de Philippe du Halégoët, et de Renée Budes, fille de François Budes, et de Barbe de Gournivec.

Philippe du Halégoët était fils de Pierre du Halégoët, et d'Anne de Carnavalet.

LOUISE DE QUELEN, fille de Giles, héritière de la branche de St. Bihi, épousa, en 1651, MAURILLE DE BREHANT, chevalier, comte de Mauron et de Plélo, seigneur de Galinée etc.

(Gén. mss. de Brehant).

DU HALEGOET,

D'azur au lion morné d'or.

Pierre du Halégoët, seigneur de Kergrec'h, épousa Anne de Carnavalet, dont : 1° Philippe, qui suit ; 2° Guillaume du Halégoët, évêque comte de Tréguier ; 3° Olivier du Halégoët, seigneur de Beuil, mestre de camp, écuyer du roi.

Philippe du Halégoët, seigneur de Kergrec'h, épousa Renée Budes, fille de François, et de Barbe de Gournivec, dont :

Jean du Halégoët, seigneur de Kergrec'h, Beaumanoir, la Roche-Rousse, la Ville pied, etc. Il épousa Louise James, fille de François (1577), seigneur de la Villecarté, et de Louise le Carme, dont il eut : 1° Philippe, qui suit ; 2° Renée du Halégoët, dame du Chef-du-Pont, mariée, en 1639, à Gilles de Quélen, seigneur de Saint-Bihy, dont elle eut :

> Louise de Quélen, héritière de Saint-Bihy, qui épousa, en 1654, Maurille de Brehant, comte de Mauron et de Plélo.

3° Marguerite du Halégoët, Abbesse de Saint-Georges de Rennes ; 4° François du Halégoët, mort sans hoirs.

Philippe du Halégoët, seigneur de Kergrec'h, Beaumanoir, la Roche-Rousse, la Villepied, etc., maître des requêtes, épousa Louise de la Bistrade, dont : Madeleine du Halégoët, héritière de Kergrec'h, la Roche-Rousse, etc., mariée avec Armand du Cambout, duc de Coislin, pair de France, mort en 1654, dont :

> 1° Pierre du Cambout, duc de Coislin, pair de France, mort sans enfans de N*** d'Aligre, le 17 mai 1710 ; 2° Henri-Charles du Cambout, évêque de Metz, duc de Coislin, pair de France, après le décès de son aîné. Il mourut en 1733 ; 3° Armande du Cambout, mariée avec Maximilien-Pierre-François-Nicolas de Béthune, duc de Sully, mort sans hoirs le 24 décembre 1712.

On lit l'annotation suivante dans les *Mémoires du Comte de Mauron* : « Jean-René-François-Almaric de Brehant, comte de Mauron et de Plélo, héritier de la maison du Halégoët, après les Coislin qui n'ont pas d'enfants et qui ont tout vendu ; ainsi cette succession est *ranum nomen hereditatis*. »

N. B. L'article consacré aux Halégoët à la page 162 de la *Généalogie de Bréhant* étant trop succinct, l'on a cru nécessaire d'entrer à leur sujet dans quelques nouveaux développements.

XIII° ET XIV° DEGRÉS.

1694. Constitution de rente en date du 11 septembre 1694 d'une somme de 200 livres au denier dix par messire Louis-Hyacinthe de Brehand, chevalier, seigneur comte de Plélo, et dame Sainte du Gouray, son épouse, ensemble demeurant d'ordinaire à leur maison seigneuriale de Mauron, paroisse du dit lieu, évêché de Saint-Malo, à messire Toussaint de Cornulier, chevalier, marquis du dit lieu, conseiller du roi, président à mortier au parlement de Bretagne, demeurant à son hôtel, place du Champ Jaquet, paroisse de Saint-Aubin, moyennant la somme de 3600 livres tournois. Bretin, notaire.

1703. Remboursement de cette rente de 200 livres, en date du 24 mars 1703, par Jean-René-François de Brehand, chevalier, seigneur de Galinée, conseiller au parlement de Bretagne, démissionnaire de messire Louis-Hyacinthe de Brehand, comte de Plélo, son frère aîné; à messire Jean-Paul Hay, chevalier, seigneur des Nétumières, époux d'Elisabeth de Cornulier, fille de messire Toussaint de Cornulier, à laquelle la dite rente de 200 livres avait été délaissée par son contrat de mariage, moyennant payement de la somme de 3,600 livres tournois. Bertholot et Chassé, notaires à Rennes.

(*Arch. de Chabrillan*).

1708, 1er février. — Aveu à Launay-Balin, par Jean-François-René Blanchart, sieur de Kersemper, à Jean-François-René-Almaric de Brehand, chevalier, comte de Mauron et de Plélo, seigneur châtelain de Galinée, Lagrée, le Péllen, Tressigneaux et l'Oursière, le Bois-jagu, Bernier Kerveno, les Ligneries, Bellissue, etc., sire de Saint-Bihy et Launay-Balin, vicomte de Beuves, baron de Plélo, etc.

1710, 2 janvier. — Accord au sujet des rentes dues sur la terre de Pordic, sous le domaine royal de Saint-Brieuc, acquise par le comte de Mauron du marquis de Vezins, le même jour. (Famille de Brehant.)

1712, 9 septembre. — Vente par Jean-René-Almaric de Brehand, seigneur comte de Plélo, à écuyer Jean Vivien, sieur de la Vicomté, du château et seigneurie de Galinée, avec moyenne (haute) justice, dont partie relève de Lamballe, s'étendant en Saint-Potan, Plebouille, Pluduno, Saint-Cast, Saint-Germain et Plevenon (Lamballe, 57 B°, 161).

(*Arch. des Côtes-du-Nord.*)

Le marquis de Vezins, dont on vient de parler, était Charles-François d'Andigné, marquis de Vezins, etc., mestre de camp de cavalerie. Il avait épousé, en 1656, demoiselle Collin de la Noue. On lit dans les Mémoires du comte de Mauron : « La baronnie de Pordic, une des
» plus belles et des plus nobles seigneuries de la Bretagne, située sur
» les bords de la mer, et dans le voisinage de ma terre de Saint-Bihi,
» me parut un but digne de mes attentions. Le marquis de Vezins,
» à qui elle appartenait, et avec lequel j'avais des alliances (V. *Gé-*
» *néalogie de Brehant*, p. 100), était de mes amis, et l'avait été
» beaucoup plus de mon père, qui avait eu dessein de lui faire épou-
» ser ma sœur. Il me confia que pressé de ses affaires, il avait dessein
» de vendre Pordic, qu'il avait peine à s'y résoudre, mais qu'il en
» serait consolé s'il voyait cette belle terre passer entre mes mains,
» que plusieurs personnes lui en offraient des prix considérables,
» qu'il me préférerait volontiers à tout autre, mais qu'il fallait prendre
» mon parti. J'étais aux États de Saint-Brieuc fort occupé de mes
» plaisirs, quand je reçus de ce marquis une lettre très-pressante par
» laquelle il me donnait avis qu'il n'y avait pas de temps à perdre, etc. »
Le marché fut conclu au prix de 50,000 écus.

Bailliage de la Corbinaye, en Saint-Potan (dont le chef-lieu était Galinée, relevant de Malignon). Possesseu.s de Galinée d'après les titres classés à la seigneurie de Lamballe :

1500, Bertrand Chapelle; — 1535, Mathurin de Brehant et Gilette des Cougnets, sieur et dame de Belleissue et de Galinée; — 1546, Jean de Brehant, seigneur de Belleissue ; — 1585, le même ; — 1556, Louis de Brehant; — 1673, Jean de Brehant, sieur de Galinée, la Sorais, le Plessis, de Mauron, le Pontgrossard, etc.; — 1690-93, Jean-René-François-Almaric de Brehant, comte de Mauron; — 1712, le même; — après 1712, la famille Vivien de la Vicomté ; — 1761, Michel Picot.

(*Arch. des Côtes-du-Nord.*)

P. 169, l. 15 de la *Généalogie de Brehant,* après « contestation » *ajoutez :* « concernant la terre du Pontgrossart. »

1739, 3 février. — Inventaire de la succession mobilière de Louis-Robert-Hippolyte de Brehant, comte de Plélo, et de dame Louise-Françoise Phélypeaux de la Vrillière, son épouse, héritier de Catherine le Febvre de la Faluère, femme de Jean-René-François-Almaric de Brehand, comte de Mauron (Famille de Brehand).

(*Arch. des Côtes-du-Nord*).

M. Rathery, conservateur à la Bibliothèque impériale, est occupé dans ce moment d'un travail biographique sur Louis-Robert-Hippolyte de Brehant, comte de Plélo. Les éléments de cette Notice sont empruntés à la correspondance et à une *Vie manuscrite* du comte par le chevalier de la Vieuville, son ami. Ces documents font partie des Archives de Chabrillan.

D'après un document officiel et authentique de la même nature que ceux concernant Jean-Almaric de Brehant, comte de Mauron, marquis de Brehant, et son fils, Fidel-Amand-Louis, marquis de Brehant (V. *Supplément,* Preuves n° 27, et *Généalogie de Brehant,* p. 186), Bihi-Almaric, chevalier de Brehant, fut nommé : sous-lieutenant au régiment du roi (infanterie), le 8 novembre 1750 ; lieutenant en second, le 5 mars 1752; lieutenant, le 8 septembre 1755; capitaine au régiment de la reine (dragons), le 12 juin 1759 ; mestre de camp (colonel), le 12 avril 1762; chevalier de Saint-Louis, le 1er janvier 1770.

Démissionnaire, le 1er mars 1763.

Honneurs de la Cour.

—

BREHANT (en Bretagne).

De gueules à un léopard d'argent.

Cette maison paraît avoir pris son nom de l'une des terres de Brehant situées au diocèse de Saint-Brieuc en Bretagne. Sa généalogie a
été traitée par divers auteurs. L'un d'eux (D. Lobineau), connu par
son Histoire de cette province, l'a remontée à l'année 1090 et y rapporte divers sujets distingués par leur piété envers les églises voisines
de leurs établissements, par leurs services et par leurs alliances ;
mais pour ne rien avancer que sur la foi des titres, on croit devoir
se borner à l'exposition des faits suivants.

Pierre de Brehant servait dans la compagnie d'hommes d'armes de
Jean, sire de Beaumanoir, en 1356 ; il eut d'Aliette, dont le surnom
est ignoré, Geoffroy de Brehan, qui paraît être le même que Geoffroy
de Brehant, archer de la compagnie du connestable du Guesclin, en
1370, et comparut avec plusieurs autres de son nom à la Réformation
des nobles de l'Évêché de Saint-Brieuc, en 1426 et 1427 ; comparution
qui, suivant les maximes de la province de Bretagne, caractérise
l'ancienne noblesse de cette province. Il est probable par la possession
des mêmes biens qu'il fut père de Gabriel, qui suit, et de Julien de
Brehant, lieutenant de la compagnie d'ordonnances de François de
Bretagne, baron d'Avaugour, qui servit à la tête d'une compagnie de
40 lances dans la guerre du bien public, en 1465, et mourut
sans postérité en 1481.

Gabriel de Brehant, seigneur de Belleissue, vivait au commencement du XV⁰ siècle ; il mourut vers l'année 1450, laissant de Thomine
de la Lande, dame de la Villecorbin, Eonnet, qui suit, et Thibaut
de Brehant.

Eonnet de Brehant, damoiseau, seigneur de Belleissue et de la
Villecorbin, nommé entre les nobles qui comparurent à la Réformation
de l'évêché de Saint-Brieuc en 1441, partagea son frère juveigneur en
1482, suivant l'assise du comte Geoffroy, pratiquée de toute ancienneté par leurs prédécesseurs ; il mourut avant le 2 octobre 1487. Il
avait épousé avant l'année 1466 Marguerite le Breton de la Villecadoret, dame du Clos, et en avait eu Gabriel de Brehant, seigneur

de Belleissue, mort en 1502 sans postérité, et Jean de Brehant, seigneur du Clos par son partage fait noblement en 1499, puis de Belleissue par la mort de son frère ainé, épousa en 1504 Françoise de Kergu, fille de Jean seigneur de Kergu, et en eut entre autres enfants Mathurin, qui suit, et Marie de Brehant, femme de Jacques de Boisgelin, seigneur de Kerabel.

Mathurin de Brehant, seigneur de Belleissue, fut compris dans la réformation de la noblesse de l'évéché de St. Brieuc de l'année 1535, devint seigneur de Galinée par son mariage avec Gilette de Cougnets, et mourut au mois d'octobre 1538 laissant entre autres enfans :

Jean de Brehant, seigneur de Belleissue, de Galinée, etc. qui épousa en 1572 Jeanne du Plessis, fille et héritière de Jean, seigneur du Plessis-Mauron etc. et mourut au mois d'aoust 1586, père 1º de Louis, qui suit ; 2º de François, seigneur de Belleissue, qui, dès sa jeunesse, suivit le parti des armes, servit le Roi Henri IV avec François seigneur du Plessis-Mauron, son oncle maternel, dans les troubles de la Ligue en Bretagne, et mourut sans alliance, et 3º de Hélène de Brehant, mariée en 1601 à Louis le Vayer, seigneur de Kerriou.

Louis de Brehant, seigneur de Belleissue, de Galinée, etc. invité par le duc de Mercœur, servit d'abord dans le parti de la Ligue en Bretagne avec une compagnie de 200 hommes, il fut fait prisonnier et mis à rançon, mais il rentra ensuite dans son devoir, et porta les armes pour le Roy Henry IV, qui le fit gentilhomme ordinaire de sa chambre en 1601 ; il fut aussi chevalier de son ordre. Il mourut avant le 27 avril 1633, laissant de Catherine Huby, Dame de la Soraye, fille de Jean, seigneur de Kerlosquet, conseiller au Parlement de Bretagne, 1º Jean de Brehant qui suit ; 2º Charles, seigneur de la Soraye, exempt des gardes du corps du Roy, mort sans alliance, et 3º François de Brehant, chevalier, seigneur de la Lande, capitaine au régiment de Ste. Mesme infanterie, puis ayde de camp dans les arméés du roy, servit dans les troubles de la minorité et régence de la reine Anne d'Autriche, et vivait en 1682.

Jean de Brehant, seigneur de Belleissue, de Galinée, etc. chevalier de l'ordre du roy, conseiller au parlement de Bretagne, puis conseiller d'Etat, fut le premier de sa maison qui ait pris le parti de la robe. Il obtint en 1655 des Lettres d'Erection de sa terre de Mauron en Baronnie ; il eut de Françoise le Fer, dame de la Grée, 1º Maurille de Brehant, qui suit ; Claude, seigneur de la Soraye, auteur d'un rameau dont on ne connoit point les derniers degrés, et deux filles mariées dans les maisons de Poulpry et de Hay des Nétumières.

Maurille de Brehant, chevalier, Baron de Mauron, aussi conseiller au parlement de Bretagne et conseiller d'Etat, mourut en 1688. Il avoit épousé en 1654 Louise de Quélen, héritière de la Branche, des seigneurs de St. Bihy, et en ayoit eu 1º Louis-Hyacinthe de Brehant, baron de Mauron, etc., mort sans postérité de Sainte du Gouray, marquise de la Coste ; 2º Jean-René-François-Almaric, qui suit, et

3° Jeanne, mariée à Charles, marquis de Sévigné, lieutenant du Roy au pays Nantais.

Jean-René-François-Almaric de Brehant, comte de Mauron et de Plélo, mourut en 1738. Il avait épousé 1° Catherine-Françoise le Febvre de la Faluère; 2° Radegonde le Roy de la Boissière; de la 1re de ces alliances étoit né, entr'autres enfans, Louis-Robert-Hypolite de Brehant, comte de Plélo, sous-lieutenant des gens d'armes de Flandres, puis mestre de camp d'un régiment de Dragons, ambassadeur du Roy en Danemark, tué à l'attaque des retranchemens de Dantzic en 1734, commandant la colonne du secours françois envoyé au secours de la ville assiégée par les Moscovites, laissant de Louise de Phelypeaux de la Vrillière, fille de Louis, marquis de Châteauneuf, secrétaire d'Etat, et sœur de M. le Comte de St. Florentin, ministre et secrétaire d'Etat, Louise Félicité de Brehant-Plélo, Duchesse d'Aiguillon ; et de la 2e sont issus :

1° Jean-Almaric, appellé comte de Mauron, ancien capitaine de dragons au régiment de Lorraine, et chevalier de l'ordre de St. Louis ;

2° Bihy-Almaric, comte de Brehant, mestre de camp de dragons, ci-devant premier gentilhomme de la Chambre du Roy de Pologne, duc de Lorraine.

Nous avocat général, conseiller honoraire de la Cour des aydes de Guyenne, Généalogiste des ordres du Roy, et en cette qualité commissaire nommé par sa Majesté à l'examen des preuves de noblesse des personnes qui aspirent aux honneurs de la cour, certifions au Roy que nous avons composé le présent extrait sur titres originaux à nous communiqués et sur ceux du Cabinet de l'ordre du Saint-Esprit ; en foy de quoy nous avons signé ce certificat ; à Paris, ce douzième jour du mois d'avril mil sept cent soixante huit.

Signé : BEAUJON.

Certifié conforme au registre intitulé *Extraits des preuves de noblesse de diverses familles, faits par les généalogistes des ordres du Roi, depuis 1785 jusques et compris 1780*. Tome I, pages 311 à 347, déposé aux Archives de l'Empire, section historique, cote MM. 810.

Ce 2 juillet 1868.

ET. LE GRAND,
archiviste-paléographe.

OBSERVATIONS.

L'auteur de ce Mémoire dit en parlant de Pierre de Brehant (III) : « il eut d'Aliette, dont le surnom est ignoré etc. » Pierre de Brehant épousa Aliette le Vayer, ainsi qu'il est rapporté à la page 80, ligne 20 de la *Généalogie de Brehant*, et comme le démontre en outre l'*Estat et procès-verbal* du château de Galinée en date du 25 août 1711

(V. p. 167, l. 12 de la même Généalogie). Beaujon ajoute plus loin en parlant de Claude de Brehant, seigneur de la Sorais, fils puîné de Jean de Brehant (XI), qu'il fut « l'auteur d'un rameau dont on ne con- » naît point les derniers degrés. Il en était sans doute ainsi à l'époque où le mémoire fut écrit, mais la descendance de Claude de Brehant et de Françoise Bouan est de nos jours parfaitement connue (V. *Généalogie de Brehant* p. 99, 100, 159 et 160, et Preuves n° 27 du *Supplément*).

Voir la Nomenclature des personnes admises aux honneurs de la Cour (collationnée sur l'original conservé aux Archives de l'Empire) dans l'*Annuaire de la noblesse de France* de Borel d'Hauterive, années 1849-1850, page 237.

EMPIRE FRANÇAIS

PAR ORDRE DU MINISTRE SECRÉTAIRE D'ÉTAT DE LA GUERRE,

Le Conseiller-d'État, directeur, CERTIFIE *que des registres matricules et documents déposés aux archives de la Guerre a été extrait ce qui suit :*

NOM et SIGNALEMENT du militaire.	DÉTAIL DES SERVICES	
DE BREHANT, COMTE DE MAURON, (Jean-René-François-Almaric). —	Sous-lieutenant au régiment d'infan-terie du Roi,	8 novembre 1750
	Capitaine au régiment de dragons de la Reine	1er septembre 1755
	Démissionnaire, en	1761
	Chevalier de Saint-Louis, le	7 mai 1761

Fait à Paris, le 14 juillet 1866.

(Ici le timbre du Ministère de la Guerre.)

Pour le Conseiller d'Etat, Directeur :
Le Sous-Directeur,
Signé : DE FORGES.

XVI° DEGRÉ.

DE CRÉCY ou DE CRÉCEY *.

La maison de Crécy ou de Crécey... déjà illustre au XII° siècle, a fourni à la troisième croisade un chevalier, dont le nom (Renaud de Crécey) est mentionné dans un acte sur parchemin, daté de décembre 1190, à Messine, et scellé du sceau équestre en cire jaune de Henri, comte de Bar.

Odon de Crécey, chevalier du comté de Bourgogne comme Renaud de Crécey, prit part à la sixième croisade, ainsi qu'il est prouvé par une charte d'Acre de l'an 1240.

(V. la Noblesse de France aux Croisades par Roger).

La maison de Crécy a produit en outre un chevalier banneret, un chevalier du Temple, des chevaliers et dignitaires de Saint-Jean de Jérusalem. Elle a donné des gouverneurs-capitaines de châteaux-forts, un des chefs des troupes sous Charles VII, des écuyers des ducs de Bourgogne de la première et de la deuxième maison royale, des écuyers panetiers et échansons, des chefs des troupes des ducs de Bourgogne, des capitaines de deux cents hommes d'armes etc...

Cette famille a comparu aux montres et revues de la noblesse... Elle a fait ses preuves pour les chapitres nobles, entre autres ceux de Remiremont, de Migette, de Beaume-les-Dames, de Poulangy, de Troarn, de Sainte-Vaudru de Mons, etc., et a produit des abbesses; elle a fait les preuves de Cour, celles de Malte, de Saint-Georges, de la maison royale de Saint-Cyr; et a été maintenu dans sa noblesse, les 4 et 8 août 1667 et le 28 janvier 1712 par l'Intendant de Soissons. En possession, pendant longtemps, de la prévôté héréditaire du Laonois, elle a souvent pris part aux assemblées des États de Bourgogne, où elle était admise de droit.

(Histoire généalogique du Musée des Croisades par Amédée Boudin).

EXTRAIT sommaire de la Généalogie de la maison de Crécy (Crécey dans les premiers temps) publiée dans l'Histoire généalogique du Musée des Croisades **.

* Voyez pour les armes l'Armorial des familles alliées.

** La généalogie que nous publions ici, dit M. Amédée Boudin, n'est qu'un bien modeste résumé de la Généalogie manuscrite (a) que M. le comte de Crécy, chef actuel de la maison, nous a communiquée. Il est rare de voir un travail de cette importance, véritable trésor historique pour une famille, appuyé de titres aussi nombreux, aussi en ordre, et depuis les temps les plus reculés : jamais filiation n'a été plus rigoureusement, plus authentiquement

VII. Jean de Crécy, écuyer du duc de Bourgogne, seigneur du Blaisey etc., prévôt héréditaire du Laonois, était le cinquième fils de Jean de Crécy, II° du nom, qui vivait en 1405, et de Jeanne du Bois, fille de Guillaume, seigneur de Chastelier et de Posange, conseiller et premier maître d'hôtel de Philippe-le-Bon. Il fut l'auteur des *Branches de Percey, Blaisey, Blicquy en Hainault, Vicomtes de Sorny, seigneurs de la Résie, du Trembloy et de Chaumergy* *, *comtes de Crécy et barons de Rye etc., en Bourgogne, Flandre, Picardie et Franche-Comté.*

Il avait épousé Agathe de Lizac, héritière de Jean de Lizac, seigneur de Blicquy en Hainaut, Houssey etc., prévôt héréditaire du Laonois, et de demoiselle Antoinette de Moy, dont il eut, entre autres enfans :

VIII. Nicolas de Crécy, écuyer, seigneur du Trembloy etc., qui vivait en 1529. Il épousa Jeanne Mouchet, fille de Pierre Mouchet, écuyer, seigneur de Châteaurouillard, et de Jeanne de Rigney.

IX. Charles de Crécy, fils des précédents, écuyer, seigneur du Trembloy, de la Grande-Résie, avait épousé Françoise de Bernant, fille de Philippe de Bernant, seigneur de Bernant etc, et de Jeanne de Marey, dame de Quilly, Artex et Tressoles. Il mourut le 29 mai 1563. Il eut de son mariage : Guy de Crécy, qui suit :

X. Guy de Crécy, écuyer, seigneur du Trembloy, la Grande-Résie, Houssey en Vermandois, fils unique du précédent, épousa le 30 septembre 1579, Suzanne de Beaujeu, fille de Claude, seigneur de Moutot, Arros, etc., et de Geneviève de la Beaume, et mourut peu avant le 14 mars 1623. Il laissa sept enfants de son mariage, entre autres, Claude, qui suit :

XI. Claude de Crécy, qualifié noble et généreux seigneur, écuyer, seigneur de la Grande-Résie, Chaumergy, Chavanne, etc., avait épousé en premières noces, Jeanne de Sachet, dame de Chavanne, fille de noble sieur Aimé de Sachet, et de Bonne de Maisière ; en secondes noces, Antoinette de Chaussin ; et en troisièmes noces (10 juin 1634),

établie. L'inventaire de ces titres, avec la copie littérale des preuves, a été fait : 1° lors de la présentation à la cour ; 2° lors de la présentation et de la réception d'Alexandrine-Françoise-Victoire de Crécy, fille aînée de Ferdinand-Denis, comte de Crécy, au chapitre de Remiremont ; 3° pour la réception de ce même Ferdinand-Denis, comte de Crécy, et de son frère Gaspard-Emmanuel de Crécy, dans l'ordre de Saint-Georges.

(a) Ce manuscrit, dans le format grand in-folio et d'une écriture aussi belle que compacte et fine, contient plus de 500 pages. Toutes les preuves y sont annexées, et il a été établi pour la présentation à la cour de la comtesse de Crécy.

* La seule branche existante aujourd'hui de la maison de Crécy a longtemps possédé la seigneurie de Chaumergy qui n'a cessé de lui appartenir qu'en 1789.

Jeanne Baliste de la Verne. Il eut huit enfants de son premier mariage, entre autres, Claude-Emmanuel de Crécy, dont l'article suit :

XII. Claude-Emmanuel de Crécy, seigneur de Chaumergy, Chavanne etc. et du château et maison-forte de Montigny, capitaine et commandant du château de Balançon, né le 26 juillet 1621, avait épousé en premières noces, le 2 septembre 1641, Antoinette de Rosières, fille d'Adrien, seigneur de Sorans etc., et de Nicolle de Lallemand ; en secondes noces, le 19 mai 1677, avec dispense de Rome, Anne-Claude de Pardessus, sa cousine, fille de messire Léonard de Pardessus, et de Laurente de Balay ; il eut de son premier mariage, entre autres enfants, Gérard de Crécy, qui suit :

XIII. Gérard de Crécy, seigneur de Chaumergy, Chavanne et du château de Montigny, émancipé par son père, le 18 juin 1666, épousa le lendemain, Claudine de Laborey, fille de messire Charles-Jules de Laborey, chevalier, baron de Salans, et de dame Marguerite de l'Allier, dont il eut huit enfants, notamment Guillaume de Crécy (XIV).

(V. pour la suite *Généalogie de Brehant*, p. 137.)

Extrait des preuves généalogiques de la maison de Crécy.

1507. — Réception de Pierre de Crécy, fils de Jean, seigneur de Blicquy, dans l'ordre de Saint-Jean de Jérusalem.

1548, 31 octobre. — Réception de Henry de Crécy, dans l'ordre de Saint-Jean de Jérusalem.

1628, 11 mars. — Réception de d^lle Elisabeth de Crécy, fille de Henri, et de Anne de Broisy, dans le chapitre noble de Saint-Vaudru de Mons.

1693, 22 mai. — Réception au chapitre noble de Migette de Jacqueline-Emmanuelle de Crécy, fille de Gérard, seigneur de Chaumergy, et de Claudine de Laborey de Salans (seize quartiers).

1702, 6 février. — Réception dans le chapitre noble de Migette de Marguerite-Gabrielle de Crécy, fille des précédents.

1709, 2 janvier. — Réception au chapitre noble de Besançon de Claude-Emmanuel de Crécy, clerc tonsuré, frère de la précédente (seize quartiers).

1718, 25 avril. — Réception dans l'ordre et confrérie de Saint-Georges de Philippe-Paul de Crécy, seigneur de Chaumergy, fils de Guillaume, et de dlle Henriette de Balay (seize quartiers).

1775, 14 février. — Réception au chapitre noble de Migette de Françoise-Louise-Victoire de Crécy, fille de Philippe, seigneur de Chaumergy, et de Victoire-Aimée de Mornay.

1776, 16 avril. — Réception au même chapitre de Migette de Hermandine-Elisabeth de Crécy, sœur de la précédente.

1776, 28 avril. — Réception dans l'ordre et confrérie de Saint-Georges de Ferdinand de Crécy et de Gaspard-Emmanuel, son frère, fils de Philippe-Paul de Crécy, seigneur de Chaumergy, et de Victoire-Aimée de Mornay.

1777, 28 janvier. — Réception au chapitre noble de Baume-les-Dames, d'Emmanuelle-Henriette de Crécy, sœur des précédents.

N° 370 des *Preuves de la maison de Crécy.* — Procès-verbal des 21 avril et 25 août 1786, et réception au chapitre de l'insigne église de Saint Pierre de Remiremont de Mlle Alexandrine-Françoise-Victoire de Crécy, fille de H. et P. seigneur Ferdinand-Denis, comte de Crécy, chevalier, baron de Rye, chevalier de Saint-Georges, et H. et P. dame Anne-Alexandrine du Bois, comtesse de Bours, après avoir fourni les preuves de sa noblesse, tant paternelle que maternelle prouvée de huit quartiers par soixante quatre quartiers suivant la manière accoutumée. Elles restèrent, suivant le règlement, sur le bureau pendant quatre mois, jusqu'au 25 août 1786, lesquels étant passés sans opposition, et les dites preuves ayant été jurées par messieurs les comtes de Sorans, de Brye et de Montjoie, furent acceptées pour bonnes et valables. Ces preuves étaient Crécy et Balay, Marnix et la Fontaine-Solare, du Bois de Bours et Robilliard, Saint-Blimont et Monceaux d'Auxy. Le quartier de Crécy avait été juré plusieurs fois dans ce chapitre et la filiation est remontée par les titres originaux jusqu'en 1246. Celui de Balay avait été aussi juré plusieurs fois dans le chapitre, et la filiation est remontée jusqu'en 1460. Ceux de Mornay et de la Fontaine-Solare avaient été reçus en tige plusieurs fois dans le dit chapitre. Celui de du Bois de Bours (*) est remonté jusqu'en 1399, vivant noble et puissant seigneur, monsieur Jean du Bois, chevalier, seigneur de l'Epinay-Tesson. Celui de Robilliard est remonté jusqu'en 1340, vivant Martin Robilliard, écuyer, seigneur du Bois-Mancelet et de la Métairie. Celui de Saint-Blimont est remonté jusqu'à Olivier, sire de Saint-Blimont, vivant en 1450, et enfin celui de Monceaux d'Auxy est remonté jusqu'en 1500.

1788. Bref de minorité du 30 août 1788 par le Pape et le Grand-

---

(*) Du Bois, maison illustre de Normandie par son ancienneté, ses alliances et ses services. Jean du Bois, chevalier, seigneur de l'Espinay-Tesson. Jean du Bois, chevalier, seigneur de l'Espinay-Tesson, baron de Piron, son fils, était capitaine de compagnies d'hommes d'armes sous Charles V et VI. Sont qualifiés nobles et puissants seigneurs dans les actes. (*Note de M. Amédée Boudin*).

Maître de l'ordre de Malte en faveur d'Emmanuel de Crécy, fils de Ferdinand-Denis, et d'Alexandrine du Bois, comtesse de Bours.

Extrait d'une lettre de M. P. P. de Courcy, auteur du *Nobiliaire et Armorial de Bretagne.*

‹ Saint-Pol-de-Léon, 12 août 1867.

« J'ai sous les yeux le curieux travail que vous venez de publier sur
» votre famille etc. Je regrette toutefois que vous n'ayez pas ajouté à
» la marge les armes d'alliance et à la fin un index alphabétique pour
» faciliter les recherches. Cette omission sera sans doute réparée dans
» le supplément que vous annoncez, et d'ici là vous trouverez quel-
» ques petites rectifications à apporter au texte primitif dont les
» sources ne sont pas également sûres. Ainsi il est difficile que la
» famille de votre grand'mère maternelle maintenue à l'intendance de
» Picardie en 1716 sur preuves remontant à 1539 puisse revendiquer
» le chevalier Geoffroi du Bois du combat des trente avec plus de
» vraisemblance que les quatorze familles homonymes de Bretagne
» qui se l'attribuent à leur tour ; entre autres les du Bois de la Fer-
» ronnière, les du Bois de Couësbouc, et en dernier lieu, mais sans le
» plus léger fondement, les du Bois-Halbran (*Annuaire de Borel de
» 1865*). J'ai donné ailleurs (*Le combat de 30 Bretons contre 30 An-
» glais*. in-4° 1857) les raisons qui militent de préférence en faveur
» des Bois-Orcant ou Coetgourhant. Dans tous les cas Benjamin de
» Montmorency-Bours, cité à la page 189 de votre généalogie, est ab-
» sent des listes des chevaliers des ordres du roi, et c'est la baronnie
» d'Esquancourt, ou d'Equancourt, en Picardie, et non Esquenoust,
» qui a donné le nom à sa branche ainsi que nous l'apprend le P.
» Anselme, t. III, p. 615. »

Beaucoup de nobles remontant bien au delà de 1500, et reconnus comme tels dans leurs provinces respectives, se bornèrent à fournir les preuves strictement exigées pour être maintenus dans leur noblesse, afin de s'éviter par là sans doute de longues et coûteuses recherches, et sans réfléchir que plus tard l'on pourrait leur opposer cette absence des titres antérieurs à 1500 pour contester leur ancienne extraction. Les du Bois de Bours se trouvent dans ce cas, bien à tort certainement, si l'on ajoute foi au procès-verbal de réception d'Alexandrine-Françoise-Victoire de Crécy au chapitre de Remiremont, rapporté plus haut, et dans lequel il est dit : « Celui (le quartier) de du Bois » de Bours est remonté jusqu'en 1399, etc. » Or l'on sait avec quelle sévérité il était procédé à l'examen des titres présentés pour l'admission dans les chapitres nobles, notamment dans ceux de Saint-Jean de Lyon, de Remiremont et de Migette.

Une autre preuve qu'il ne faut pas se fier implicitement, en fait d'extraction, aux arrêts de maintenue, c'est qu'on en voit un certain nombre dans la Réformation de 1668, en Bretagne, qui n'accordent que la simple extraction à des branches collatérales de familles déclarées, à la même époque, de chevalerie et d'ancienne extraction, et auxquelles du reste l'on n'avait jamais disputé ces qualités.

Quant à l'hypothèse empruntée à l'*Histoire généalogique de la maison de Crécy*, qu'un des ancêtres des du Bois de Bours était au *Combat des Trente*, elle était traditionnelle dans cette famille et, je pense, tout aussi fondée que la plupart de celles mises en avant par les nombreux homonymes du nom de du Bois. Mais l'opinion de M. P. P. de Courcy, auteur d'un ouvrage spécial et bien étudié sur la matière, et désintéressé dans la question, mérite d'être examinée sérieusement, bien qu'en somme elle ne soit elle-même qu'une hypothèse, à la vérité plus motivée que les autres.

Généalogie de Brehant, p. 52, l. 24, et p. 69, l. 5, *lisez* : Casteja » au lieu de « Castega. »

Le rameau des seigneurs d'Esquancourt, issu de la branche de Montmorency-Bours, s'est fondu :

1° Dans du Bois de Belhotel, représenté par Guillaume-François Nicolas du Bois, seigneur de Belhotel, descendant de Charles du Bois, chevalier, seigneur de Belhotel et de la Fresnaye, qui avait épousé, en 1613, Marie de Montmorency-Bours, fille de Benjamin de Montmorency-Bours, baron d'Esquancourt, lieutenant général des armées du roi, et de Madeleine le Prevost de Neuville. Guillaume-François-Nicolas du Bois hérita des biens du rameau d'Esquencourt à la mort de Benjamin-Alexandre-César de Montmorency, comte de Bours, baron d'Esquancourt, sans hoirs de Madeleine de Laval ;

2° Dans Crécy, par le mariage, le 15 décembre 1777, de Ferdinand-Denis, comte de Crécy, avec Anne-Alexandrine du Bois de Bours, fille unique et héritière de Guillaume-Nicolas-François du Bois, chevalier, comte de Bours, seigneur de Gueschart.

DE COURTIVRON.

Mi-parti et coupé, au 1er d'azur, à trois compas ouverts d'or ; au 2e d'or, au créquier de gueules. Le coupé d'azur à trois bandes d'or.

La maison de le Compasseur de Courtivron, originaire de la ville d'Elne, en Roussillon, figurait dès la fin de XIIe siècle parmi la principale noblesse de cette province. Elle y possédait en franc-alleu le lieu de Opo ; elle s'est établie successivement en Champagne au XIVe siècle, puis en Bourgogne où elle jouit d'une grande considération. Les terres de Courtivron et de Tarsul furent érigées en baronnie, en

faveur de Claude le Compasseur, par lettres patentes du roi Henri IV
en date du 11 juillet 1595, et en marquisat, en faveur de François-
Bernard le Compasseur, président à mortier au parlement de Dijon,
par lettres patentes de 1618, enregistrées la même année au Parlement
et à la Chambre des Comptes de Bourgogne.

Etat présent de la maison de Courtivron.

De son mariage, contracté en 1812, avec Armande-Constance de la
Pallu, fille du comte Charles-Joseph de la Pallu, aide-major aux gardes françaises, Louis-Philippe-Marie, marquis de Courtivron, député
et maire de Dijon, décédée le 3 janvier 1865 dans sa quatre-vingt-
quatrième année, a eu onze enfants : 1° Charles-Philippe-Marie, qui
suit ; 2° Jules-Marie, comte de Courtivron, lieutenant-colonel de cavalerie, officier de Légion d'honneur, non marié ; 3° Louis-Paul-Marie,
comte de Courtivron, chef d'escadron au 2me lanciers, officier de
la Légion d'honneur, non marié ; 4° Philippe-Joseph-Marie, comte
de Courtivron, qui épousa Mlle Bignon (d'une ancienne famille du
parlement de Paris) dont il a cinq enfants : Roland, Jérome, Pauline,
Mélanie et Marie ; 5° Aynard-François-Marie, comte de Courtivron,
qui épousa Hélène-Marie-Zoé Nayme des Oriolles, décédée le 13 avril
1868, dont il eut : Tanneguy, Pierre et Adèle ; 6° Henri-Charles-Marie,
comte de Courtivron, décédé le 2 mars 1861 ; 7° Aimé-Justin-Marie,
vicomte de Courtivron, lieutenant de vaisseau, chevalier de la Légion
d'honneur. Il a épousé Marguerite d'Auray, fille du comte d'Auray de
Saint-Pois, dont un fils : Henry de Courtivron ; 8° Louise-Philippine-
Marie-Constance de Courtivron, décédée ; 9° Anne-Marie-Clara, mariée au marquis Joseph de Villerslafaye, et décédée le 14 février 1864 ;
10° Marie-Justine-Armande de Courtivron, décédée en 1828 ; 11°
Jeanne-Françoise-Marie de Courtivron, mariée, le 12 septembre 1849,
au comte Raoul de Crécy.

Charles-Philippe-Marie, comte de Courtivron, décédé le 24 mai
1860, avait épousé Delphine de Clermont-Mont-Saint-Jean, dont il
eut : 1° Stanislas, qui suit ; et Fernand, Marie et Berthe. Mlle Marie de
Courtivron a épousé M. de Lisa, officier du génie.

Stanislas, marquis de Courtivron, chef du nom et armes de sa
maison.

XVII° DEGRÉ.

Napoléon-Charles-Bihi de Brehant est l'auteur des ouvrages et
opuscules suivants :

1° *Poésies, Paris, Isidore Pesron*, 1842.
2° *Feuillets détachés d'un voyage en Angleterre*, insérés dans l'A-
beille impériale en 1856, 57 et 58.

3° *Une coïncidence historique*, insérée dans *l'Abeille impériale*.

4° *Antoinette de Pontbriant*, nouvelle, dans *l'Abeille impériale* du 1er juin 1857.

5° *Généalogie de la maison de Brehant, en Bretagne*, Paris, Bachelin-Deflorenne, 1867.

6° *Supplément à la Généalogie de la maison de Brehant*, Paris, Bachelin-Deflorenne, 1869.

On lit dans l'*État présent de la noblesse française* (années 1866, 1868, 1869), publication de la librairie Bachelin-Deflorenne : « Napoléon-Charles BIHI, marquis de BREHAN etc. » L'on a fait à tort de *Bihi*, nom de baptême, un nom patronymique ; il faut donc lire : « Napoléon-Charles-Bihi, etc. »

Bihi est un saint breton, qui a donné son nom à Saint-Bihi, ancienne trève du Haut-Corlay, maintenant commune, et à la seigneurie de Saint-Bihi, en Plélo, entrée dans la maison de Brohant, comme on l'a dit précédemment, par le mariage de Maürille de Brehant, comte de Mauron, avec Louise de Quélen, héritière de la branche de Saint-Bihi.

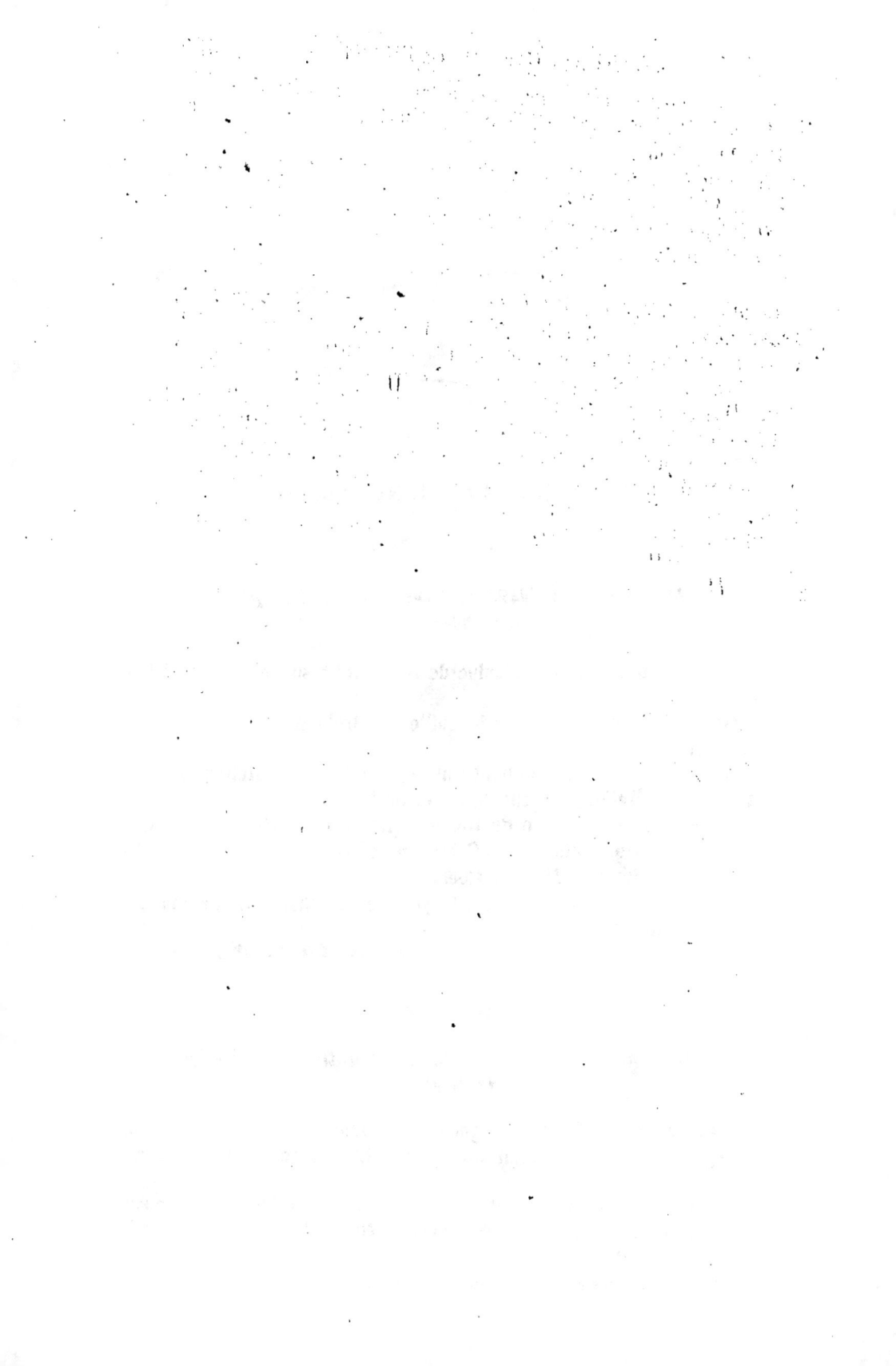

PREUVES N° 28

---

1. BRANCHE DE BREHANT-GLÉCOËT.

IIIᵉ, IVᵉ ET Vᵒ DEGRÉS.

Réformation de 1426 et années suivantes, par. de Brehant-Loudéac.

Perrot Touze, métayèr à Guille de Brehant * à son manoir de Glécoët.

Guille Amproux, métayer à Guille de Brehant à son manoir de la Villeneuve.

Nobles : Edouard de Brehant (IIIᵉ degré); Jehan de Brehant (IIIᵉ degré). Perrot Rallon, sergent de Jehan de Brehant.

1426-27. Nobles : Jean de Brehant (IVᵉ degré); Marguerite Malezieux, veuve de Guillaume de Coëtuhan; Olive de Budogat, veuve de Pierre de Coëtuhan; Alain de Coëtuhan.

1441, 19 novembre. Nobles : Guyon de Coëtuhan, en son manoir de Coëtuhan, etc.

Pris sur le registre original.

VIᵒ DEGRÉ.

*Descendance de Tristan de Rohan-Poulduc ** et d'Adélice de Brehant.*

XV. Tristan de Rohan, seigneur de Poulduc, du Henleix et de Tréaglet, était fils de Jean de Rohan, IIᵉ du nom, et de Fran-

---

* Aucune des généalogies mss. de la branche de *Brehant-Glécoët* ne fait mention de Guille de Brehant, frère aîné peut-être de Jehan de Brehant (III) et qui serait mort sans postérité.

** Voir pour les armes l'*Armorial des familles alliées*.

çoise Leaurons. Il épousa Adélice de Brehant, fille de François, seigneur de Glécoët et de Coëtuhan, et d'Isabeau du Quengo, dont : 1° et 2° Jean et Ives, morts sans alliances ; 3° Louis, qui suit ; 4°, 5°, 6° et 7° Isabeau, Françoise, Catherine et Jeanne, mortes sans avoir été mariées.

XVI. Louis de Rohan, seigneur de Poulduc et du Henleix, épousa, par contrat du 27 décembre 1577, Michelle de l'Hôpital, fille de Gilles, seigneur de la Rouandais, chevalier de l'ordre du Roi, capitaine des gentilshommes de l'évêché de Nantes, et de Jeanne Cadio. Il mourut en 1584, et laissa deux enfants, savoir : Jérôme, qui suit ; et Samsonne, mariée à François Jocet, seigneur de Kerfredoux.

XVII. Jérôme de Rohan, seigneur de Poulduc, épousa, par contrat du 9 décembre 1610, Julienne le Métayer, dont : Isaac, qui suit ; et Anne, mariée en 1638 à Jean de Coëtlagat, seigneur de Clégrio.

XVIII. Isaac de Rohan, seigneur de Poulduc, déclaré noble d'ancienne extraction, et maintenu, avec ses deux fils, dans la qualité de chevalier, par arrêt du 29 janvier 1669, avait épousé, par contrat du 1er juin 1638, Aliénor de Kerpoisson, fille de Jean, seigneur de Kerpoisson, et de Jeanne de Kercabus, de laquelle il eut : 1° Jean-Baptiste, qui suit ; 2° Jean, mort sans enfans de Marie de Trelle, veuve de Pierre-Martin, seigneur de Châteaulon ; 3° Anne, femme de François Borel, seigneur de Lanigry.

XIX. Jean-Baptiste de Rohan, chevalier, capitaine d'une compagnie de l'arrière-ban de Nantes, épousa, le 9 août 1690, Pélagie Martin, dame de Châteaulon, fille de Pierre Martin, et de Marie de Trelle, dont : 1° Jean-Baptiste, qui suit ; 2° Jean-Louis, colonel de cavalerie, et exempt des gardes-du-corps du roi d'Espagne ; 3° Pudentiane, morte sans alliance.

XX. Jean-Baptiste de Rohan, IIe du nom, comte de Poulduc, seigneur du Hanleix, de Kerballot, etc., exempt des gardes-du-corps du roi catholique, et brigadier de ses armées, épousa en 1723 Marie-Louise de Veltoven, fille de Guillaume, grand d'Espagne, colonel de dragons, tué à la bataille de Villaviciosa, et de Louise de Caucubane. De ce mariage sont issus : 1° Marie des Neiges-Jean-Emmanuel, qui suit ; 2° Bonaventure-François-Antoine ; 3° Cyriaque, qui étudiait en 1748 au collège des jésuites de La Flèche ; 4° Jean-Léonard-Gabriel-Raimond, qui étudiait aussi dans le même temps à La Flèche ; 5° Marie-Pélagie-Louise-Gabrielle-Ritte, née le 4 janvier 1724, mariée en 1737 au comte du Groësquer.

Jean-Baptiste de Rohan, compromis dans la conspiration de Pontcallec et condamné à mort par contumace, se réfugia en Espagne, et entra au service du roi catholique, ainsi que son frère Jean-Louis de Rohan.

XXI. Marie des Neiges-Jean-Emmanuel de Rohan-Poulduc, né en Espagne, le 10 avril 1725, chevalier de Malte, le 3 mai 1752, commandeur de Metz en 1756, et de la Feuillée, 1772, puis grand-croix et capitaine-général des galères de l'ordre, proclamé Grand-Maître, le 12 novembre 1775. Marie des Neiges signala son magistère par d'importantes améliorations, et mourut le 13 juillet 1797, après être parvenu à faire réhabiliter la mémoire de son père. Ferdinand de Hompesch lui succéda dans le magistère et fut le dernier Grand-Maître de l'ordre.

« Cette branche (de Rohan-Poulduc), dit la Chesnaye-des.Bois, a
» été autrefois très distinguée en Espagne, elle ne subsiste aujour
» d'hui que dans la personne du Grand-Maître de Malte actuel (1777). »
Il faut conclure de cette citation que les trois frères du Grand-Maître, mentionnés plus haut, sont morts sans laisser de postérité. Une chose bien certaine, c'est que la branche de Rohan-Poulduc est présentement éteinte.

C'est à tort qu'en parlant des compétiteurs au trône magistral après la mort de Marie des Neiges-Jean-Emmanuel, Mr de Fourmont, dans *l'Ouest aux Croisades* (t. 3, p. 377), désigne le bailli Camille de Rohan comme étant le neveu du précédent Grand-Maître. Le prince Camille de Rohan, bailli de l'ordre de Malte, n'appartenait pas à la branche de Rohan-Poulduc ; il était le deuxième fils de Charles de Rohan-Guémené, comte de Rochefort, frère puîné du prince de Guémené, duc de Montbazon.

Descendance de Catherine de Brehant et de François de la Vallée. *

François de la Vallée, seigneur du Roz, était fils de Guillaume de la Vallée, et de Jeanne de la Houssaye, et petit-fils de Pierre de la Vallée, seigneur du Roz, marié à Jeanne de Landujan, héritière de Saint-Jouan, fille de Charles, et de Jeanne de Beaumanoir. François de la Vallée, épousa, vers 1500, Catherine de Brehant, fille de François de Brehant, seigneur de Glécouit, et d'Isabeau du Quengo, dont :

Jean de la Vallée, seigneur du Roz, qui hérita de Saint-Jouan, et eut pour femme Bonne Glé, dont :

Bertranne de la Vallée, l'aînée de six filles, héritière de Saint-Jouan, qui épousa 1° Claude de Rosmadec, seigneur de la Chapelle, dont :

Mathurin de Rosmadec, seigneur de Saint-Jouan ;
2° Charles de Sansay (ramage des comtes de Poitou), seigneur d'Ardenne, dont :

Pierre de Sansay, seigneur d'Ardenne, mort en 1631.

Extrait d'un Armorial mss. de Bretagne du xvii° siècle.

* V. pour les armes l'*Armorial des familles alliées.*

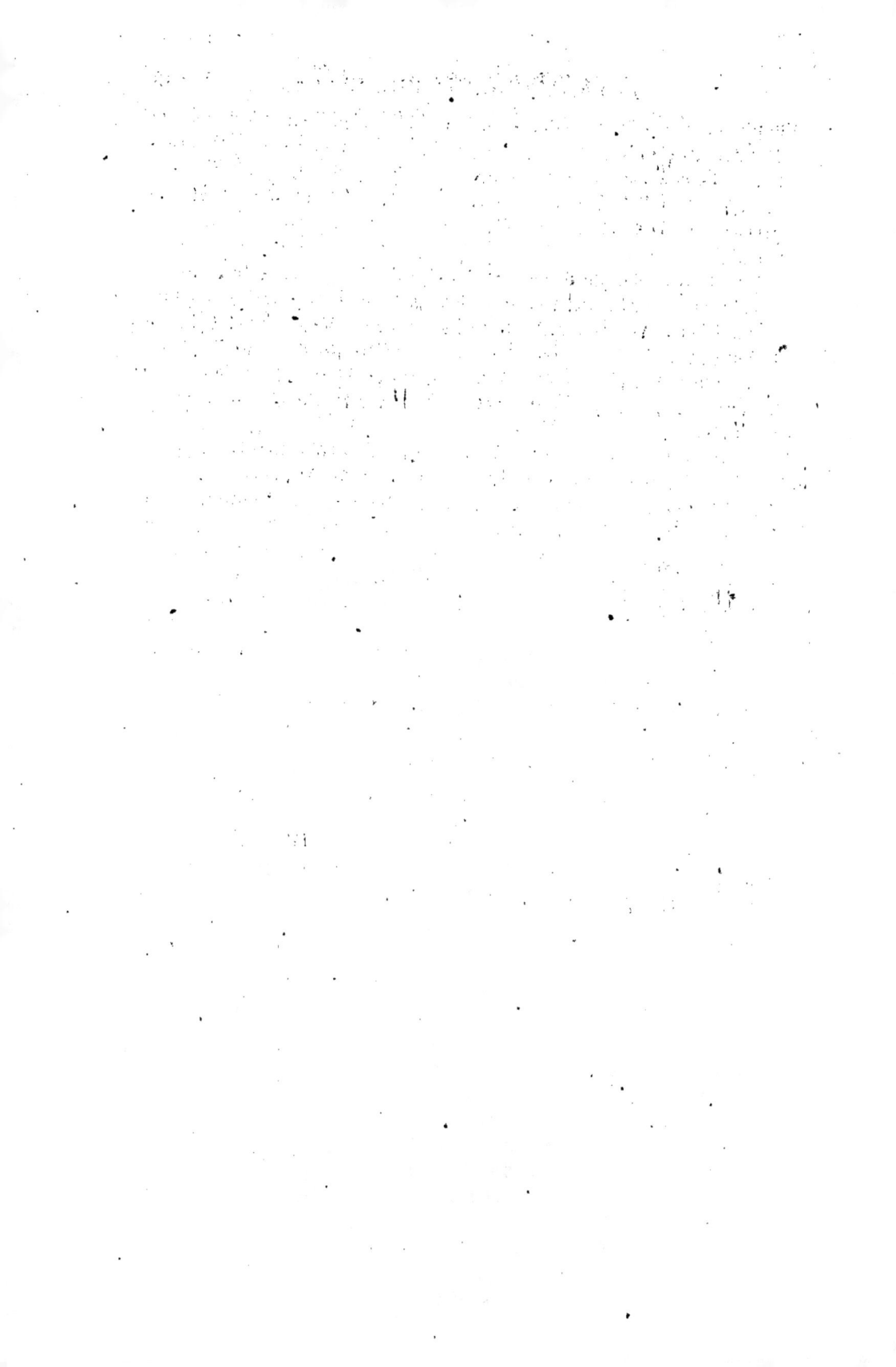

PREUVES N° 29

C. BRANCHE DE LA ROCHE-BREHANT.

Réformations.

IV° DEGRÉ.

1427. Plérin. Nobles : Jean de Brehand. Métairies nobles : la métairie Guillaume de Brehand.

1432. Yffiniac. Nobles : Guillaume de Brehand. Métairies nobles : la Villeneuve à Guillaume de Brehand. Le manoir du Grénier à Guillaume de Brehand.

VI° DEGRÉ.

Descendance de Gillette de Brehant et de Roland Picaud jusqu'en 1668.

PICAUD,

Seigneurs de Tihenri en 1260, de Morfouace, de Quéhéon etc.
Anc. ext. chev. *

Jean Picaud, seigneur de Morfouace, fils d'Eon, vivant en 1470, épousa Perrine de la Rivière, dont ;

Roland Picaud, seigneur de Morfouace, qui, en 1493, contracta mariage avec Gillette de Brehant, fille de Jean de Brehant, seigneur de la Roche, et de Barthelemye Doguet, dont :

Jean Picaud, seigneur de Morfouace. Il partagea ses puînés à viage en 1542, rendit aveu au roi pour sa terre de Morfouace, et épousa Olive Rouault, dont :

Robert Picaud, seigneur de Morfouace. Il épousa Jeanne Botherel,

---

* Voir pour les armes l'*Armorial des familles alliées.*

dont il eut : 1° Jacques, qui suit ; 2° Louis Picaud, seigneur du Goaz, qui eut pour femme Anne Rogier, fille de Pierre, seigneur du Cléyio, et d'Anne de Brehant de la Rivière, dont : Claude Picaud, seigneur du Vertin.

Jacques Picaud, écuyer, seigneur de Morfouace, épousa, en 1620, Louise de Langle, duquel mariage sont issus : 1° Louis, qui suit ; 2° Jacques Picaud ; 3° Joseph Picaud.

Louis Picaud, seigneur de Morfouace, épousa Louise Gabard de la Maillardière, dont :

Louis Picaud.

Les branches de Quéhéon, de Morgand, de la Chauvelière dé Saint-Gouezuon, de la Morinais, de la Pommeraye et de la Ville-bourde datent d'avant le mariage de Roland Picaud et de Gillette de Brehant. Les filiations de ces diverses branches sont rapportées dans la Réformation de la noblesse de Bretagne de 1668, mss. de la Bibliothèque de l'Arsenal.

VII° DEGRÉ.

1524-26. *Extrait du compte du receveur de Lamballe,* f° 7, Mes'in. François de Brehant, sieur de la VilleGautier pour un herbergement.

1535, Meslin. La maison et métairie nobles de la Villegautier que tient François de Brehand, sieur de la Roche. Maison et personne nobles.

(*Arch. des Côtes-du-Nord.*)

VII° DEGRÉ.

1528, 24 janvier. M°° de Brehand, dame de la Motte, femme de Louis du Gouray, seigneur de Launay, reconnait qu'on l'a laissée jouir du rachat dû par le décès de Jean de Queauguen, son premier mari, du tiers des héritages, terres et rentes dont était propriétaire le dit de Queauguen, et ce à raison du douaire de la dite de Brehand (Lamballe, aux hommages classés au Supplément).

1536, 17 mars. Marouè. Procuration par Louis du Gouray et Madeleine de Brehant, son épouse, seigneur et dame de Launay et de la Ville-Gouranton, à Christophe du Gouray pour faire hommage à Monseigneur d'Etampes (Lamballe, au Supplément des hommages).

1536, 1er mai. Aveu de Madeleine de Brehant pour les maisons de Ville-Gouranton et des Portes, en Marouè (Lamballe, 83° B°).

1539, 19 novembre. Aveu de Marguerite de Queauguen, dame de la Ville-Pierre, pour le rachat de Madeleine de Brehant, sa mère. Pièces de terres en Marouè.

1560, 3 mai. Marouè. Minu par Raoul de Queauguen, sieur de la

Motte, pour le rachat de Madeleine de Brehant, pour la Ville-Gouranton, et les portes Gouranton (Lamballe, 79° B⁰, 13).

1583, 6 juin. Hommage de Raoul de Queauguen et de Françoise Jorel, sa femme, sieur et dame de la Motte, pour les maisons des Tronchais, Largentais etc. Plus les maisons des Conches et de la Plesse en Meslin (Lamballe, 22° B⁰, 90).

Assignation à Raoul de Queauguen, sieur de la Motte, pour procéder sur les lettres d'appel prises par Mme de Marugues.

1585, 15 septembre. Assignation au même pour s'entendre condamner à la saisie féodale faute d'aveu.

1592. Minu de Raoul de Queauguen, sieur de la Motte, la Ville-Salmon, et les Tronchais, pour le rachat de Françoise Poullain, dame de la Villebio, sa mère (Lamballe, 135° B⁰, 7. Par. de Morieux).

(Arch. des Côtes-du-Nord.)

GUÉGUEN. *

On lit dans les actes qu'on vient de citer Queauguen, et Gueauguen quelque part dans Ogée, mais l'orthographe de ce nom est Guéguen dans la Réformation de la noblesse de Bretagne de 1668, et dans les divers Armoriaux de cette province. Des six familles de Guéguen mentionnées dans le Nobiliaire de M. P. de Courcy, celle à laquelle appartenait Jean Guéguen, neveu de Guillaume, évêque de Nantes, et le premier mari de Madeleine de Brehant, était éteinte à l'époque de cette Réformation de 1668. Raoul Guéguen en était vraisemblablement un des derniers représentants. Voici, d'après les actes connus, un tableau généalogique des Guéguen à la date du mariage de Jean Guéguen, et postérieurement :

« Guillaume Guéguen vivait en 1410. Il eut pour enfants : 1° Bertrand, qui suit ; 2° Guillaume Guéguen, évêque de Nantes en 1500.

» Bertrand Guéguen. Il épousa Guyonne Gilbert, dont : 1° Jean, qui suit ; 2° Guillaume Guéguen, seigneur du Clos, marié à Françoise de la Villéon, dont : Julien Guéguen.

» Jean Guéguen, seigneur de la Motte, mort avant 1524, épousa Madeleine, fille de Jean de Brehant (VI), seigneur de la Roche-Brehant, et sœur de Thibault, marié en 1543 à Françoise de Sesmaisons. Leurs enfants furent : 1° N*** Guéguen, qui suit ; 2° Marguerite Guéguen, dame de la Ville-Pierre en 1559. »

« N*** Guéguen, seigneur de la Motte, eut pour femme Françoise Poullain, dame de la Villebio, dont :

» Raoul Guéguen, seigneur de la Motte, qui épousa Françoise Jorel. Il vivait en 1560, 1585 et 1592. »

Il existe un acte de 1581, d'après lequel Guillaume Guéguen,

* Voir pour les armes l'Armorial des familles alliées.

seigneur du Clos, eut procès avec Christophe de Sesmaisons et Françoise de Brehant, sa femme, au sujet de l'administration des biens de Bertrand Guéguen et Guyonne Gilbert, ses père et mère, et de la succession de Guillaume Guéguen, évêque de Nantes. Françoise de la Villéon, sa veuve, ainsi que Julien Guéguen, ayant repris le procès, furent déboutés et condamnés aux dépens. L'on doit se borner à cette courte analyse de l'acte de 1551, dont on n'a pu obtenir la communication *in extenso*. On le regrette, car quoiqu'on en ait déjà tiré un utile parti, il contient peut-être d'autres renseignements qui ne seraient pas indifférents à connaître.

Passage d'une lettre de M. le Vicomte de la Fruglaye en date du 4 octobre 1868.

Dans l'extrait des *debvoirs rectoriaux* dus par les paroissiens de Plurien à leur recteur que j'ai lu et copié sur l'original on voit de très curieuses redevances entre lesquelles on lit (l'original est de la main de Jean de la Fruglaye à la date de 1545) :

« Item — le dit recteur a le dozième de laine des bêtes à laine et a
» un denier ; par chacun mesnage de doze toizons on baille au rec-
» teur... ci pour toizons...

» Cette rente est anxienne et bien juste et loyale.

» Item pour chacune trouye qui fait pourceau chacun an et à chacune feste de Pasques........................... IIII deniers ;

» Par chaicun veau qui ait ung an entier........ II d. ;

» Par chaicun poullain que aura pour le masle... II d,

» et pour la femelle.......................... IIII d.

» D'aulcuns disent que c'est le masle qui doit les quatre deniers et
» la femelle deux deniers,

» Par chaicune chièvre que porte chevreau en vie... IIII deniers.

» Item... On aurait accoutumé de chaicun troppeau de brebys
» pour un aigneau au recteur X deniers, s'il y eut plus de neuf ai-
» gneaux. Mais par l'accord fait avec Dom Loys de Brehand, recteur
» de Plurien, pour cet honneur, et les dits parouessiens touchant
» l'accord avec le dit recteur, l'aigneau « ... (quelques mots com-
» plétement illisibles par vétusté sur le registre).

Mais il y a de cet accord une autre trace. Dans la certification des lettres trouvées au coffre de la fabrique de Plurien à une mutation de trésoriers en 1545 on lit : « La transaction faicte entre messire
» Loys de Brehand, recteur de Plurien, et les parouessiens le 19 mai
» 1538 devant Jean Mahé et François des Coûgnets par laquelle l'ai-
» gneau que soulloit avoir le recteur de chaicun troppeau de brebiz
» est acquitté par le parsur de ses debvoirs rectoriaux deu en la ma-
» nière accoutumée. »

Il est évident qu'il est question ici de Louis de Brehant, recteur de Moncontour après 1538. (V. *Généalogie de Brehant* p. 91, et le pré-

sent *Supplément* aux *Additions et Corrections*, Branche de Galinée,
de Mauron et de Plélo, vii° degré).

VIII° DEGRÉ.

1555. Hommage par Thibault de Brehant, sieur de la Roche et du
Val, pour la maison du Val, en Yffiniac, lui advenue de son père
(François), décédé depuis vingt ans (Moncontour, Registre.., F° 94).

1556, 2 juillet. Aveu de Christophe de Sesmaisons et Françoise de
Brehand, sa femme, sieur et dame de Sesmaisons, de la Berrière,
Kermainguy, de Launaye et de Bossiguel, pour la terre de Bossiguel
sous la seigneurie de Moncontour.

(*Arch. des Côtes-du-Nord*).

IX. Guillaume (de Sesmaisons), II° du nom. Il ne vivait plus en
1484. Il avait épousé Marguerite de Goulaine, etc. Il laissa de ce mariage, 1° Jacques qui suit ;

2° Françoise, mariée avec Thibault de Brehand, seigneur de la
Roche-Brehand, et de Launay-Baudoin, dont elle fut la seconde
femme.

Christophe de Sesmaisons (fils de Jacques, et d'Anne Eder de
Beaumanoir) seigneur de Kermenguy, du Questoir etc., avait épousé
Françoise de Brehand, nommée, avec son mari, dans un aveu qu'ils
rendirent à la Chambre des Comptes le 8 juin 1545. Il n'eut que
deux filles de ce mariage, mariées aux deux frères, Nicolas de Lescoët
et Amaury, seigneurs de la Moquelays.

(*Courcelles*, généalogie de Sesmaisons).

XIII. Christophe de Boisgeslin, seigneur de Pontrivily et de la
Ville-Robert, partagea avec Jean, son juveigneur, le 17 mai 1546, et
fit son testament le 19 juin 1561. Il avait épousé Marie de Brehand,
fille de Thibault de Brehand, seigneur de la Roche.

(*Courcelles*, généalogie de Boisgelin).

N. B. Marie était fille, non de Thibault de Brehant, mais bien de
Julien, fils puîné de ce dernier. (V. *Généalogie de Brehant*, p. 114.)

C. C. RAMEAU DE LA RIVIÈRE.

IX° DEGRÉ.

*Descendance jusqu'en 1681 de Marie de Brehant et de Christophe
de Boisgeslin.* *

XIII. Christophe de Boisgeslin, seigneur de Pontrivily, fils d'A-

* Voir pour les armes l'*Armorial des familles alliées.*

10

maury, et de Françoise Conen, qui vivaient en 1507, épousa Marie de Brehant, fille de Julien de Brehant, fils puîné de Thibault de Brehant (VIII), seigneur de la Roche-Brehant, dont :

XIV. Thibault de Boisgeslin, seigneur de Pontrivily, qui épousa Radegonde de Rosmadec, dont il eut : 1º Jean qui suit ; 2º Claude de Boisgeslin mariée, en février 1607, à René de Becmeur, écuyer, fils aîné de Jean, et de Julienne Henry.

XV. Jean de Boisgeslin, Iᵉʳ du nom, épousa Gilonne Martin, dont :

XVI. Jean de Boisgeslin, IIᵉ du nom, vicomte de Mayneuf, président à mortier au parlement de Bretagne, marié, le 4 octobre 1657, à Renée Pépin, fille de René, seigneur du Fretay et de Servigné, et d'Hélène de Brehant, sa première femme. De ce mariage :

XVII. Charles de Boisgeslin, chevalier, vicomte de Mayneuf, seigneur du Clio, de la Rivière-Brehant etc., président à mortier au parlement de Bretagne.

N. B. Gabriel de Boisgeslin hérita de Charles de Brehant par représentation de sa trisaïeule, Marie de Brehant, femme de Christophe de Boisgeslin.

XIIᵉ DEGRÉ.

La terre et seigneurie de Brehant avec celle du Chastellier et plusieurs autres fiefs, dont quelques-uns relèvent du seigneur duc de Mortemart et le reste du roy, sous la baronnie de Fougères, unis et incorporés en un seul corps de jurisdiction, avec création en titre et dignité de Châtellenie, sous le nom du Châtellenie de Brehant, en faveur de Bernardin de Brehant, sieur de la Roche-Vieuxviel, capitaine de cavalerie pour la conservation des côtes de Bretagne, sans néanmoins aucun changement de ressort ni augmentation de droits et devoirs sur les vassaux des dites seigneuries ; et création de deux foires par chacun an, et deux marchés par semaine au bourg de Vieuxviel.

(*Extrait d'un recueil en deux volumes contenant un grand nombre de mandements, et communiqué par Mᵐᵉ O. de la Motte-Rouge.*)

La Branche de la Roche-Brehant possédait dans la paroisse d'Yffiniac, évêché de Saint-Brieuc, la terre de la Roche-Brehant avec moyenne justice ; dans la paroisse de Vieuxviel une autre seigneurie du nom de Brehant avec haute justice.

Réformation de 1668. — Messire Bernardin de Brehant, chevalier

sieur de la Roche, et Louis de Brehand, escuier, sieur du Chastellier, portent : *de gueules au lion léopardé d'argent couronné d'un
chapeau de triomphe.* Déclarés nobles d'ancienne extraction noble,
et maintenus scavoir : le dit Bernardin dans les qualités d'escuier et
de chevalier ; le dit Louis en celle d'escuier, aux rôles des nobles des
jurisdictions royales de Fougère et de Saint-Brieuc par arrêt du
23e mars 1669. *Monsieur de Saliou, rapporteur.*

Messire Bernardin de Brehand, chevalier, sieur de la Roche, a
épousé Anne-Thérèse le Prestre, fille aisnée de messire René le Prestre, sieur de Lezonnet, conseiller de la Cour du parlement, et de
Louise de Lopriac, en novembre 1667. Il est fils aisné de messire
Gilles de Brehand, chevalier, seigneur de la Roche, et de damoiselle
Françoise Boutier de Châteaudacy, avec laquelle il contracta mariage
en 1640.

Il épousa en secondes noces damoiselle de Saint-Gilles. Le dit
Gilles estoit fils aisné de haut et puissant autre Gilles de Brehand,
gentilhomme ordinaire de la chambre du roy, et de damoiselle Phi-
lippette de la Piguelais qu'il a épousée en 1605, qui eut pour sœurs
damoiselle Jeanne de Brehand mariée à messire Charles de la Savonnières, sieur de la Bresteche, et damoiselle Julienne de Brehand
qui épousa nobles hommes Olivier Sorel, sieur de Beauvais. Le dit
Gilles estoit fils de messire Alain de Brehand, chevalier de l'Ordre
du Roy, sieur de la Roche-Brehand, député de la noblesse de l'evesché de Dol avec les sieurs de Langan, de Trémigon, de Maupetit,
pour assister à la Réformation de la Coustume en 1580, qui épousa
en mai 1586 damoiselle Françoise du Chastellier, fille de nobles hommes Raoul du Chastellier, et de damoiselle Claude de la Cervelle. Le
dit Alain eut pour sœur damoiselle Françoise de Brehand qui, en
juin 1543, épousa nobles hommes Christophe de Sesmaisons, sieur
du dit lieu. Il était issu de nobles hommes Thibault de Brehand, sieur
de la Roche et de Launay, de son second mariage en décembre 1543
avec damoiselle Françoise de Sesmaisons, sœur aisné du dit Christophe de Sesmaisons. Il avait épousé en premières noces Anne de la
Garenne. Le dit Thibault eut pour sœur damoiselle Madeleine de
Brehand, femme d'escuier Jean de Guéguen, et il estoit fils aisné de
nobles hommes François de Brehand, sieur de la Roche, et de dame
Jacquemine de la Bouëxière, dame de Launay-Baudoin. Ils estoient
mariés en 1533. Le dit François estoit fils de noble escuier Jean de
Brehand, sieur de la Roche, et de dame Barthelemye Doguet. Le dit
Jean estoit fils de noble escuier Pierre de Brehand, de son mariage
avec dame Isabeau du Boisbouessel. Il donna en 1472 partage à
Amaury son juveigneur, et estoit le dit Pierre fils de Jean de Brehand qui vivoit en 1384. Le dit Jean estoit fils de Geoffroy de Brehand, et le dit Geoffroi fils de Guillaume de Brehand et de Sibille,
dont les actes font mention en 1313.

La preuve porte à près de 400 ans. Les anciens partages sont à

viage, et les Réformations de l'evesché de Saint-Brieuc de 143
1441, 1513 et 1535 y sont employées.

(Mss. de la Bibliothèque de l'Arsenal *.)*

Descendance de Marie-Rose-Julienne de Brehant et d'Augustin Mesnard de Toucheprès **.

XIV. Augustin Mesnard, qualifié *haut et puissant seigneur messire,* chevalier, seigneur marquis de Toucheprès, baron de Château-
mur, seigneur de la Courilière, lieutenant des maréchaux de France
au département du bas Poitou, servit pendant quelques temps dans
les armées du roi et se retira du service pour épouser Marie-Rose-
Julienne, fille de Bernardin de Brehant, seigneur des châtellenies du
Chatelier, de Brehant, de la Roche-Brehant, et de dame Anne-Thérèse le Prestre de Lezonnet. La maison de Brehant, l'une des plus
illustres de la province de Bretagne, tire son origine de Brient de
Brehant, *le vieil,* qui, dans une donation qu'il fit au prieuré de Lehon
environ l'an 1080, se qualifie *Brientensium summus dominus et
eorum primogenitus* (Cartulaire de Marmoutiers). Il fut vicomte de
Podoure, et avait épousé la sœur de *Guildinus,* fille de *Gilon.* De ce
mariage est né :

XV. René-Charles-Bernardin Mesnard qualifié *haut et puissant seigneur messire,* chevalier, marquis de Toucheprès, baron de Château-
mur, seigneur des châtellenies du Chatelier, Brehant et la Roche-
Brehant, conseiller au parlement de Bretagne. Il avait épousé Hélène-
Jeanne des Rondiers (d'une maison qui tire son origine d'Angleterre,
et établie dans l'évêché de Saint-Brieuc en Bretagne depuis 300 ans),
fille et unique héritière de Jean des Rondiers, chevalier, seigneur de
la Villeaumaître et de la Croix, et de dame Catherine de la Marre.
De ce mariage il a eu : 1° Marie-René-Augustin-François-Maxime
Mesnard, né le 3 février 1738, mort en bas âge ; 2° René-Augustin-

---

* Il existe à la Bibliothèque de l'Arsenal deux copies mss. de la Réf. de la
noblesse de Bretagne en 1668. L'une d'elles est beaucoup supérieure à l'autre
en ce qu'elle donne textuellement, avec les arrêts de maintenue, les passages
des *Inductions* des pièces produites par les parties intéressées qui ont rapport
aux filiations. Elle offre d'ailleurs un certain caractère d'authenticité qui man-
que à la seconde copie, ayant appartenu à la Compagnie des Fermiers généraux, pour laquelle elle a été faite. Il y a tout lieu de croire, d'après cela,
qu'elle est, dans sa forme abrégée, la reproduction fidèle de l'original. L'on
doit ajouter pourtant qu'elle est parfois défectueuse sous le rapport de l'orthographe des noms propres et des seigneuries.

** Voir pour les armes l'*Armorial des familles alliées.*

François, qui suit ; 3° Une fille, morte après avoir reçu le baptême.

XVI. René-Augustin-François Mesnard, marquis de Toucheprès, né le 10 juillet 1740, conseiller au parlement de Bretagne, n'est pas encore marié en 1775.

(Gén. de Mesnard de Touchcprès, en Poitou, *la Chesnaye des Bois,* t. 10, p. 92.)

René-Augustin-François Mesnard, vivait encore en 1789 (*Catalogue des gentilshommes de Bretagne* par Louis de la Roque, p. 57). L'on croit qu'il mourut sans hoirs, et que dans sa personne a fini la branche Mesnard de Touchcprès, originaire de Poitou.

PREUVES N° 30

E. BRANCHE DES SEIGNEURS DE LA PLESSE ET DE LA
VILLEHATTE.

IVᵉ DEGRÉ.

Etienne de Brehant est employé dans la Réformation de 1426.
« Planguenoual. Métairies nobles : celle Etienne de Brehant, celle
» Bertrand de Brehant, sieur de Carrivan. »

Vᵉ DEGRÉ.

Extrait du compte du receveur de Lamballe pour les années
1524-26. « Bertrand de Brehant sur sa maison qui fut Guillaume
» Herbert à Planguenoual, xɪᵉ 3ᵈ. »

(*Arch. des Côtes-du-Nord.*)

Vᵒ DEGRÉ.

*Descendance de Jeanne de Brehant et de Guillaume le Pugneix
jusqu'en 1669.*

LE PUGNEIX,
Anc. ext. *

Nicolas le Pugneix, fils de Thomas et de Perrine Rogon, épousa
Marie de la Ville-Marie, dont : 1° Guillaume qui suit; 2° Gillette le
Pugneix, mariée en 1533 à Noël Rouxel.

* Voir pour les armes l'*Armorial des familles alliées.*

Guillaume le Pugneix épousa, vers 1530, Jeanne de Brehant, fille de
Jean, seigneur de la Plesse, et de Marie de la Motte, dont : 1° François
le Pugneix, seigneur de la Motte, mort sans hoirs ; 2° Barthélemy, qui
suit :

Barthélemy le Pugneix, seigneur de la Ville-Héliguen, épousa Marguerite Canel, dont :

Pierre le Pugneix, seigneur de la Motte. Il eut pour femme Catherine Ernault, dont :

Jean le Pugneix, seigneur de la Motte, qui épousa 1°, en 1609,
Claude Visdelou, dont il eut : Georges, qui suit ; 2°, en 1626, Jacquemine de la Motterouge, fille de Jean, et de Julienne de Kerabault,
dont sont issus : Alain le Pugneix, seigneur de la Lande, et François,
Louis, Noël et Jacques le Pugneix, mineurs en 1669.

Georges le Pugneix, seigneur de la Motte.

> (*Réf de la noblesse de Bretagne en 1668, mss. de la
> Bibliothèque de l'Arsenal*).

VI° DEGRÉ.

1563. — Accord de supplément de partage entre Allain Rogon,
seigneur de Trégo, fils autorisé de Bertrand Rogon, seigneur de la
Villebargouët, son père, époux de Marguerite de Brehand, et François
de la Motte seigneur de la Motterouge, garde des enfants de Julien
de la Motterouge, premier mari de Marguerite de Brehand. Par cet
acte il est établi que Marguerite de Brehand eut de son premier mari,
Julien de la Motte, trois enfants, Jacques l'aisné, autre Jacques et
Jehan de la Motte ; que Jacques *le plus vieil, fils aisné*, était héritier principal et noble de son père. Fait au Chemin Chaussée. Tasti-
vend, notaire.

1633-1621. — Contract d'eschange faict entre escuyer Jacques Rogon, sieur de Villehingand, et Marguerite Gaultier, le 10° décembre 1633, *signé*: de Brehand, avec lequel est attaché ung contract
du 26° novembre 1621, *signé*: J. Rogon, P. Boullaire et Costivin.
Cottez ensemble.

1634. — *Extrait* du partage sur l'action et demande intentées en
la cour et baronnye de la Hunaudaye au siége du Chemin Chaussée,
de la part de damoiselle Marguerite Rogon, douairière de la Villehingand, fille et en partie héritière de deffuncte damoiselle Margueritte de
Brehand, vivante dame douairière de la Motterouge et de la Ville-
Bargouet, sa mère, demanderesse à l'encontre d'escuyer Jan de la
Motte, sieur de la Motterouge, héritier principal et noble de la dicte
de Brehand, son ayeule, par représentation d'autre escuyer Jacques
de la Motte, vivant sieur du dit lieu de la Motterouge, son père, fils

aisné de la dicte de Brehand, sa mère, deffendeur en demande de partaige héritel et nobiliaire de la dicte de Brehand etc. Fait et groyé au bourg de la Bouillye en la maison presbitéralle le dix neuviesme jour d'avril mil six cent trente et quatre, et sont les dits actes demeurés au dit sieur de la Ville-Hingand etc. *Signé*: F. de Brehand et Marcadé.

1634. — Attournance de vente faicte au feu sieur de la Ville-Hingand par le sieur du Bas-Courty dn 10 août 1634. *Signé*: F. de Brehand et Ro,.. Marcadé. Cotté K.

1635. — Transaction stipulée entre le dit déffunet sieur recteur de la Bouillye (Julien Rogon) et maistre Jacques Fournier, sieur de Souleville, le 10 juillet 1635. *Signé*: J. Rogon, A. de Brehand. Cotté A.
(*Titres de la Motterouge*).

Extrait d'une lettre de M. le Saulnier de la Cour en date du 12 juillet 1866.

Monsieur, je suis heureux de pouvoir vous fournir les renseignements que vous me demandez. Cela m'est d'autant plus facile que je possède tous les papiers de la famille le Pugneix qui s'est éteinte dans la personne de mon arrière-grand'mère, Florianne le Pugneix de la Chesnays, mariée à M. Themoy de la Cour, dont la fille unique épousa mon grand-père, M. le Saulnier de Vauhello. L'arrêt de noblesse de la famille le Pugneix, vérifié en 1669 au parlement de Bretagne, contient l'article suivant : (Voir Acte de partage de 1539, *Généalogie de Brehant*, p. 204).

J'ajouterai que dans nos arbres généalogiques Isabeau et Jeanne de Brehand sont qualifiées de la Villehatte, de la maison de la Plexe (de la Plesse). Il me paraît probable, Monsieur, d'après la concordance de ces preuves, que Bertrand, Isabeau et Jeanne de Brehand sont issus d'un second mariage de Jean de Brehand, puisque leur mère est mentionnée dans l'acte cité comme sa seconde femme.

Je trouve aussi dans l'arbre généalogique des le Breton de la Hingandays (l'une de mes aïeulles) une Catherine de Brehand de la Villeneuve et de l'Isle, mariée à un Guillaume le Breton, mais je ne puis désigner aucune date. Elle porte pour armes *de gueules à sept macles d'or* ; tandis qu'Isabeau et Jeanne de Brehand portent *de gueules au lion léopardé d'argent*. Veuillez agréer, etc.

LE SAULNIER DE LA COUR *

Les le Saulnier, seigneurs de Callibray, de la Ville-Héliot, de la Cour, etc., appartiennent à une ancienne famille employée dans les Réformations et Montres de 1469 à 1535.

L'absence de M. le Saulnier de la Cour, capitaine de frégate, chargé d'un commandement à Saigon (Cochinchine), chef actuel de sa famille, ne permet pas, faute de renseignements nécessaires, de donner la *Descendance de Barthélemy le Saulnier et d'Isabeau de Brehant*, comme on en avait l'intention.

C'est à tort que M. P. de Courcy, dans son *Nobiliaire et Armorial de Bretagne*, attribue Isabeau à la branche de l'Isle ; elle appartenait à celle de la Plesse et de la Villehatte qui portait : *de gueules au léopard d'argent*.

* Voir pour les armes l'*Armorial des familles alliées*.

PREUVES N° 31

—

F. BRANCHE DE LA ROCHE ET BONNEUIL.

1e DEGRÉ.

Partage de Thibault de Brehant.

1482. — Par céans a dit Thebaud de Brehant, escuyer, parlant par Thomas le Noir advocat, envers et contre noble homme Eonnet de Brehant, seigneur de Belleissue, Beaulieu etc., que puis trente ans derniers noble homme Gabriel de Brehant et noble damoiselle Thomine de la Lande, père et mère desdits Eonnet, et Thebaud de Brehant, en leur vivant seigneurs de Belleissue, de Beaulieu, de la Ville Corbin, sont décédés, et au temps de leur décès avaient, et leur appartenant, grandes richesses, plusieurs et nobles fiefs, seigneuries, rentes et choses héritelles au montement et valeur de mil et cinq cent livres de rentes, au dedans desquels le dit Eonnet de Brehant est fils aisné, héritier principal et noble, et comme tel a envahi et saisi la succession. Et le dit Thebaud estre frère jouveigneur du dit Eonnet, et fondé en la succession pour son droit, portion et advenant, en noble comme en noble, et partable comme en partable à la coutume du pays entre gentilshommes, dit outre le Thebaud que le dit Eonnet a totalement recueilli puis ledit temps la succession de messire Jullien de Brehant, leur oncle paternel, et encore veust avoir tous les chevaux de guerre et harnois de guerre qui furent audit messire Jullien, avec les gages tant ordinaires que extraordinaires luy dûs au temps de son décès, sans luy avoir voulu bailler aucune part, demandant celuy Thebaut rapport et confession de tout ce que dessus. Eonnet de Brehant par Jehan... son avocat, a bien confessé les lignages et hoiries cy dessus allégués, et que celui Thebaut est fondé à avoir et prendre son droit part et advenant en la succession de sesdits père et mère, met empêchement en la demande dudit Thebaud en ...

de portion en la succession de Jullien de Brehant leur oncle; dit le tout d'ycelle, comme succession collatérale luy appartenir, que leur maison par le passé et de toute antiquité est de chevalerie, et s'est toujours gouvernée et maintenue noblement, et comme tel requiert aussi que tout son droit, et part de sesdits père et mère... seulement appartenir... ce qu'il offre de bailler à esgard de personnes et à la coutume pour en jouir ycelui Thebaud tant seulement comme Bienfacteur; quelles choses, alléguées par ledit Eonnet, ont esté convenues et conféssées, greyées, prisées et acceptées d'ycelui Thebaud, pour d'yceluy nombre de livres de rente en jouir, comme dit est, et dez à présent, le dit Eonnet luy a baillé la maison et métairie de la Ville-Corbin ô ses dépendances. Fait et expédié par la Cour de Lamballe aux généraux Plaids le 15º jour d'avril 1482. Bernard passe.

(Arch. de Chabrillan).

VIIIº DEGRÉ.

1583. — Je Anthoine de Brehant, sieur de la Roche, gentilhomme servant la Royne, mère du roy, confesse avoir reçu comptant de Monsieur Raoul Féron, conseiller et trésorier procureur général des Finances de la dite dame, pour ma pension du quartier de janvier, febvrier et mars derniers la somme de trente trois écus ung livre. De laquelle somme je quitte le dit Féron, pour tesmoing mon signe manuel y met. Le IIIIe aoust mil cinq cent quatre vingt trois. *Signé :* Anthoine de Brehant.

1612. Nous Claude de Brehant, vicomtesse de l'Isle, dame de la Royne, confessons avoir reçu comptant de Monsieur Dargouges, conseiller et trésorier général de la dite dame, la somme de six cents livres pour mes gaiges de l'année mil six cent et douze, à cause de nostre dit estat. De laquelle somme nous nous tenons contente et bien payée, et avons quitté et quittons ledit sieur Dargouges par la présente signée de nostre main. A Paris le dernier jour de décembre mil six cent et douze. *Signé :* Claude Brehant. (*Pris sur titres originaux*).

IXº DEGRÉ.

XXVIII. Robertus Harens, filius Bertrandi et Thominæ Gauthier professionem fecit in claustro S. Jacuti 25 Martii 1582 : dein in abbatialem sedem vocatus est fratrum suffragiis 18 Maii 1584, et bullis Grégorii papæ XIII, 5 décembris. Reperitur annis 1586, 1587, 1593, 1599. Decessit in castello Guébriac anno 1600. Post cujus decessum rex Antonio de Brehant, domino de la Roche, abbatiam contulit ab ejus filio Ludovico possidendam.

XXIX. Ludovicus II de Brehant tertium decimum circiter ætatis annum agens, ab Henrico, vi cujusdam Indulti, S. Jacuto, præficitur,

anno 1600. Quem litterarum studiis in urbe Parisina etiam tum in-
cumbentem abbatem nihilominus instituit Clemens papa VIII, cal.
Martii 1603, ea tamen sub conditione, ut tertiam partem reditum abbatiæ reparandis ædibus impenderet. Jam vero Jacobo de Brehant,
domino *de la Bretesche*, abbatiæ administrationem œconomi titulo
occupante, ab eo plurimas molestias monachi passi sunt. Munere
postea Ludovicus semet abdicavit.

(*Gallia Christiana*, volume complémentaire, p. 1073 et suivante,
et V. *Preuves* n° 27, X° degré).

OBSERVATIONS.

La copie des bulles du pape Clément VIII, en faveur de Louis de
Brehant, qui se trouve au *Cabinet des titres*, renferme les mêmes
dispositions que le document du *Gallia Christiana*, et n'en diffère
un peu que par la rédaction. Elle se termine ainsi : *Datum Româ
apud S. Petrum, an. 1603, Kal. Martii, inst. Pontif. an. 13°*

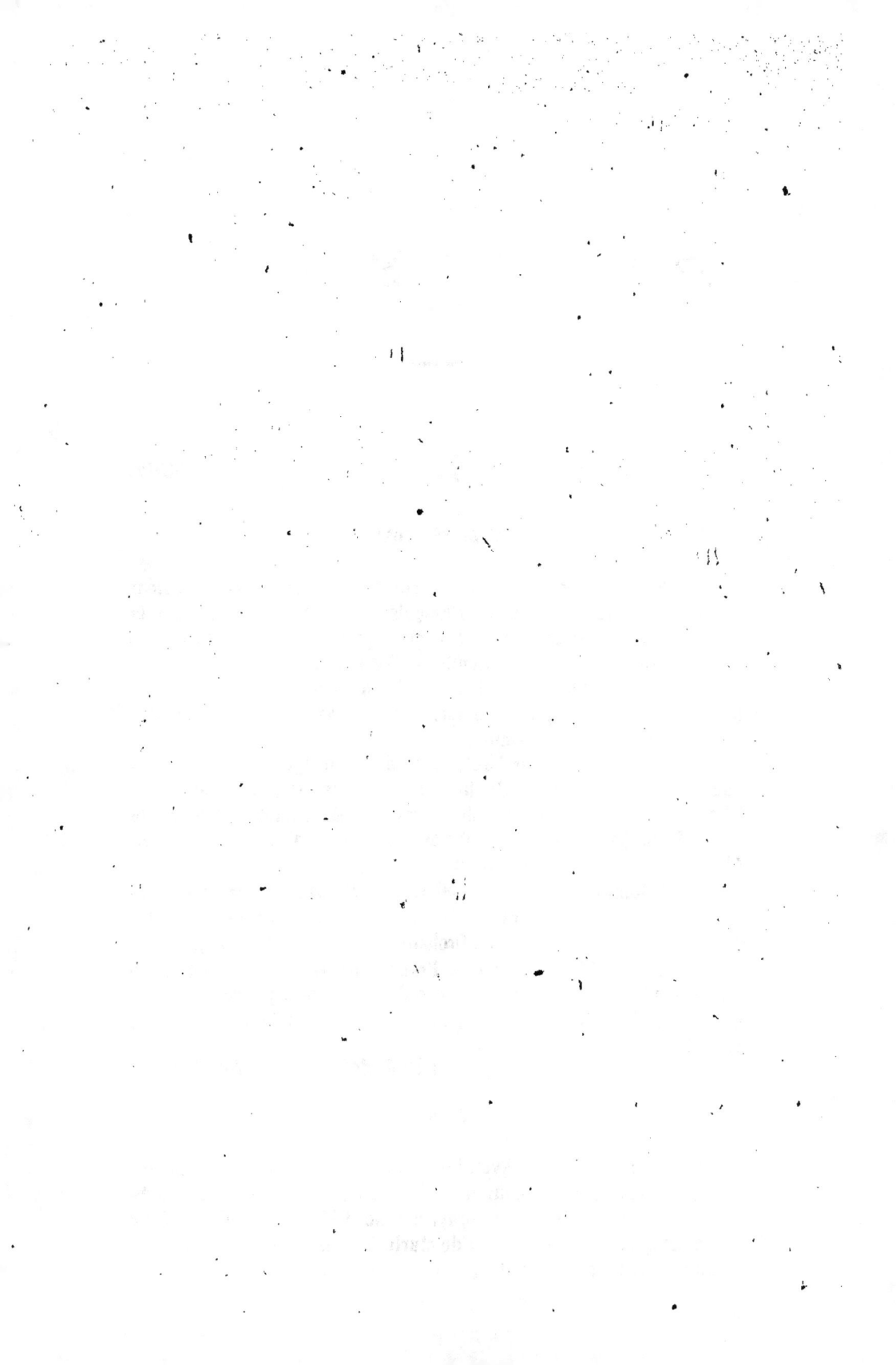

PREUVES N° 32

—

G. BRANCHE DU CHESNAYE, DE LOURME ET DE LA MARCHE.

IX° ET X° DEGRÉS.

1583, 31 mai, Plestan. Aveu de Mathurin de Brehant, écuyer, sieur de la Villeauger, et damoiselle Françoise le Garangier, sa femme, et garde de ses enfants issus de son mariage avec défunte Mathurine Egault, dame du Chesnaye (Lamballe, 33° B°, 112).

1583. Hommages. F° 715. François de Brehant, mari de Mathurine le Borgne, pour une pièce de terre en Plestan qu'il tient par titre successif du père de sa femme.

F° 105. Mathurin de Brehant, sieur de Villeauger, mari de Françoise le Garangier, dame de la Vallée, et comme garde naturel de Thomas de Brehant, sieur du Chesnaye, pour sa femme, la maison de la Vallée-au-Cœur, en Andel, et pour son fils, une pièce de terre en Plestan (Lamballe, Réformation).

1583, 6 juin. Hommage par Mathurin de Brehant, sieur de la Villeauger, comme mari de Françoise le Garangier, dame de la Vallée, et garde naturel de Thomas de Brehant (Lamballe, 22° B°, 90).

1583, 16 juin, Plestan. Aveu de François de Brehant et damoiselle Mathurine le Borgne pour une pièce de terre noble provenant de la succession de Guillaume le Borgne père de la dite dame (Lamballe, 150° B°, 11).

(Arch. des Côtes-du-Nord).

XI° DEGRÉ.

1630, 25 mai, Plestan. Aveu de François de Brehant et de Louise de Lambray, sa femme, pour la maison de Lourme provenant d'échange avec Suzanne de Lambray, femme d'Alain de Brehant, sieur de Launay, et de la succession de Marie Gripon, mère de la dite de Lambray (Lamballe, 151° B°).

1653, 4 février. Penguily. Aveu par demoiselle Charlotte de Brehant, dame de la Ville-Gicquel (Lamballe, 127e Bo, 11).

1653, 1er mai, Plestan. Aveu de Louise de Lambray, femme de François de Brehand, sieur et dame du Chesnaye, pour la moitié de la maison de Lourme (Lamballe, 151e Bo).

1684. Hommage à Penthièvre par Marguerite-Suzanne de Brehand pour la maison de Lourme, avenue de François de Brehand, sieur du Chesnaye, et de dame Louise de Lambray, ses père et mère (Lamballe, Registres. Fo 487).   (Arch. des Côtes-du-Nord).

EXTRAIT *des registres de la paroisse de Maroué.*

1629, 28 septembre ou octobre. — Baptême de Jacques le Baillif, fils de Pierre et d'Anne de Brehant, sieur et dame de la Villerehan.

1632. Baptême de Françoise le Baillif, fille de Jacques et d'Anne de Brehant, sieur et dame de Champorien. Parrain, François de Brehant, sieur du Chesnaye; marraine, Julienne Visdelou.

1642, 3 avril. — Anne de Brehant a été ensépulturée en la chapelle de Saint-Jarhouen.

Réformation de 1668. François de Brehand, escuier, sieur du Chesnaye, Georges de Brehand, escuier, sieur de la Marche, portent de *Gueules à un léopard d'argent.* Déclarés nobles issus d'extraction noble et de qualité d'escuier au rôle des nobles de la sénéchaussée de Rennes par arrêt du 16 avril 1669. *M. Huart, rapporteur.*

François de Brehand, premier défendeur, est fils puisné d'escuier Thomas de Brehand de son premier mariage avec damoiselle Mathurine de Kergu, et ledit Georges de Brehand, autre défendeur, fils aîné d'escuier Michel de Brehand, sieur de la Longvrais, de son second mariage avec damoiselle Olive de Penbroc; lequel Michel estoit aussi fils puisné dudit Thomas de Brehand et de la dite de Kergu, avec laquelle il contracta mariage en 1586. Ledit Thomas étoit fils aîné d'escuier Mathurin de Brehand, sieur de la Villeauger, et de damoiselle Mathurine Egault. Ils vivaient en 1570. Ledit Mathurin fils aîné de Pierre de Brehand, escuier, sieur de la Villebart, et damoiselle Anne Rouxel. Ledit Pierre, fils aîné d'escuier Robin de Brehand, qui vivait en 1504, sieur desdits lieux de la Ville-Auger, de son mariage avec damoiselle Jehanne Radot.

                    (*Mss. de la Bibliothèque de l'Arsenal*).

PREUVES N° 33

H. BRANCHE DE BREHANT DE L'ISLE.

L'on a parlé à la page 62 de la *Généalogie de Brehant* d'un acte de 1460, dont il est fait mention dans une *Généalogie manuscrite des seigneurs de l'Isle du nom de Brehant*, conservée au Cabinet des titres, et d'après lequel l'attache de cette branche cesserait d'être douteuse. Voici le passage de ladite Généalogie qui s'y rapporte :

« Anthoine de Brehand (III), seigneur de l'Isle, épousa Jeanne de » Couvran, fille de Jean, et de Margilie de la Roche-Rousse. Il vendit, » par acte du troisième aoust 1460, la plus grande partie, maisons » et terres de la Villegaudu à Pierre de Beaulieu. Cette Villegaudu » estoit l'ancien partage de Sybille de Tournemine, dont il en était » échu partye pour le partage de son aïeul. »

Cet acte de 1460 n'a pas été retrouvé, et l'on en ignore la teneur. Il est question du fief de la Villegaudu dans le *Partage de 1301*.

L'attache des seigneurs de l'Isle, du nom de Brehant, aux autres branches de la famille n'est pas douteuse, selon nous, quand, suivant les actes et les Réformations de 1513 et 1535, on les voit possessionnés sur le même territoire et souvent aussi dans les mêmes paroisses que celles-ci, notamment dans Yffiniac, Maroué, Plestan et Trédaniel. Mais leur principale résidence, surtout avant le mariage de Jean de Brehant avec l'héritière du Rouvre et du Boisboissel, était la paroisse de Plœuc, où sont situées les terres de l'Isle et de Saint-Eloy qu'ils possédaient, la première, dès l'époque de la Réformation de 1426; la seconde, avant 1435.

IIIᵉ DEGRÉ.

1435, 20 juin, Plœuc. Minu par Antoine de Brehant pour les héritages lui advenus par le décès de Jehan la Moënne. L'hôtel qui fut audit Jehan (Moncontour, 77ᵉ Bᵉ, 3).

11

1437, 22 mai. Hommage pour le même objet (48ᵉ Bᵒ, 7).

(Arch. des Côtes-du-Nord.)

1498, 21 décembre, Landehen. Aveu de Pierre de Brehant, sieur de l'Isle, et Antoine son fils, sieur des Haies (Lamballe, 125ᵉ Bᵒ, 7).

(Arch. des Côtes-du-Nord.)

Vᵒ DEGRÉ.

1538, 11 octobre, Landehen. Aveu d'Antoine de Brehant, seigneur de l'Isle et des Hayes. Maison des Hayes (Lamballe, 125ᵉ Bᵒ, 7).

(Arch. des Côtes-du-Nord.)

1550. Aux hommaiges generalles de hault et puissant seigneur Jehan du Quellenec, baron de Pont, vicomte du Faou, sire du Quellenec de Rostrenen, Fymac, la Ville-Pépin, etc. à cause de sa terre et seigneurie dudit Fymac tenue en la ville dudict Fymac par le dict seigneur baron, présents et à ce assistants messire Jehan Bocquet, sieur de Gruaztourmont, seneschal de la court dudict Fymac, messire Jacques de Launay, seigneur dudict lieu, messire Franczoys de Saint-Meloir, seigneur de la Villehouellan, et messire Jehan Bocquel, sieur de la M..., procureur de la court, a comparu Bertranz de la Villéon, escuyer, seigneur des Marais, mary espoux de damoiselle Jehanne de Brehant, sa femme espouze, quel s'est présenté à la féaulté et hommaige dudict seigneur par cause des héritaiges terre et rente que ladicte de Brehant tient et chascune dudict seigneur en la jurisdiction dudict Fymac, à elle avenuz de droict subcessiff, de quoy a esté le dict de la Villéon receu sauff le droict de ceste part et d'aultruy en tout réservé, et par le serment de fidélité que ledict de la Villéon audict nom a faict ès mains dudict seigneur à iceluy tenir jouxte la coustume du pays, et des choses dont ledict de la Villéon audict nom tient soy présenter à ladicte féaulté, a permis en bailler tenue et desnombrement par escript ès mains dudict procureur dedans troys moys prochains à peine de saisie. Faict et expédié par la cour dudict Fymac et ausdictz hommaiges, le cinquiesme jour de may l'an mil cinq centz cinquante..... de la Villéon.

N. B. Le mot *fidélité* qui dans le cours de la pièce est mis en surcharge est approuvé à la fin de la pièce :

« De fidélité approuvé.... le Forestier. »

« Dubouesbilli. »
(Communiqué par M. du Cleuzieu.)

X° DEGRÉ.

Descendance de Claude de Brehant et de François du Tronchay. *

François du Tronchay, seigneur de Martigné, au Maine, Grand-Audiencier de France, épousa, le 21 juin 1642, Claude de Brehant, fille de Jean, vicomte de l'Isle, et d'autre Claude de Brehant, fille d'Antoine, seigneur de la Roche et de Bonneuil, et de Catherine de Reilhac, dont :

Louis du Tronchay, seigneur de Martigné et de la Tour-Aubegue. Il épousa, par contrat passé le 23 décembre 1670, Renée Huault de Bussy, dame et marquise de Vayres, fille unique de Pierre, comte de Bussy, marquis de Vayres, au diocèse de Sens, gentilhomme de la Chambre, lieutenant général des armées du roi en 1652, mort le 14 février 1662, et d'Anne de Pisseleu de Heilly, comtesse de Jouy, fille de Léonor de Pisseleu et de Marie de Gondi. Elle appartenait à l'ancienne maison de Pisseleu qui avait compté parmi ses membres Jean de Pisseleu, chevalier, fauconnier du roi en 1342, et Anne de Pisseleu, duchesse d'Etampes, qui a joué un rôle célèbre sous le règne de François 1er.

Sont nés du mariage de Louis du Tronchay et de Renée Huault de Bussy : 1° Renée-Françoise, qui suit ; 2° Geneviève du Tronchay de Vayres, mariée, le 14 février 1695, à Godefroy du Chaussecourte, seigneur et comte de l'Espinasse et de Gartempe, sans hoirs ; 3° Jean-Paul du Tronchay, seigneur et marquis de Vayres, qui épousa, le 4 septembre 1718, Anne Aubourg de Boury, fille de Guillaume, marquis de Boury, Grand-Audiencier de France : 4° Jean-Louis du Tronchay qui embrassa l'état ecclésiastique.

Renée-Françoise du Tronchay de Vayres, fut mariée, le 10 août 1690, à Charles-François du Pouget, marquis de Nadaillac, baron de Saint-Pardoux et de Saint Symphorien etc., fils de François, et de Françoise de Douhet, baronne de Saint-Pardoux, dont :

Jeanne-Renée du Pouget de Nadaillac. Elle épousa, le 20 décembre, 1717, Marc-Antoine de la Lotte, chevalier, seigneur du Masgelier, en Limousin, fils de Philippe, et de Marie Roux de Masbalen, dont : 1° Marie-Geneviève, née le 7 mars 1719, mariée le 5 mars 1739, à Jean-François de la Marche, seigneur de Puiguillon, fils de Jean, et de Marie de la Celle ; 2° Marie, née le 18 octobre 1721, qui épousa Melchior de Villemoune, seigneur de la Ribe ; 3° Jacques de la Lotte, né le 4 janvier 1723, chevalier, seigneur du Masgelier, marié à Antoinette-Victoire-Angélique Chastelain de Poix, dont : **A.** Elisabeth-Marie, née le 31 octobre 1768, chanoinesse de Neuville ; **B.** Hortense-Marie-Victoire, mariée le 20 mars 1787, à Louis des Roches de Chas-

* Voir pour les armes *l'Armorial des familles alliées.*

say, seigneur du Peux, en Poitou, mort en émigration (Des Roches de Chassay fondu dans de Brie de Soumagnac) ; **C.** Angélique, dame du Masgelier, née le 21 décembre 1769, morte le 30 avril 1847, dernière représentante de la maison de la Loüe. Elle avait épousé, 15 septembre 1788, son cousin-germain, Pierre-Charles-Auguste de Bremond, comte de Bremond, frère cadet de Pierre-René-Auguste, marquis de Bremond d'Ars ; 4° Marie-Catherine de la Loüe du Masgelier, née le 14 août 1732, et mariée le 5 novembre 1758 à Pierre, comte de Bremond d'Ars, baron de Dompierre et d'Orlac etc., fils de Jacques-René, baron de Dompierre-sur-Charente, de Saint-Fort-sur-Né etc., et de Marguerite-Mélanie du Bourg, héritière de la branche des du Bourg établie en Saintonge, et de la maison de Meaux, dont était Giffart de Meaux à qui Saint Louis permit de prendre un écusson *d'argent à 5 couronnes d'épines* pour avoir apporté en France la sainte Couronne d'Epines de N. S. J. C. De ce mariage est issu :

Pierre-René-Auguste, marquis de Bremond d'Ars, né en 1759, chef du nom et armes de sa maison, député de la noblesse de Saintonge aux Etats généraux de 1789, mort le 25 février 1842. Il avait épousé, le 20 janvier 1785, Marie-Jeanne-Elisabeth de la Taste dont il eut trois fils qui ont chacun formé un nouveau rameau :

1° Josias, marquis de Bremond d'Ars, qui épousa mademoiselle de Baulons, dont, entre autres enfans, Guillaume, général de brigade, commandeur de la Légion d'honneur et du Medjidié. Il a fait les campagnes de Crimée, d'Afrique, du Maroc, d'Italie et du Mexique ;

2° Théophile-Charles, comte de Bremond d'Ars, baron de Dompierre et d'Orlac, général de brigade, chevalier de Saint-Louis, commandeur de la Légion d'honneur, ancien inspecteur général de cavalerie. Il a fait avec distinction les campagnes du premier empire, et a épousé mademoiselle de Guitard de la Borie, dont : **A.** Anatole-Marie-Joseph, vicomte de Bremond d'Ars, marquis de Migré, comme ainé de la IIe branche de sa maison, ancien sous-préfet de Quimperlé, chevalier de la Légion d'honneur, marié en 1862, au château de la Porte-Neuve (Finistère), à mademoiselle Elisabeth Arnaud, dont : 1° Hélie-Marie-Joseph-Josias-Alon-Guillaume né à Nantes, le 8 décembre 1866 ; 2° Josias-Marie-Joseph-Théophile-Pierre, né à Nantes, le 10 mars 1869 ; **B.** Gaston-Josias, capitaine au 5e lanciers, marié en 1866, à mademoiselle de Lur-Saluces ; **C.** Marie-Renée, mariée en 1848 (contrat signé de M. le comte et madame la comtesse de Chambord et madame la duchesse d'Angoulême) à Stanislas de Baderon de Thésan, baron de Maussac, marquis de Saint-Geniez, petit-fils du comte de Bourdeille ; **D.** Elisabeth ;

3° Les enfants de Jules-Alexis, vicomte de Bremond d'Ars, baron de Saint-Fort-sur-Né, marié à mademoiselle de Sartre, dont plusieurs enfans, et décédé en 1838.

L'on doit mentionner aussi :

Les enfants de Gustave-René-Antoine, comte de Bremond, mar-

quis du Masgelior en Limousin, mort en 1849. Il avait épousé
mademoiselle d'Abzac.

DE BREMOND D'ARS.

D'azur, à l'aigle éployée d'or au vol abaissé, languée de gueules,
Devises. — *In fortuna virtutem.* — *Nobilitas est virtus.*

Léon de Beaumont, évêque de Saintes et neveu de Fénelon, a écrit
l'histoire de la maison de Bremond d'Ars, qui a pour auteur certain
Guillaume de Bremond, seigneur de Palluaud, en Angoumois, vivant
à la fin du X⁰ siècle.

Il serait trop long d'énumérer les services et les alliances de cette
antique race de chevalerie, partagée dès le siècle suivant en plusieurs
branches dont les principales furent les sires de Montmoreau, premiers barons d'Angoumois, qualifiés princes ou hauts barons (*proce-
res*); les seigneurs de Sainte-Aulaye, d'Ars, de Balanzac et de Vaudoré, en Périgord, Angoumois, Saintonge et Poitou.

Nicolas Alain, historien du XVI⁰ siècle, cite les Bremond avec cet
éloge: *Sua et Avorum virtute clari*: appréciation rappelée par
d'Aguesseau dans la maintenue de 1667: « Les Bremond, dit le juge-
» ment, ont adjousté à leur ancienne noblesse des services si illustres
» que leur *immémoriale* possession ne peut leur estre contestée. »

En effet cette maison compte un grand nombre de chevaliers morts
les armes à la main dans nos principales guerres à toutes les époques,
aux croisades, à Nicopolis, à Crécy, à Azincourt, etc; des officiers
généraux, gouverneurs de province, commandants et députés du ban
de la noblesse, des conseillers d'État, chambellans, maîtres d'hôtel,
panetiers, gentilshommes du roi, un ambassadeur du roi d'Angleterre
à Rome en 1183, un archevêque de Bordeaux, Hélie de Bremond, élu
en 1361 ; des chevaliers du Camail, de l'Ordre du roi, de Malte, de
Saint-Louis, etc. ; des chanoinesses de Metz; des marins distingués,
entre autres, Charles de Bremond, marquis d'Ars, le jeune et intrépide
commandant de *l'Opale*, tué à bord de cette frégate, le 10 janvier
1761, dans un brillant combat livré contre les Anglais sur les côtes
de Bretagne. (V. *Notice biogr.* par M. A. de Barthélemy dans la
Revue de Bretagne et Vendée.) Rappelons également que le 14 août
1532, à Rennes, à la cérémonie de son couronnement comme duc de
Bretagne, le jeune dauphin fils de François 1ᵉʳ, arma chevaliers son
premier panetier, Charles de Bremond, baron de Balanzac, son écuyer le seigneur de la Roque, et Claude de Malestroit, seigneur de
Kaër (V. *Th. Godefroy*, et *D. Morice*, t. III, col. 1007).

Catherine de Bremond, sœur du baron de Balanzac, et femme
d'Artus de Vivonne, était grand'mère de la célèbre Catherine de

Vivonne, marquise de Rambouillet. Enfin l'on peut lire dans les bio-
graphies les articles consacrés aux principaux personnages de cette
famille, tels que Charles, baron d'Ars et du Chastellier, gouverneur
d'Angoumois et Saintonge sous Henri III; Josias, son fils, illustre
par 75 années de services militaires et sa fidélité à la cause royale;
Jean-Louis, marquis d'Ars et de Migré, l'héroïque défenseur de Co-
gnac pendant la Fronde etc., etc. L'on doit ajouter que Marie-Fran-
çoise-Mélanie de Bremond d'Ars, fille de Pierre de Bremond d'Ars
et de Marie-Catherine de la Lotte du Masgelier, fut reçue chanoinesse du chapitre de Saint-Louis de Metz, le 11 octobre 1782, sur
preuves faites devant Chérin.

Pour plus de détails, voyez : H. de Fourmont, l'*Ouest aux Croisades*, t. III, p. 302, et p. 312 pour la maison de Meaux en Brie
éteinte dans la maison de Bremond d'Ars.

Le marquis de Saint-Goniez-Thésan appartient à une ancienne
famille du Languedoc connue depuis le XIII° siècle, mais que la tradition dit originaire de Bretagne. On trouve effectivement des Baderon près de Dol au XI° siècle; puis ils disparaissent tout-à-coup,
ce qui confirmerait l'opinion d'une émigration dans le midi de la
France.

XI° DEGRÉ.

Réformation de 1668. — Messire Louis-Antoine de Brehand, chevalier, sieur comte de l'Isle, originaire de l'evesché de Saint-Brieuc,
messire Jacques-Claude de Brehand, son fils aîné, et Louis-Antoine
de Brehand, de son mariage avec dame Marie Lebrun, portent *de
gueules à sept macles d'or*, 3. 3. 1.

Déclarés nobles issus d'ancienne extraction noble; et le dit Louis-
Antoine de Brehand, et son fils aîné, maintenus dans les qualités
d'escuier et de chevalier, le dit puisné en celle d'escuier, au rôle
des nobles de la juridiction de Saint-Brieuc, par arrest du 10 novembre 1670. *Monsieur de Langle*, rapporteur.

Eon de Brehand, sieur de l'Isle, employé dans la Réformation de
1426, eut pour fils Antoine de Brehant, lequel épousa demoiselle
Jeanne de Couvran, duquel mariage issurent Pierre de Brehand et
demoiselle Jeanne de Brehand, sa sœur puisnée, compagne d'escuier
Jean le Forestier, à laquelle il donna partage en 1475. Le dit Pierre
qualifié de noble escuier, seigneur de l'Isle et de Couësquélon, épousa
demoiselle Jeanne Boudart. Ils vivaient en 1501, et de leur mariage
issurent Antoine et Jean de Brehand, et demoiselle Catherine de
Brehand, compagne de noble homme Robert de Quillivala sieur du
Bé. Le dit Antoine de Brehant, sieur de l'Isle, épousa demoiselle
Marie du Parc, dont issut Pierre de Brehant, sieur de l'Isle, qui fut
père d'Antoine de Brehand, III° du nom, aussi sieur de l'Isle et

Couësquélen, qui épousa demoiselle Radegonde des Deserts, et de ce mariage issut noble et puissant Thibault de Brehand qui, en octobre 1560, épousa demoiselle Isabeau de Turnegoüt, sieur et dame de l'Isle et de Couësquelen, desquels issurent Jean, Julienne et Marguerite de Brehant; la dite Julienne mariée à Pierre Conon, sieur de la Ville-l'Evesque, et la dite Marguerite à escuier Jacques de Beaufurel. Ledit Jean qualifié de noble et puissant Jean de Brehand, sieur vicomte de l'Isle et de Couësquelen, épousa demoiselle Jacquemine du Rouvre, dont issut autre noble et puissant Jean de Brehand, sieur de l'Isle et de Couësquelen, le Boisbouxel et le Rouvre, gentilhomme ordinaire de la chambre du roy, qui épousa en novembre 1598 demoiselle Claude de Brehand, fille de messire Antoine, chevalier, sieur de la Roche, escuier ordinaire de l'escurie du roy, capitaine du chasteau et bastille de Paris, et de dame Catherine de Reilhac, dame d'honneur de la reine. De ce mariage sont issus le dit Antoine-Louis de Brehand, et demoiselle Claude de Brehand qui, en juin 1642, a épousé messire François du Tronchay, sieur de Martigné, conseiller du roy en ses conseils d'Estat et privé, secrétaire de Sa Majesté, maison, couronne de France et de ses finances, et grand audiencier de France. Le dit messire Louis-Antoine de Brehand, chevalier, comte de l'Isle, deffendeur, a eu de son mariage avec ladite dame Marie Lebrun, les dits Jacques-Claude et Louis-Antoine de Brehand, ses enfants.

Le gouvernement est d'assise, les anciens partages sont à viage joints aux réformations de 1426, de 1513 et de 1535.

(*Mss. de la Bibliothèque de l'Arsenal.*)

Cette Induction est complète en ce qui concerne la filiation utile de la *Branche de Brehant de l'Isle* jusqu'à la Réformation de 1668; mais, comme on le voit par la *Généalogie de Brehant* et les divers documents insérés aux *Additions et corrections* du présent *Supplément*, l'on a omis plusieurs de ses membres, dont la mention n'a sans doute pas été jugée nécessaire.

1712. Aveu de Louis-Antoine de Brehant pour les maisons de la Vigne, du Bosq-Moisan, de la Porte-Philippe, en Brehant-Moncontour; de la Noü, en Plémy; de l'Isle, de la Villerouxin, en Plœuc etc. (Moncontour).

(*Arch. des Côtes-du-Nord.*)

XIII° DEGRÉ.

1738, 1er mars, Landehen. Minu de Marie-Jacques de Brehant pour le rachat de Louis-Antoine de Brehant pour la métairie noble des Hayes etc. (Lamballe, 124 B°, 5).

1742, 27 janvier. Autre minu du même pour la même cause. (Moncontour, 48 B°, 6).

(Arch. des Côtes-du-Nord.)

XIII° DEGRÉ.

1764, 21 novembre. Minu de Pierre Mahoudeau, sieur de Botimini, procurateur de Françoise-Jeanne Taschereau, veuve de Marie-Jacques de Brehant, pour le rachat de ce dernier. Château de l'Isle etc. en Plœuc (Moncontour, 14° B°). La métairie et la dîme des Hayes en Landehen (Lamballe, 121° B°).

1764, 22 novembre. Sentence sur l'aveu du 10 janvier 1713 rendu par Marie-Jacques de Brehant, maréchal des camps et armées du roi et inspecteur général, contre George-Claude Hérisson, tuteur honoraire de Madeleine-Angélique de Brehant, fille unique du dit Marie-Jacques, pour la maison des Hayes en Landehen (Lamballe, Réf., f° 291 de l'inventaire).

(Arch. des Côtes-du-Nord.)

Extrait des Registres des sépultures de l'église royale et paroissiale de Saint-Paul pour l'année 1765.

Le mercredi 30 mai est décédé, rue de l'Egout, haut et puissant seigneur Marie-Jacques, marquis de Brehant, seigneur vicomte de l'Isle, seigneur du Boisboissel et autres lieux, et en partie de la ville de Saint-Brieuc, maréchal des camps et armées du roi, inspecteur général d'infanterie, chevalier de l'ordre royal et militaire de saint Louis, âgé de 49 ans, et a été inhumé le vendredi, 1er juin, dans la cave de la nef de cette église par nous soussigné curé, en présence de messire George-Claude Hérisson, cousin germain ; messire Nicolas-Charles de Malon, chevalier, seigneur de Bercy, Conflans, Charenton et autres lieux, conseiller du roi en ses conseils, maître des requêtes honoraire, beau-frère ; et de messire André Potier de Novion, conseiller du roi en tous ses conseils, président honoraire en sa cour du Parlement de Paris, aussi beau-frère maternel, qui ont signé. Collé à l'original et délivré par nous prêtre et vicaire de Saint-Paul à Paris, ce 20 février 1765. Signé: P. Chémery.

N. B. Le marquis de Brehant (Marie-Jacques), né en 1716, est mort relativement jeune pour un officier général, et c'est ce qui explique pourquoi il n'était pas lieutenant-général au jour de son décès. Voir la Chronologie historique et militaire de Pinard, et l'article que M. Levot lui a consacré au t. 1er p. 180 de la Biographie bretonne.

Réformations. Enquête du 9 avril 1426. Trové. Eon de Brehand, demeurant à l'Isle-Marrec, métairie ancienne.

1426, 7 octobre. Plœuc. Nobles : Eon de Brehant. Métairies nobles : celle Eon de Brehant.

I. RAMEAU DE SAINT-ELOY.

V° et VII° DEGRÉS.

« Guillemette le Mintier, fille de Guillaume le Mintier, III° du nom,
» seigneur des Granges, et de Marie de la Roche, des seigneurs de
» la Roche et de la Touche-Trébry, fut mariée en 1483 à Bertrand de
» Brehant, chevalier, seigneur de Saint-Eloy, capitaine de 100 hom-
» mes d'armes, et gouverneur de Penthièvre et de Moncontour,
» nommé curateur de Jean le Mintier, son neveu, en 1497. Guille-
» mette reçut son partage le 17 juin 1498. »

Branche dont la jonction n'est pas connue.

« Thomas le Mintier, Ier du nom, écuyer, épousa Jeanne de Bre-
» hant, dont :
» François, qui épousa Françoise Allès, dont : Thomas, II° du nom,
» qui épousa Perrine le Grouël, dont : Christophe, qui épousa 1°, en
» 1626, Jeanne Berthelot ; 2° Perronnelle le Meur ;
» Philippe, qui fut maintenu dans sa noblesse, le 6 juillet 1669. »
(*Bibliothèque impériale. Suppléments français*, n° 4096, f° 3,
p. 510).

Le premier de ces articles se trouve pareillement mentionné dans
les *Archives généalogiques et historiques de la noblesse de France
par Lainé.*

VIII° DEGRÉ.

1498, 24 mai. Afféagement par Tristan de Brehant, seigneur de
Saint-Eloy à Estienne Mahout, tenue en Plœuc (Dossier de la terre de
Saint-Eloy, art. 20).

1538, 4 octobre, Plœuc. Aveu par René de Brehant, seigneur de
Saint-Eloy, pour la porte Saint-Eloy (Moncontour, 80° B°, 11).

1555. Hommage de René de Brehant, sieur de Saint-Eloy, pour
Saint-Eloy, les Hayes et Bienassis en Plœuc (Moncontour, Reg., f° 78).
(*Arch. des Côtes-du-Nord.*)

1559, 4 janvier. — François de Brehant, seigneur de Saint-Eloy,
tient sur les fonds de baptême, et comme procurateur de Jehan de
Bretagne, comte de Penthièvre, Jeanne, fille de noble Pierre le Va-
vasseur, et de Jacquette Halna, sieur et dame de Pontili, (*Extrait
des registres de la ville de Lamballe*).

x^e DEGRÉ (selon la rectification).

L'EVESQUE, SEIGNEUR DE LANGOURLA *.

Florent l'Evesque, seigneur de Langourla, épousa Anne de Brehant, dame de Saint-Eloy, dont :

1° Louis l'Evesque, seigneur de Langourla, marié à Marguerite de
Baud ;

2° Jacques l'Evesque, seigneur de Lorseil ;

3° Maury l'Eyesque, seigneur de Saint-Eloi ;

4° Claude l'Evesque, seigneur de Brignon.

*Maison de Saint-Eloy, en Plœuc, sous la seigneurie de Mon-
contour (Penthièvre). Possesseurs d'après les titres classés aux
Archives de Penthièvre*: « 1435, Antoine de Brehant; 1498, Tris-
» tan de Brehant; 1538 et 1555, René de Brehant; 1583, François
» de Brehant; 1700, famille des Cognets; 1787, Mottier de la Fayette
» (le général de ce nom). »

(*Arch. des Côtes-du-Nord.*)

Il faut ajouter à cette liste des possesseurs de la seigneurie de Saint-
Eloy qui n'est pas complète, « 1° Bertrand de Brehant (V) qui vivait
» en 1483; 2° Claude de Brehand (VI) employé dans la Réformation
» de 1513; 3° Jacques de Brehand (X), antérieurement à 1663;
» 4° Anne de Brehant, dame de Saint-Eloy, avant le 16 avril 1603. »
(V. p. 132 et 133 de la *Généalogie*, et Preuves, n° 25.)

Quant à Tristan de Brehant mentionné à la p. 132, l. 7 de la *Gé-
néalogie*, et qui n'a pas formé de degré étant mort sans postérité,
c'est par erreur qu'on l'a désigné comme fils puîné de François de
Brehant (IV), car il y a tout lieu de croire qu'il était le frère aîné de
Bertrand de Brehant (V), puisqu'on le qualifie *seigneur de Saint-
Eloy.*

* Voir pour les armes l'*Armorial des familles alliées.*

PREUVES N° 34

—

1431, Contrat entre les religieux de Boquen et la femme de Thomas de Brehant (Thiphaine Quemart, fille feu Thomas) pour la fondation d'une messe. Morieux.

1432, 12 novembre, par. de Brehant-Moncontour. Hommage de Guillaume de Brehant pour les héritages lui advenus par le décès de Guillemette de Brehant (M°ur, 48° B°, 7).

Hommages à la Seigneurie de Moncontour. 1432, Guillaume de Brehant; 1437, Antoine de Brehant; 1451, Honoré de Brehant.

1438, 27 mai, Brehant-Moncontour. Minu par Bertrand de l'Hôpital pour le rachat de Lénard de Brehant dont il est héritier à cause de sa femme (Moncontour, 47° B°, 4).

1439, 28 décembre, Meslin-Minu par Pierre de Brehant pour le rachat de Guillaume de Brehant (Lamballe, 131° B°, 3, 29).

1441. F° 35. Selon un autre compte fait et rendu par Charles Mansel en mars 1441, « Aliette de la Villéon, femme feu Guillaume » de Brehant, décédé en novembre 1439, sauva 51ˢ, 4ᵈ, etc. »

1441. Brehant-Moncontour. Minu des héritages de Perronnelle de Launay par Jehan de Brehant, son fils.

1444-48 — Plusieurs reçus d'Honoré de Brehant comme prieur et receveur du prieuré de Saint-Michel de Moncontour.

Extrait du compte d'Antoine de Brehant, receveur de Lamballe,
pour les années 1435, 1441, 1445 et 1446.

F° 41.   Payé à messire Eonnet de Brehant, un des 5 chapelains de
la collégiale de Notre-Dame de Lamballe......

F° 41.   (payé) audit dom André, | Qui prennent par chacun an
Dom Gilles Gouello, | XXXVI livres.
Dom Olivier le Bel, | Chapelains dudit colaige pour un
Dom Raoul Lamballays, | an de leur ordonnance fini le 7e
Messire Eonnet de Bre- | jour de mars audit an mil IIIIc
hant, successeur de | XLV, a poié le receveur selon que
feu dom Pierre Brunel. | appert par les quittances.
                                   | Item aux dits Chapelains pour
                                   | 1er quart de leur ordonnance fini le
                                   | VIIe jour de juign 1446.

Vu la quittance du dit Eonnet de Brehant (à E.575) faite en 1446.

1450, 3 février. — Minu fourni à la seigneurie de Moncontour pour
le rachat de Thomas de Brehant par son frère Honoré.

1451, 22 octobre, Brehant-Moncontour. — Hommage par Honoré
de Brehant pour les héritages de Thomasse de Brehant (Moncontour,
48° B°.).

(*Arch. des Côtes-du-Nord.*)

1451. — Antoine de Brehant appelé en une appellation interjettée
en défaut de droit par feu maistre Ives de la Motte contre ledit Antoine se portant jugé à Lamballe, pour ce que les héritiers du dit la
Motte n'ont pas d'ajournement en ce dit parlement ou fait de ladite
appellation, il a été condamné bailler ledit comparant audit Antoine
à valoir ce que appartiendra (Etats de Vannes de 1451, *D. Morice,*
t. 2, col. 1573).

1451, 17 juin, Meslin. — Minu fourni par Guillaume (le) Normand
pour le rachat de Thomasse de Brehant (Lamballe, 131° B° 3).

1458, 28 mai. — Minu fourni à la seigneurie de Moncontour pour le
rachat de Pierre de Brehant par Jean son fils ainé. Autre minu en date du
17 avril 1459.

(*Arch. des Côtes-du-Nord.*)

1458. — Commission au premier sergent de sommer Antoine de
Brehant et Regnaud le Forestier, receveurs de Lamballe, de rendre
leurs comptes au sire de Penthièvre (Extrait des registres de la Chancellerie de Bretagne, *D. Morice,* t. 2, col. 1717).

N. B. M. de Cornulier, à la page 112 du 1er *Supplément à la*
Généalogie de la maison de Cornulier, dit, au sujet de Toussaint

de Commaille, receveur de Guingamp en 1536, et receveur des impôts et fouages de Dol en 1541 : « Les cadets des plus éminentes maisons » de la province ambitionnaient ces positions, et n'en dédaignaient » même pas d'autres qui étaient moins brillantes, témoin Jean du » Boisgeslin, qui était fermier des billots et impôts de Cornouaille de » 1562 à 1563, et Pierre du Boisgeslin, fermier du domaine de Goëllo » à la même époque. » L'on peut ajouter à cette liste Morice de Lesmelleuc, receveur de Lamballe en 1412, et Jacques de Boisbilly, receveur de Montafilant de Penthièvre en 1416 (*Mélanges hist. et archéol. sur la Bretagne* par A. de Barthélemy, 2e série 1er fascicule, p. 114 ; et 1re série, 3e fascicule, p. 47).

1459, 25 mai. — Minu par Bertrand de Brehant pour le rachat de Bertrand de la Houssaye, dont il était héritier principal. Le manoir des Tronchais etc., en Morieux (Lamballe, 13e B°, 70).

(*Arch. des Côtes-du-Nord.*)

1460. — On lit à la fin de l'acte intitulé *Aveu, ou tenue donnée au duc par Jean de Brosses, comte de Penthièvre et Nicole de Bretagne :* « Ce fut faict et grée le cinquième jour de juillet l'an 1460. » Ainsi *signé* : Antoine de Brehant, passe, R. le Moine, passe et » *scellé* » (D. Morice, t. 2, col. 1754).

VIIIe, IXe, Xe, XIe et XIIe DEGRÉS.

1485, 4 janvier. — Echange entre Guillaume Poulain, sieur de la Villeneuve, et Jehan de Brehant. Diverses pièces de terre en Hillion, Pommeret et Meslin (Lamballe, 56e B°, 159).

1528, 29 mai. Moncontour. — Enquête qui prouve que demoiselle Françoise de la Motte, veuve d'Olivier Gilbert, sieur de Kerjagu et demoiselle Guillemette du Parc, veuve de Pierre de Brehant, sieur de la Vigne, etc., étaient encore vivantes à cette époque.

N. B. Cette enquête, faite en la Cour de Moncontour le 29 mai 1528, est rapportée en son entier dans les Preuves de *D. Morice*, t. 3, col. 971 et 972. Figure parmi les témoins Antoine de Brehant (V), vicomte de l'Isle, qui avait épousé Marie du Parc, et vraisemblablement le beau-frère de Pierre de Brehant, seigneur de la Vigne.

1555, 30 mai. — Acte de baptême de Françoise, fille d'Olivier de Brehant, et de Bertranne le Moënne.

1547, 21 octobre. — Minu fourni à la seigneurie de Moncontour par Jacques le Moënne, seigneur de la Touche, pour le rachat de demoiselle Marguerite de Brehant.

1583, 10 mai. — Hommage par Allain des Deserts, curateur de Jean de Brehant, sieur de la Sallevillyon, en Maroué (Lamballe, 23e De, 93).

16).., 27 juillet, Maroué. — Minu par demoiselle Jeanne de Brehant, dame douairière du Bosquilly, pour héritages lui parvenus de Jean de Brehant, son neveu, sieur de la Sallevillyon, mort sans hoirs en l'an 1597 (Lamballe, 79e De, 14).

(Arch. des Côtes-du-Nord.)

Jeanne de Brehant, dame de Bosquilly, est marraine en 1580, 1583, 1587, 1592. (*Extrait des registres de la paroisse de Maroué*).

Descendance d'Olive de Brehant et de Pierre le Mintier *.
jusqu'en 1668.

« De Pierre le Mintier, escuier, sieur de la Villecession, et de dame
» Olive de Brehant, issut autre Pierre le Mintier qui fut marié à Mar-
» guerite Budes (fille d'Ives Budes, seigneur du Tertre-Jouan et de
» Quatrevaux, et de Jeanne de Pouëze), dont issut Charles le Mintier,
» duquel de son mariage avec Olive Grosseteste issut Charles le Min-
» tier qui épousa Louise Visdelou, dont issut François le Mintier qui
» épousa Françoise Bertho, desquels issut Mathurin le Mintier, marié
» à dame Françoise Gaudemont, qui eurent pour fils Jacques le Min-
» tier qui épousa Jacquemine des Nos, desquels est issu François le
» Mintier, le présent défendeur. »

(*Manuscrit de la Réf. de la noblesse de Bretagne en 1668, Bibliothèque de l'Arsenal.*)

* Voir pour les armes l'*Armorial des familles alliées*.

ARMES DES FAMILLES ALLIÉES[1]

PREMIERS SUJETS

D'HEREFORD : *d'azur, à un guerrier de front tenant une hache d'armes à la main dextre, le bras senestre protégé par un bouclier.* (D. Morice, t. I, sceau n° 45.)

DE ROHAN : *de gueules, à neuf macles accolées d'or.*

DE BOISGLÉ : *de gueules, à trois fleurs de lys d'argent.*

BRANCHE DE GALINÉE, DE MAURON ET DE PLÉLO.

* DU BOCÉNIC : *d'argent, à trois croissants de gueules.*

DE BEAUFORT porte : *trois écus chargés de fleurs de lys;* aliàs de : *de billettes;* aliàs : *de gueules à trois écus d'hermines,* selon l'*Estat et le Procès-verbal de la chapelle de Galinée,* et un Armorial mss. du XVII° siècle.

DE LA MOTTE-ROUGE : Voir *Généalogie de Bréhant,* p. 204.

DE TOURNEMINE : *écartelé d'or et d'azur.*

DE LA ROCHE-SAINT-ANDRÉ : *de gueules, à trois fers de lance émoussés d'or.*

DE BELOCZAC : *de vair, à la fasce d'argent.*

* DU GOURAY : Voir *Généalogie de Bréhant,* p. 139.

LE VAYER : Voir *Généalogie de Bréhant,* p. 80.

DE PLŒUC : *d'hermines, à trois chevrons de gueules.*

* SAUVAGET : *de gueules, à la croix pattée d'argent.*

---

[1] L'on a omis sur cette Liste les noms des familles alliées dont on n'a pu se procurer les armes.

L'astérisque (*) qui accompagne les noms indique les alliances du côté des femmes.

* Du Margaro : *d'azur, à trois coquilles d'argent.*

De Dinan : *de gueules, à une croix ancrée d'argent, chargée de cinq hermines de sable.*

Annor de Penthièvre : Voir *Généalogie de Brehant*, p. 140.

Le Garangier : *d'argent, à deux fasces de gueules accompagnées de trois écoubles de sable, membrées et becquées de gueules.*

Ourry : *d'argent, au léopard d'azur, lampassé de gueules.*

Baron : *d'azur, au sautoir d'argent, accomp. de douze losanges d'or, trois dans chaque canton.*

* Boschier : *d'azur, à la fleur de lys d'or au pied nourri ; deux lys au naturel sortant d'entre ses branches.*

* Le Forestier : *de gueules, à trois feuilles de chêne d'argent en pal, le pied en bas : alias : d'argent à trois feuilles de chêne de gueules.*

* Jorel porte : *un griffon.*

De la Lande : Voir *Généalogie de Brehant*, page 85.

* Barac'h : *d'argent, au cheval gai et effaré de sable ; alias : de gueules à trois bandes d'or.*

Du Boisboissel : Voir *Généalogie de Brehant*, p. 86.

De Lesquen : Voir *Généalogie de Brehant*, p. 88.

De Plorec : *d'azur, fretté d'hermines de six pièces.*

Auffray : *fascé (alias bandé) d'argent et de sable de six pièces, au lion d'or brochant.*

* Le Berruyer : *d'azur, à trois pots d'argent.*

* Chaignon : *d'or, parti de sable à une chaîne d'argent mise en fasce brochant sur le tout.*

* D'Yvignac : *d'argent, à deux fasces de sable.*

Guibé : *d'argent, à trois jumelles de gueules, accomp. de six coquilles d'azur, 3, 2, et 1, au chef d'or.*

De Kergu : *d'argent, à l'épervier essorant de sable, armé, becqué, longé et grillelé d'or.*

* De Boisgeslin : *écartelé aux 1 et 4 de gueules à la molette d'argent ; aux 2 et 3 d'azur plein.*

* Du Bouilly : *d'azur, à la bande d'argent, accomp. de deux croissants de même.*

* Urvoy : *d'argent, à trois chouettes de sable, becquées, membrées et allumées de gueules.*

* De Kergariou : *d'argent, fretté de gueules, au canton de pourpre, chargé d'une tour d'argent, maçonnée de sable.*

Des Cognets : *de sable, à la croix potencée et contrepotencée d'argent, cantonnée de quatre molettes de sable.*

* Richard porte : *sept annelets et une bordure.*

* Le Vayer : Voir *Généalogie de Brehant*, p. 80.

Du Plessis-Mauron : Voir *Généalogie de Brehant*, p. 147.

De Longéril : *de gueules, au chevron d'hermines, accomp. de trois molettes d'or.*

HUBY DE KERLOSQUET : *d'azur, au chevron d'argent, accomp. de trois roses de même.*

DE LESMELEUC : *de gueules, à l'épervier d'or, accomp. de trois coquilles d'argent.*

DE VISDELOU : *d'argent, à trois têtes de loup de sable, arrachées et lampassées de gueules.*

* LE VICOMTE : *d'azur, au croissant d'or.*

* DE LA MOUSSAYE : *d'or, fretté d'azur de six pièces ; alias : d'azur, fretté d'or.*

* DU BOIS-ADAM : *de gueules, à la bande d'hermine accostée de six molettes d'or.*

* BOSCHIER : Voir plus haut, même branche.

* MORO : *écartelé aux 1 et 4 : d'or, au lion de sable ; aux 2 et 3 : de gueules, au croissant d'or.*

* CHATON : *d'argent, au pin arraché de sinople, chargé de trois pommes d'or.*

* ROUXEL : Voir *Généalogie de Brehant*, p. 151.

* DU BOUILLY : Voir plus haut, même branche.

LE FER, alias PIEDEFER : *d'azur, au lion d'or, armé et lampassé de gueules.*

BOUAN : *d'argent, au chevron de sable, accomp., de trois têtes de loup de même, armées et lampassées de gueules.*

* D'ANDIGNÉ : *d'argent, à trois aiglettes de gueules, becquées et membrées d'azur.*

* HAY DES NÉTUMIÈRES : *de sable, au lion morné d'argent.*

* DU POULPRY : *d'argent, au rencontre de cerf de gueules.*

DE QUÉLEN : Voir *Généalogie de Brehant*, p. 163.

DU GOURAY : Voir *Généalogie de Brehant*, p. 130.

* DE SÉVIGNÉ : *écartelé de sable et d'argent.*

LE FEBVRE DE LA FALLUÈRE : Voir *Généalogie de Brehant*, p. 108.

LE ROY DE LA BOISSIERE : *de sinople, à une couronne fermée d'argent.*

PHELYPEAUX DE LA VRILLIÈRE : *d'azur, semé de quintefeuilles d'or, au franc quartier d'hermines, écartelé d'argent à trois lézards de sinople.*

* D'AIGUILLON (DU PLESSIS-RICHELIEU) : *d'argent, à trois chevrons de gueules,* qui est du Plessis ; alias : *écartelé d'or à trois hures de sanglier de sable,* qui est Vignerot.

BELLANGER : *de gueules, à un lion d'argent et un chef cousu d'or, chargé de deux molettes d'or, et soutenu d'un triangle aussi d'or.*

MILLET : *tranché d'or et d'azur, à deux étoiles de l'une en l'autre.*

DE CRÉGY : *d'argent, au lion de sable, couronné d'or, armé et lampassé de gueules ; à la bordure engreslée de même.*

PEACOCK : *de gueules, à la fasce engreslée d'argent, chargée de trois têtes de paon arrachées d'azur, accomp. de trois annelets d'or, 2. 1., chacun enfermant une macle de même.*

A. BRANCHE DE BREHANT-GLÉCOËT.

* DE COETLOGON : *de gueules, à trois écussons d'hermines.*
* DE LA BOURDONNAYE : *de gueules, à trois bourdons en pal d'argent.*
* LE MOINE : Voir *Généalogie de Brehant*, p. 107.

DE COETUHAN : *de gueules, à trois croissants d'argent.*

DE PENMARC'H : *écartelé aux 1 et 4 de gueules, à la tête de cheval d'argent; aux 2 et 3 d'or, à trois merlettes d'azur.*

* DE LARLAN : *d'argent, à la croix de sable, chargée de neuf macles du champ.*
* D'ESTIMBRIEUC : *d'argent, à trois quintefeuilles de sable.*

DU QUENGO : *d'or, au lion de sable, armé, lampassé et couronné de gueules.*

LE VENEUR : l'acte cité à la page 197 de la *Généalogie de Brehant* n'indique, en aucune façon, à laquelle des quatre familles le Veneur appartenait Françoise le Veneur qui épousa Louis de Brehant de cette branche.

* DE ROHAN-POULDUC : Voir *Premiers sujets.*
* DE LA VALLÉE : *de sable, à trois poissons d'argent en fasces, l'un sur l'autre.*

LE BIGOT : *écartelé aux 1 et 4 : d'argent, au lion morné de sable, couronné de gueules; aux 2 et 3 : de gueules, au croissant d'or.*

DE COETLOGON : Voir plus haut, même branche.

* AVRIL : *d'argent, au chêne de sinople englanté d'or, accosté de deux colombes affrontées de gueules, tenant un rameau de sinople.*
* LE VALOIS : *d'azur, à deux vautours affrontés d'argent, enchaînés d'or par le cou.*

DE NOYAL : *d'argent, à trois fasces de sable.*

B. RAMEAU.

LE DOUARAIN : *d'azur, au pal d'argent, chargé de trois mouchetures de sable.*

BOUX : *d'or, au sautoir de gueules, accomp. de quatre merlettes de sable.*

PINCZON DU SEL : *d'argent, à la croix ancrée de sable, cantonnée de quatre merlettes de même.*

* DE GUÉHÉNEUC : *d'azur, au lion léopardé d'argent, accomp. en chef de deux fleurs de lys de même.*

C. BRANCHE DE LA ROCHE-BREHANT.

DU BOISPIOISSEL : *d'hermines, au chef de gueules chargé de trois macles d'or.*

DOGUET : *une bande chargée de trois flanchis, accomp. en chef d'un lion, et en pointe d'un croissant.*

* PICAUD : *d'argent, fretté de gueules, au chef de même, chargé de trois trèfles d'or.*

* DE MONTGOMMERI : *d'azur, au lion d'or armé et lampassé de gueules.*

DE LA BOUEXIÈRE : Voir *Généalogie de Brehant,* p. 113.

* GUÉGUEN : *d'argent, à l'olivier de sinople, au franc quartier d'hermines chargé de deux haches d'armes de gueules en pal.*

* DU GOURAY : Voir *Généalogie de Brehant,* p. 139.

DE SESMAISONS : *de gueules, à trois tours de maison d'or.*

DE BOISGESLIN : Voir Branche de Galinée.

* DE SESMAISONS : Comme plus haut.

* LEZOT : *d'argent, au chevron de sable, accomp. des trois roses de gueules.*

DU CHASTELLIER : Voir *Généalogie de Brehant,* p. 114.

* DE SAVONNIÈRES : *de gueules, à la croix pattée d'or.*

* SOREL : pour armes antiques : *d'azur, à la croix d'argent* (sceau de 1425); modernes : *d'argent, à l'aigle de sable, membrée et becquée de gueules.*

DE LA PIGUELAIS : *d'argent, à l'épervier au naturel armé et becqué d'or, longé, grilleté et perché de gueules.*

GÉDOUIN : *d'argent, au corbeau de sable.*

* DU BOUAYS : Voir *Généalogie de Brehant,* p. 200.

* DE LA RIVIÈRE : Voir *Généalogie de Brehant,* p. 200.

BOUTIER : *gironné d'hermines et de gueules de six* (alias : *de dix et douze*) *pièces* (sceau de 1370); alias : *d'hermines à quatre burelles de gueules* (sceau de 1200).

DE SAINT-GILLES : *d'azur, semé de fleurs de lys d'argent.*

* DE GOYON-MATIGNON : *d'argent, au lion de gueules, couronné d'or.*

LE PRESTE : *écartelé aux 1 et 4 : d'argent, à la quintefeuille de gueules; aux 2 et 3 : de sable, à quatre fusées rangées et accolées d'or* (sceau de 1412); alias : *de gueules, à trois écussons d'hermines, à la bordure engreslée d'or.*

* MESNARD DE TOUCHEPRÈS : *d'argent à trois porcs-épics de sable, miraillés d'or.*

* DU BREIL DE CLOSNEUF : *d'argent, au lion de gueules, armé, lampassé et couronné d'or.*

D. RAMEAU DU CHASTELLIER.

ROBERT : *de sable, à un moineau d'or, colleté du champ.*

RAMEAU DE LA RIVIÈRE.

* DE BOISGELIN : Voir *Branche de Galinée.*

* ROGIER : *d'argent, au greslier de sable, enguiché, lié et virolé de gueules, accomp. de cinq hermines de sable, 2 et 3.*

* DE BREHANT : *de gueules, à sept macles d'or.*

———

E. BRANCHE DE LA PLESSE ET DE LA VILLEHATTE.

LE VAYER : Voir *Généalogie de Brehant,* p. 80.

DE LA FEILLÉE : *d'or, à la croix engreslée d'azur* (sceau de 1312).

* DE LA GOUBLAYE : *de gueules, fretté d'argent, chargé d'une fleur de lys d'azur au canton dextre* (sceau de 1371) ; *alias : d'une bande d'azur.*

* HÉRISSON : *d'argent, à trois hérissons de sable.*

DE LA MOTTE (ROUGE) : Voir *Généalogie de Brehant,* p. 204.

LE BIGOT : Voir *Branche de Brehant-Glécoët.*

* LE PUGNEIX : *d'or, au porc-épic de sable.*

* LE SAULNIER DE CALLIBRAY : *d'azur, à trois poissons d'or, posés en fasce, l'un sur l'autre.*

COLLAS DU TERTREBARON : *d'argent, à l'aigle impériale de sable, becquée, membrée et couronnée de gueules.*

MOUESSON : *d'argent, à trois mouessons ou moineaux de sable* (sceau de 1434).

DU FOURNEL : *d'argent, à trois pelles de four de gueules.*

* DE LA MOTTE-ROUGE : Voir *Généalogie de Brehant,* p. 204.

* ROGON : Voir *Généalogie de Brehant,* p. 204.

* LE TENOURS : *de sable, à deux épées d'argent passées en sautoir, les pointes en haut.*

HÉLIGUEN : *d'or, à quatre burelles de gueules ; au franc quartier écartelé d'or et d'azur.*

* GAUTHIER DE LA BOULLAYE : *d'argent à trois fleurs de lys d'azur, surmontées en chef de trois croissants de même.*
* DE TRÉMEREUC : *échiqueté d'argent et de gueules* (sceau de 1379) ; aliàs : *échiqueté d'or et de sable.*

SAUVAGET : Voir *Branche de Galinée.*

F. BRANCHE DE LA ROCHE ET BONNEUIL.

DE LA ROCHE : *d'argent, au chevron de gueules, une fasce de même brochant.*

DU CAMBOUT (COISLIN) : *de gueules, à trois fasces échiquetées d'argent et d'azur* (sceau de 1405).

DE REILHAC : *palé de gueules et d'or de six pièces.*

* DE BREHANT : Voir *Généalogie de Brehant,* p. 121.

HURAULT : *d'or, à la croix d'azur, cantonnée de quatre ombres de soleil de gueules.*

G. BRANCHE DE LA CHESNAYE, DE LOURME ET DE LA MARCHE.

RADO : *d'azur, à trois étoiles de six pointes d'or.*

ROUXEL : Voir *Généalogie de Brehant,* p. 151, Branche de Galinée, de Mauron et de Piélo.

DE PENBROC, ou DE BEMBRO : *d'argent, à trois coquilles de gueules, 2 et 1.*

DE KERGU : Voir *Branche de Galinée.*

LE GARANGIER : *d'argent, à deux fasces de gueules, accomp. de trois écoubles de sable, membrées et becquées de gueules.*

DE LAMBRAY : *d'argent, à six hermines de sable, 3, 2 et 1.*

LE BORGNE : *d'argent, au chef endenché de gueules* (sceau de 1381).

* LE BAILLIF : *d'azur, à l'ancre d'or.*

DE LAMBRAY : Voir plus haut, même branche.

HENRY : *de gueules, à trois épées d'argent en pal, les pointes en bas.*

H. BRANCHE DE BREHANT, VICOMTES DE L'ISLE.

DE COUVRAN : *d'or, à sept macles d'azur, 3, 1, 3 ;* aliàs : *une fasce accomp. de sept macles* (sceau de 1380).

* LE FORESTIER : Voir *Branche de Galinée.*

* DE QUILLIVALA : *losangé d'argent et de gueules.*

DU PARC : *d'argent, à trois jumelles de gueules* (sceau do 1371).

* LE HIDOUX porte : *une bande* (alias : *une fasce*) *chargée de trois coquilles ;* alias : *une croix palée cantonnée à dextre d'une rose* (sceaux 1374, 1415, 1418).

* LE CHAPONNIER : *de sable, au loup passant d'argent.*

DE LA VILLÉON : *d'argent, au houx arraché de sinople, au chef de sable fretté d'or.*

DES DESERTS : *de sable, au chef endenché d'argent, chargé de trois coquilles de gueules.*

DE TURNEGOËT : *d'argent, au houx arraché de sinople.*

DU ROUVRE : *d'argent, au sautoir de gueules cantonné de quatre merlettes de sable* (sceau do 1381).

* LE CARDINAL : *coupé d'argent et de gueules, au lion de l'un en l'autre; écartelé d'argent au chef endenché de gueules.*

* CONEN : *coupé d'or et d'argent, au lion de l'un en l'autre, armé, lampassé et couronné de gueules.*

* DE PONTUAL : *de sinople, au pont de trois arches d'argent trois canes de même, membrées et becquées de sable, passant sur le pont.*

DE BREHANT : *de gueules, à un léopard d'argent.*

DU POULPRY : Voir *Branche de Galinée.*

* DU TRONCHAY : *d'azur, à l'aigle d'or, à un soleil de même au premier canton du chef de l'écu.*

LE BRUN : *d'azur, au lion d'or, surmonté en chef de deux étoiles de même et d'un croissant d'argent entre les étoiles.*

* DU BOISBILLY : *de gueules, à cinq molettes d'or, 3. 2.*

* PETAU : *écartelé, aux 1 et 4 ; d'azur, à trois roses d'argent au chef d'or chargé d'une aigle éployée issante de sable ; aux 2 et 3, d'argent, à la croix palée de gueules.*

HÉRISSON : Voir *Branche de la Plesse et de la Villehatte.*

DELPECH : *d'azur, à un chevron brisé d'or, accomp. en chef de deux quarts de soleil de même naissant des angles, et en pointe d'un pélican avec sa piété aussi d'or posée sur une rose d'argent, et une bordure de gueules.*

TASCHEREAU DE BAUDRY : *sept macles d'or sur gueules, 3, 3, 1.* (La Chesnaye des Bois).

* DE MAILLÉ : *d'or, à trois fasces nébulées de gueules.*

I. RAMEAU DE SAINT-ELOY.

DE ROBIEN : *d'azur, à dix billettes d'argent, 4, 3, 2, 1.*

DE ROBIEN :   id.

LE MINTIER : *de gueules, à la croix engreslée d'argent.*

VISDELOU : Voir *Branche de Galinée.*

* LE MINTIER : comme plus haut.

*PIRON : *d'argent, à trois fasces de gueules, accomp. de dix molettes de même, 4, 3, 2, 1,*

DE LA LANDE : Voir *Généalogie de Brehant,* p. 88.

DU QUÉLENEC : *d'hermines, au chef de gueules : chargé de trois fleurs de lys d'or* (sceau de 1350).

* L'EVESQUE DE LANGOURLA : *de sable, au chef d'argent, chargé de trois fleurs de lys de gueules* (sceau de 1380).

* DE MAURE : *de gueules, au croissant de vair ; alias : à la bordure chargée de onze besants en orle* (sceaux de 1298 et 1420).

———

J. BRANCHE.

DE LA VILLÉON : voir *Branche de Brehant de l'Isle.*

LE NORMANT : *d'azur, au rencontre de cerf d'or, cantonné de quatre molettes de même.*

DE LAUNAY : *de gueules, à deux léopards d'or, une étoile de même au second canton.*

DE LA HOUSSAYE : *échiqueté d'argent et d'azur de six traits* (sceau de 1378).

* LE MOENNE, OU LE MOINE : Voir *Généalogie de Brehant,* p. 107.

DU PARC : *d'argent, à trois jumelles de gueules* (sceau de 1371).

LE VENEUR : *d'argent, au gresilier de sable, accomp. de trois roses de gueules.*

* MARTEL : porte *un fretté* (sceau de 1392).

LE MOENNE : Voir plus haut, même branche.

LE MINTIER : Voir *Rameau de Saint-Eloy.*

———

BÉRARD DE KERMARTIN : Voir *Généalogie de Brehant,* p. 87, Branche de Galinée, de Mauron et de Plélo. (Article omis par mégarde à la *Branche de Galinée.*)

———

PREUVES ET DOCUMENTS

~~~~~~~~~~~~~~~~~~~~

Passages extraits des *Anciens évêchés de Bretagne*,

PAR J. GESLIN DE BOURGOGNE ET A. DE BARTHÉLEMY.

ORIGINE ET PREMIERS SUJETS.

Extrait de la *Notice du prieuré de Jugon.*

1109. — « Deinde dedit idem Gaufredus, dominus Dinanensis,
» Sancto Martino et suis monachis terram Berhandi Canuti, scilicet
» partem unam de Carmalo, et alteram partem de Carmelou (*Note
» du Prieur :* Vernaculo Brohant Chanot, hoc notatu dignum quia
» possessiones magnæ sunt C   il et Carmele), quas partes conces-
» serat idem Brehandus Canutus predicto Gauffredo et eumdum Gauf-
» fredum suum heredem fecerant de illis partibus terre ; has igitur
» duas partes terre de Carmalo et de Carmelen liberas dedit predictus
» Gauffredus sicut dictum Beato Martino. Majoris Monasterii conce-
» dentibus omnibus filiis suis etc. » (T. 4, p. 334 et 335.)

1160. — « Donation à l'abbaye de Saint Aubin-des-Bois de terres
» dans la paroisse d'Erquy par, entre autres personnes, *Pierre
» Briencii ; Olive, sa femme ; Philippe Urvoys ; Johannes Jo-
» cii etc. »* (T. 3°, p. 135).

Ce qu'on dit de *Stephan Brientii,* à la page 45 du présent *Supplément,* ne doit-il pas s'appliquer pareillement à *Pierre Briencii ?*

Extrait de l'*Accord avec A. du Parc au sujet du fief de Portechar* (T. 3, p. 279).

1275. Universis, etc., Alanus de Parquo, armiger, heres principa-
lis Guillelmi de Parquo, militis, defuncti patris sui, et Eudonis Gar-

gaïon avi sui, salutem in Domino. Cum contencio verteretur inter religiosos viros abattem et conventum beato Marie de Boquian, Cist. ord., Brioc. dioc., ex uno parte, et nos, ex altera, super feodo dicto Portechar sito in parochiis de Tredaniel et de Trebrit, quem dicti religiosi petebant a nobis, in racione quod fuerat eisdem elemosinatum a Radulfo de Brehant, clerico, et ab Oliverio dicto Pie-de-Ribot, fatre ejus, heredibus dicti Portechar, et successoribus in dicto feodo Portechar tanquam ab herede dicti Eudonis Gargaion, avi nostri, militis defuncti, cui Eudoni ab herede dicti Portechar, nomine pignoris, fuerit obligatum. Tandem post multas altercaciones, ad pacem et concordiam devenimus in hunc modum : quod nos pro bono pacis et concordie, damus et concedimus dictis religiosis, etc... Dicti insuper religiosi debent tradere nobis litteras quas habent a Radulfo de Brehant, clerico, et ab Oliverio dicti Pie-de-Ribot, fratre ejus, de donacione dicti feodi Portechar, quum habuerint litteras officialis Briocensis, excepta littera de donacione prati Guegant siti in parrochia de Trebrit, in quo nichil reclamamus nec retinemus ; etc. Datum anno Domini Mo CCo septuagesimo quinto.

(*Arch. des Côtes-du-Nord.*)

Cet acte confirme celui mentionné à la page 75 de la *Généalogie de Brehant*, par lequel Raoul de Brehant et Olivier, son frère, surnommé *Bodin et Piederibot*, donnent à l'abbaye de Boquen une dîme, un pré et quelques fiefs situés dans les paroisses de Trebrit et de Tredaniel contiguës à celle de Brehant-Moncontour.

BRANCHE DE GALILÉE, DE MAURON ET DE PLÉLO.

IIo ET XIIo DEGRÉS.

Vidimus de Lettres de Marguerite de Plancoët.

Copie du lundi après *oculi mei* de 1322, donnée par Eon Sallemon, garde des sceaux du terrouer de Penthièvre, pour Guy de Bretagne, et par Guillaume de la Chesnaye, alloué en Penthièvre : les témoins de cette dernière copie sont Jean de Brehand, écuyer, Rolland de la Roche, et Geoffroy Pergaran, sergent de Lamballe (Cabinet Cornillet). V. t. 3, p. 86 ; et p. 57 du présent *Supplément*.

« La nature et l'étendue de ce fief ecclésiastique (Regaires de Brehant-Moncontour) sont indiquées dans plusieurs actes existant aux archives du château de Launay, et notamment dans un aveu rendu, en 1711, à la seigneurie de Moncontour, par Sainte du Gouray, comtesse de Plélo, fille aînée et héritière principale du marquis de

» la Coste (1). Les partages de la succession paternelle n'étant point
» encore faits, la seconde des filles du marquis, Jeanne-Magdeleine,
» avait reçu provisoirement *l'assignation* de la terre de Launay, à la-
» quelle le bailliage avait été joint. C'est ce qui fait que l'aînée parlait
» au nom de la cadette, mariée à Joseph Andrault, marquis de Lan-
» geron, seigneur du Vaux Congny etc. (2) » (T. 2, p. 317 et 318).

» Nous venons de voir que la grande famille de la paroisse, celle
» des du Gouray, était arrivée à la seigneurie de Launay, par son al-
» liance avec les Bréhan à la fin du XIVe siècle. Ceux-ci avaient-ils
» occupé autrefois le premier rang dans cette paroisse (Brehant-
» Moncontour), comme leur nom semblerait l'indiquer ? C'est l'opi-
» nion des anciens généalogistes, notamment celle de la Chesnaye-
» Desbois ; et de fait ils étaient très répandus dans ce pays, dès le
» XIIe siècle, comme le prouvent les chartes que nous publierons ou
» que nous citerons (3) »

» Nous ignorons l'époque précise où cette dernière famille s'installa
» à Launay ; mais d'après la statue tumulaire dont nous avons parlé,
» il semblerait que les Launay occupaient encore la terre de leur nom
» dans les dernières années du XIIIe siècle. Au XIVe siècle, ils parais-
» saient quelquefois dans cette paroisse, mais moins souvent, et
» dans une situation inférieure. Ainsi en 1319, Jean de Bréhan,
» chevalier, (V. *Généalogie de Brehant*, p. 77), et Jean de Launay,
» simple *vallet*, sont chargés par Guy de Bretagne, seigneur de Pen-
» thièvre, de faire dans les paroisses de Hillion et de Pommeret,

(1) « Le mariage de Robin du Gouray avec Jeanne de Bréhan donna
» Launay à cette famille, en 1389 ; l'union de Louis du Gouray avec Jeanne
» Dolo, lui donna la Coste, en 1513 (Bl.-Mant. T. XXXIV).

(2) « L'aveu dont il est question est un fort beau manuscrit in-folio : La cou-
» verture porte un écusson à demi effacé, mais très précieux, puisqu'il donne
» les différents membres de cette seigneurie, dans l'ordre hiérarchique. Nous le
» lisons ainsi : écartelé, au 1er, *de gueules au léopard d'argent*, qui est Bré-
» han (sans doute pour représenter le premier fief de la paroisse qui porte ce
» nom ; peut-être pour insinuer qu'avant d'être à l'évêque il était à la famille de
» Bréhan) ; au 2e, *de sable au lion d'or accompagné de six coquilles de même*
» qui, au terme de l'aveu, est Launay-Madeuc, plus ancien que Launay-Gou-
» ray ; au 3e, *de gueules à la fasce de vair*, qui est Launay-Gouray ; au 4e,
» *d'argent au greslier de sable, enguiché de même*, qui est le Veneur, et repré-
» sente la terre de Beauvais. Sur le tout est le *burelé d'or et de gueules* des
» du Gouray.
» (*Note des auteurs des Anciens évêchés de Bretagne*).

(3) « Dans la suite de ce siècle (le XIVe), les Bréhan figurent dans la plu-
» part des montres, comme ce Perrot de Bréhan qui chevauchait *un cheval
» morel* (robe d'un beau noir, très recherchée pour les tournois et les com-
» bats), à la suite du sire de Beaumanoir. (D. *Morice*, t. 1 col. 1171, 1224, 1286,
» 1514). » *Note des auteurs des Anciens évêchés de Bretagne.*

» l'*assiepte* de 200 liv. de rente que Guy donnait à Simon de Mont-
» bourcher. » (T. 2, p. 320 et 321.)

Il est plusieurs fois question dans le *Partage de 1301* et l'*Accord
de 1309*, cités précédemment, des fiefs du Plessis et de Launay. Ce
dernier fut le partage de Pierre de Launay, 3º fils de Jean de Brehant (I), et plus tard de Jeanne de Brehant (V. *Généalogie de Brehant*, p. 16, 17 et 79). Il est question de ces deux fiefs dans les Réformations de 1513 et 1535 :

1513. « Brehand – Moncontour : Launay – Gouray (appelé anté-
» rieurement Launay-Brehand) à Louis du Gouray ; le Drémit à An-
» toine de Brehand ; le Plessis-Brehand à Jean du Gouray. »

1535. « Launay à Louis du Gouray ; le Plessis à Jean du Gouray. »

Il est probable que le fief de Launay est entré dans la famille de
Brehant par quelque alliance avec les de Launay, et il y a lieu de
croire que « Madame Tiphaine » seconde femme de Jean de Brehant (I), mentionnée à la page 78 de la *Généalogie de Brehant*, et
dans les actes de 1301 et 1309, appartenait aux de Launay et fut
l'héritière de la branche aînée.

IVe *degré.* — « Il est peu de pierres tombales dont on puisse lire
» les noms dans cette église (la cathédrale de Saint-Brieuc) ; mais plu-
» sieurs offrent pourtant de l'intérêt en raison des costumes des per-
» sonnages représentés en creux, et d'ordinaire par de simples traits.
» De ce nombre sont les figures d'un évêque et celle d'un chantre,
» du XIVe siècle, quelques-unes dans la chapelle du Saint-Sacrement,
» et entres autres l'effigie de Marie de Bréhan, autour de laquelle on
» lit encore: *Cy gist noble damoiselle Marie de Brehant fème en
» son vivant de noble escuyer Pierre Le Forestier qui décéda le
» XVIe jor du mars l'an M. IIII^c...* (T. 1, p. 239.) »

Suivant cette inscription la femme de Pierre le Forestier avait pour
nom de baptême *Marie*, et selon le minu de 1415 (V. p. 65 du présent *Supplément*) *Guillaumine*, par suite sans doute d'une erreur de
copiste.

Il résulte en outre de la même inscription que le nom de baptême
du mari de Marie de Brehant était *Pierre* et non *Alain*, comme il
est dit à la page 85 de la *Généalogie de Brehant*.

Tome 3º, page 305. — « 15 août 1413. Fondation d'une messe par
» les seigneur et dame du Margaro (Plossette de Brehant), et d'une
» chapellenie nommée Sainte-Catherine en l'église de l'abbaye (de
» Boquen). Inv. de l'ab. »

Ce qu'on vient de lire n'est sans doute qu'une courte analyse de
l'acte de fondation mentionné dans l'inventaire de l'abbaye, et dont la
date ne s'accorde pas entièrement avec celle que donnent les deux
actes, concernant cette même fondation, reproduits aux pages 63 et
64 du *Supplément*. L'on profite de l'occasion pour faire remarquer
que les deux actes en question ne sont que la confirmation authenti-

que de la Lettre de fondation « faite dès le 20° jour de septembre de
l'an 1410, » mais que c'est à tort qu'il est dit à la page 82 de la *Généalogie de Brehant* que l'acte original se trouve dans les Arch:ives
de Chabrillan.

XII° et XV° *degrés*. — « Cette propriété (la terre de la Ville-Néant)
» passa par alliance aux Gouéon de la Boistardys, vers le milieu du
» XVII° siècle ; en 1723, elle fut achetée par le comte de Mauron,
» dont la fille, Louise de Bréhan, dame de Plélo, la porta au duc d'Ai-
» guillon. Celui-ci la vendit au sieur Robert, etc. » (T. 2°, p. 276, N. 4).
Louise-Félicité de Brehant, duchesse d'Aiguillon, était fille de
Louis-Robert-Hippolyte, comte de Plélo, fils aîné, du premier lit, de
Jean-René-François-Almaric de Brehant, comte de Mauron et de Plélo,
qui acheta, en 1723, la terre de la Ville-Néant. Le renseignement
puisé aux Arch. des Côtes-du-Nord n'est donc pas exact en ce qui
touche Louise-Félicité de Brehant. (V. *Généalogie de Brehant*, p. 101
et 102.)

A. BRANCHE DE BREHANT-GLÉCOËT.

VII° DEGRÉ.

« Nous ignorons l'origine de *Quincangroigne* ou *Quinquangrogne*
» (aujourd'hui l'évêché), nous savons seulement que, à la fin du
» XV° siècle, il était dans la famille de Penmarc'h, et qu'en 1517, il fut
» vendu par *Regné de Brehant, sieur de Lescouet et de la Pac-
» quenoy, paroisse de Bréhan-Loudéac, à Jean de Néant, sieur du
» Val, et à Jehanne de Rosmar, sa compaigne.* » (T. 2, p. 217.)
L'on pense qu'il est ici question de René de Brehant (VII), seigneur
de Glécoët et de Coëtuhan, et que c'est par erreur qu'on a écrit dans
l'acte, auquel on doit le renseignement ci-dessus, *Lescouet* au lieu
de Glécoët. Ni les actes concernant la Branche de Brehant-Glécoët,
dont on a connaissance, ni les extraits des Réformations ne font
mention d'une terre de Lescouet lui ayant appartenu dans la paroisse
de Brehant-Loudéac. Une erreur du même genre existe au sujet de
Bertrand de Brehant (VIII), seigneur de Glécoët et de Coëtuhan, à la
page 519, t. VII de l'*Histoire des Grands officiers de la Couronne*
par le père Anselme ; il y est qualifié seigneur de Lascouet.
A l'égard du manoir de Quincangroigne, l'on n'est pas éloigné de
croire qu'il est entré dans cette branche par le mariage de Margilie
de Penmarc'h avec Jean de Brehant, seigneur de Glécoët et de Coëtuhan, fils aîné d'Alain de Brehant (V) ; mais il faut supposer alors
que Jean n'eut de ce mariage qu'une fille, morte sans postérité, et
dont aurait hérité son oncle, François de Brehant, devenu fils aîné
après la mort de son frère ; car il est bien constant que Jean de Brehant ne continua pas la filiation des Brehant-Glécoët.

« En 1586, Catherine le Bigot avait porté la Ville-Bougault à Fran-
» çois Toupin, sieur de Kerprat et du Grandpré. Elle avait épousé en
» premières noces Pierre de Bréhan, sieur de Gleconet (de Glécoët),
» et en deuxièmes, Vincent le Moyne, sieur de Ruffye. François Tou-
» pin fut donc le troisième mari. » (T. 2, p. 282.)

Il est évident qu'il s'agit encore ici de René de Brehant (VII), qu'on
désigne, par méprise, sous le nom de *Pierre*. La preuve à l'appui de la
rectification se trouve à la page 11 du *Supplément*.

F. BRANCHE DE LA ROCHE ET BONNEUIL.

IX° DEGRÉ.

« Antoine de Bréhan, sieur de la Roche, obtint ce bénéfice (l'ab-
» baye de Saint-Jacut) pour son neveu *Louis*, d'après D. Mars,
» l'abbaye fut censée saisie par le roi, et le sieur de la Bretêche, père
» de Louis de Bréhan, l'exploita quatre ans sous le nom de son fils,
» âgé de quinze ans seulement. Louis résigna en 1614, et la com-
» mende fut ouvertement rétablie de nouveau. » (T. 4, p. 275.)

. Louis de Brehant était fils d'Antoine (VIII), seigneur de la Roche,
comme on le voit aux pages 1073 et 1074 du tome complémentaire
du *Gallia-Christiana*, et ce que les actes confirment d'ailleurs.
Jacques de Brehant, seigneur de la Bretesche, était son oncle.

Les armes que D. Mars attribue faussement à Louis de Brehant :
d'argent à un chevron d'azur billeté d'or, étaient celles de Pierre de
Francheville, abbé de St-Jacut, son successeur. (V. *Nobiliaire et
Armorial de Bretagne*, par P. P. de Courcy.) Au sujet de Louis de
Brehant, on lit dans un Armorial mss. de Bretagne du XVII° siècle :
« En 1600, l'escu de ses armes est, à Saint-Jacut : *de gueules au
léopard d'argent.* » (V. *Généalogie de Brehant*, p. 61, 62, 121 et
122, et *Supplément*, p. 24 à 26.)

Mention est encore faite de Louis de Brehant, abbé de Saint-Jacut,
à la page 262, t. 4 des *Anciens évêchés de Bretagne*.

H. BRANCHE DE BREHANT DE L'ISLE.

IX, X, XI, XII ET XIII° DEGRÉS.

« Cette fondation (la chapellenie de *Saint-Martin de la Vallée*)
» qui datait du 14 avril 1469, paraît avoir été transportée à la cathé-
» drale, à la destruction du manoir. »

« Nous supposons qu'il en fut ainsi de la chapellenie de *Sainte-
» Catherine du Vaudoré*, desservie dans la chapelle de Sainte-Ca-
» therine et Saint-André. Par une prise de possession du mois

» d'août 1772, nous voyons que Mre Louis-Antoine de Bréhan, né-
» gligeant de nommer à ce bénéfice, l'évêque remit cette chapellenie
» à Mre Guillaume Allain, sieur de Beaulieu, chanoine, archidiacre
» de Goëllo, et prieur commendataire de Saint-Barthélemy de Lam-
» balle, » (T. 1, p. 231.)

La date de 1772 est sans aucun doute fautive, et ne peut s'appliquer à Louis-Antoine de Brehant, (XII) vicomte de l'Isle, pas plus
qu'à son fils Marie-Jacques, marquis de Brehant, décédé en 1764.
L'héritière unique de la branche de Brehant de l'Isle était à cette
époque (1772) Madeleine-Angélique-Charlotte de Brehant, mariée depuis quelques années à Charles-René, duc de Maillé. (V. *Généalogie
de Brehant*, p. 130 et 131).

« Une autre cause de procès fréquents, fut la prétention des sei-
» gneurs du Bois-Bouessel d'être reconnus *fondateurs de Saint-
» Michel...* De volumineux dossiers de procédure ne nous ont pas
» fait voir bien clair dans cette affaire, seulement nous avons cru re-
» connaître que la chapelle de Saint-Michel et le cimetière avaient
» été établis sur un terrain du fief du Bois-Bouessel ; que les seigneurs
» de ce fief firent beaucoup de bien à l'église, ce qui leur valut le
» titre de fondateurs ; que les prières nominales leur furent volontai-
» rement accordées jusqu'à l'extinction de la famille du Rouvre, sous
» le vicariat de François Bourel ; que la réaction se fit contre eux
» quand vint un nom nouveau, Jean de Bréhan, qui n'était pas même
» ligueur, mauvaise recommandation près des vieux Briochins. De
» plus celui-ci, profitant de la présence à Saint-Brieuc des troupes
» du roi, avait logé ses armoiries dans les trous d'échafaudage de la
» tour, à la place des écussons des familles en disgrâce. Le Parle-
» ment, par arrêt qu'il rendit vers ce temps, semble avoir lui-même
» hésité ; toutefois, il déclara le vicomte de Lisle, *l'un des fonda-
» teurs*, et reconnut son droit aux prières nominales. » (T, 1, p. 247
et 248.)

« Ce qui ne surprenait pas moins c'était de voir le trésorier de Saint-
» Michel rendre ses comptes à l'évêque, *devant les officiers de la ju-
» ridiction du Bois-Bouessel.* »

Arrêt du Parlement de Bretagne de l'an 1742 qui établit définitive-
ment la séparation de la communauté de ville du général de la paroisse, « sans préjudice aux droits de l'évêque de Saint-Brieuc, à
» ceux du dit de Bréhan, etc. »

« Les registres de Saint-Michel nous montrent que la première as-
» semblée du général de la paroisse n'eut pourtant lieu que le 7 juillet
» 1743... Trois ans après, un arrêt du 23 août 1746, donna la prési-
» dence au sénéchal des Regaires ; les juges du Bois-Bouessel furent
» maintenus dans le droit d'y assister. » (T. 1, p. 255, 256.)

Dans une description de la chapelle du Boisbouessel (église de

Saint-Michel), en 1712, rapportée au t. 1, p. 263 et 264 des *Anciens évêchés de Bretagne*, on lit : « Au côté de l'épître de la dite cha-
» pelle, il y a une inscription en table de marbre noir en lettres d'or,
» et une figure d'homme en buste d'albâtre ou marbre blanc, il y est
» dit : Ce marbre est ici dressé en mémoire de feu Mre Jehan de
» Bréhan, vivant chevalier, gentilhomme ordinaire de la chambre du
» Roy, vicomte de Lisle, chastelain du Rouvre, seigneur du Bois-
» Bouessel, la Vigne, les Hais, la Pommerais, Quincangrogne et Ker-
» gomar, décédé le jeudi 26 juillet 1640, et inhumé, suivant ses der-
» nières volontés, en la chapelle de Notre-Dame de l'église des Pères
» Carmes déchaussés à Paris; et pour le repos de son asme, de celle
» de ses prédécesseurs et successeurs, Mre François de Bréhan, che-
» valier, vicomte et seigneur desdits lieux, son fils aîné, a fondé
» deux messes par semaines, qui seront dites et célébrées à perpé-
» tuité les jours de jeudy et vendredy, en cette chapelle où reposent
» les corps des seigneurs du Bois-Bouessel, ses aïeuls, fondateurs de
» cette église, etc. »

Cette pièce a cela d'important qu'elle précise la date du décès de Jean de Brehant (X), vicomte de l'Isle.

« Le rentier de 1747 contient des détails assez curieux... Nous y
» trouvons aussi une délibération de 1746, disant : *qu'il sera porté*
» *tous les dimanches de la part de la fabrique du pain beny à*
» *Mgr. l'evesque de Saint-Brieuc; à M. le marquis de Bréhan,*
» *comme seigneur du Bois-Bouessel; à M. le gouverneur; à M. le*
» *comte de Calan, comme doyen de MM. de la noblesse de Bre-*
» *tagne; à MM, les vicaire-recteur et trésoriers et autres qui*
» *composent le général de la paroisse.* » (T. 1, p. 258.)

« Après vingt-cinq années de souffrances... la population de Saint-
» Brieuc, successivement frappée par les déchirements de la Ligue,
» les famines, les pestes, les irruptions d'animaux féroces, suites de
» longues guerres civiles, était arrivée à un état de démoralisation tel
» que la parole de Dieu pouvait seule la relever. Mais, pour qu'elle
» lui arrivât avec tout le fruit désirable, il fallait un ministère spécial
» pour rendre leur dignité à ces pauvres, abandonnés de tous, il fal-
» lait des hommes ayant tout abandonné volontairement; c'est ce
» que, à son éternel honneur, comprit Jean de Bréhan, vicomte de
» l'Isle et seigneur du Boisbouessel. »

« L'ancienne maison de Bois Bouessel venait de s'éteindre en la
» personne de Jacquemine du Rouvre, mère du vicomte de Lisle.
» Cette grande famille que nous avons trouvée de tout temps à la
» tête de la noblesse du pays, semblait devoir tomber avec Mercœur,
» à qui Jacquemine du Rouvre était demeurée fidèle; mais son fils
» se jeta dans le parti de Henri IV. Couvert des faveurs de la Cour,
» *gentilhomme ordinaire de la Chambre du Roy, escuyer ordi-*
» *naire de ses escuries*, il releva l'ancien éclat de la maison ma-

» ternelle. Les principaux habitants, restés ligueurs, au fond, ac-
» cueillirent avec plus que de la froideur ce nouveau venu, qui avait,
» du reste ses travers. Déjà nous avons vu quelque chose de ses
» querelles avec l'évêque, avec le chapitre, avec le vicaire-perpétuel
» de Saint-Michel, mais bientôt le noble usage qu'il fit de sa fortune,
» le réhabilita dans l'esprit de tous, et il ne tarda pas à être reconnu
» par chacun pour le digne successeur des anciens *capitaines de*
» *Saint-Brieuc-des-Vaulx*. Il fit beaucoup de bien ; mais il ne
» laissa rien d'aussi utile que le monastère des Capucins qu'il fonda
» en 1615, pour venir au secours de ce pauvre peuple dont la misère
» morale était plus grande encore que la misère physique. (T. 1,
» p. 319 et 320). »

» Nous venons de voir la famille du Rouvre à son déclin. Elle ne
» tarda pas à s'éteindre dans la personne de Jacquemine, qui avait
» portée ses terres aux Bréhan de Lisle, en Plœuc. Nous avons
» montré cette dame fidèle à Mercœur, tandis que son fils obtenait
» toutes les faveurs de la Cour. Nous avons dit aussi les fréquentes
» querelles du vicomte de Lisle avec l'évêque, le chapitre et le vicaire
» perpétuel pour maintenir ses droits de fondateur, droits formelle-
» ment reconnus par les transactions de 1464 et 1499, aussi bien que
» dans celle de 1622, dans l'édit du roi de 1722, et dans l'arrêt du
» Parlement de 1729. Cette dernière pièce qualifie les seigneurs du
» Bois-Bouessel du titre *de patrons et fondateurs, avec droit*
» *aux prières nominales au prône, banc à queue, caveau et*
» *pierres tombales, litres funèbres et armoiries, possession d'une*
» *des trois clefs des archives du général de Saint-Michel*. (T. 2,
» p. 249 et 250.)
» Le dernier des possesseurs du Bois-Bouessel qui porta le nom
» de Bréhan, mérite que nous en disions quelques mots : Ce fut le
» marquis Marie-Jacques, vicomte de Lisle, militaire plein de bra-
» voure et de loyauté, qui se montra bien plus accommodant pour
» l'évêque que ses prédécesseurs. Au moment de monter la tranchée
» devant Ypres, il écrivit au prélat, en 1744, pour lui proposer de ré-
» gler à l'amiable tous leurs démêlés. Il mourut maréchal de camp
» et inspecteur général de l'infanterie, en 1765, après avoir assisté
» aux batailles de Fontenoy, de Raucoux, de Hastimbeck, à un
» grand nombre de siéges et actions militaires, où partout il se dis-
» tingua : ce fut et ce sera toujours une des principales illustra-
» tions militaires de Saint-Brieuc. » (T. 2, p. 251.)
Il est encore question des Brehant de l'Isle dans les *Anciens évê-*
chés de Bretagne, aux pages 263 et 266 du tome 1er, et aux pages
201, 218, 245 et 253 du tome 2e.

BRANCHE DE GALINÉE, DE MAURON ET DE PLÉLO.

VIᵉ DEGRÉ.

1497. Transaction en partage noble entre Jean le Métaër, seigneur du Tertre-Hélo, et sa sœur Olive, dans laquelle figurent Roland Budes et Roland de Brehant.

(*Titres de le Métaër*).

VIIᵉ DEGRÉ.

CHRESTIEN OU CHRÉTIEN DE TRÉVENEUC.

De sinople, à la fasce d'or accomp. de trois heaumes de profil de même.

L'illustration nobiliaire de la maison Chrestien de Tréveneuc date de Hervé Chrestien, croisé en 1248, dont les armes figurent au Musée de Croisades. Pierre, chambellan du duc François en 1458, épousa Guillemette de la Motte-Rouge. Cette maison fut déclarée noble d'ancienne extraction et de chevalerie par arrêts des 15 janvier et 8 août 1669 de la Chambre établie pour la Réformation de la noblesse de Bretagne.

Etat présent de la maison Chrestien de Tréveneuc, avec la suite de la descendance de Jeanne de Boisgeslin, fille de Jacques, et de Marie de Brehant. *

Jean Chrétien, vicomte de Tréveneuc et de Pommorio, fils de Claude, et d'Anne du Breil de Rays, épousa Louise Charpentier de Lenvos, dame de Kerhoic, dont : 1º Pierre, qui suit ; 2º Marie, mariée au comte Calloët de Lanidy ; 3º Geneviève, dame de Kerhoic, qui épousa le comte Louis Harscouët de Saint-Georges.

Pierre Chrétien, vicomte de Tréveneuc, en 1768, épousa Emilie du Breil de Rays, dont : 1º Henri, qui suit ; 2º Melite, mariée au comte de Kergariou ; 3º Cécile, mariée au comte le Corgne de Bonabry, dont elle eut, entre autres enfants, le comte Louis le Corgne de Bonabry, dernier représentant du nom, maintenant décédé, et qui avait épousé Marie-Anne Chatton des Morandais ; 4º Mélanie-Hyacinthe-Pauline-Marie, mariée à Jean Harscouët, comte de Saint-Georges, ancien député, son cousin germain.

Henri Chrétien, comte de Tréveneuc, épousa en 1810 Polyxène

* Voir *Supplément*, page 79.

Ges'in de Bourgogne, dont : 1° Léonce, mort sans postérité en 1868; 2° Henri, qui suit; 3° Ferdinand, vicomte de Trévencuc, ancien capitaine de dragons, marié à Anne de Perrien de Crénan, dont : Marie Chrétien de Trévencuc.

Henri Chrétien comte de Trévencuc, ancien représentant des Côtes-du-Nord, épousa Claire Sallentin, dont il a une fille, et un fils, Robert Chrétien de Trévencuc.

KERGARIOU.

D'argent, fretté de gueules de six pièces, au franc quartier de pourpre, chargé d'une tour crénelée d'argent.

La maison de Kergariou a été déclarée d'ancienne extraction noble et de chevalerie par arrêts des 21 mars et 28 juin 1669 de la Chambre établie pour la réformation de la noblesse de Bretagne. Elle compte parmi ses membres plusieurs personnages dignes de mémoire, entre autres, Guillaume de Kergariou, qui prit part, en 1249, à la VII° croisade, et les quatre frères bien connus dans l'histoire de notre marine au XVIII° siècle, Jonathas de Kergariou, capitaine de la *Sardoine;* Pierre-Joseph, marquis de Kergariou Resconnet, capitaine de vaisseau, tué à Quiberon ; Thibaud-René, comte de Kergariou-Locmaria, chef de division, et Raymond-Marie, chevalier de Kergariou-Coatlès, commandant, en 1780, la frégate de 32, la *Belle-Poule*, et mort à la suite d'une lutte héroïque contre un vaisseau anglais de 60 canons.

Comme on peut le voir à la page 91 de la *Généalogie de Brehant,* les liens de parenté entre les Kergariou et les Brehant remontent plus haut qu'à Melite de Trévencuc, datant de Pierre de Kergariou, seigneur de Kergrist, qui épousa Françoise de Brehant vers 1533.

État présent de la maison de Kergariou (branche de Granville).

Joseph-François-Marie-Pierre, comte de Kergariou, pair de France, épousa Melite de Trévencuc, dont : 1° Zéphirine, morte religieuse dame de Saint-Augustin; 2° Emmanuel-Joseph-Marie, qui suit; 3° Henri-Bertrand Marie, vicomte de Kergariou, marié, en 1833, à Mathilde-Henriette-Charlotte-Félicité du Plessis de Grénédan, dont : Marie, qui épousa Arthur de Marnière, marquis de Guer, et Henri, Christian et Guillaume de Kergariou; 4° Alice, mariée, en 1838, à Amédée, comte de Quélen; 5° Roland, sans alliance.

Emmanuel-Joseph-Marie, comte de Kergariou, gentilhomme de la Chambre du roi, épousa Mélanie-Hyacinthe-Pauline-Marie de Trévencuc, sa cousine-germaine, dont : Marguerite, Melite, Emmanuel, Paul et Henriette de Kergariou.

HARSCOUET DE SAINT-GEORGES.

D'azur, à trois coquilles d'argent.

Les Harscouët, seigneurs de Kerhingant, de Goasbihan, etc., comtes de Saint-Georges, remontent à Geoffroi et Eon Harscouët, qui vivaient en 1354. Cette ancienne maison est employée dans les réformations et montres de 1423 à 1543. Elle a été déclarée d'ancienne extraction noble par arrêts des 2 janvier et 16 juillet 1669 de la Chambre établie pour la réformation de la noblesse de Bretagne.

Louis Harscouët, comte de Saint-Georges, était à Quiberon, et échappa le quatrième des prisons de Vannes. M. Nettement, dans son récent ouvrage sur l'expédition de Quiberon, parle beaucoup du comte de Saint-Georges.

État présent de la maison Harscouët de Saint-Georges, et suite de la descendance de Jeanne de Boisgeslin, fille de Jacques, et de Marie de Brehant.

Louis Harscouët, comte de Saint-Georges, épousa Geneviève Chrétien de Tréveneuc, fille de Pierre, et d'Émilie du Breil de Rays, dont : 1° Jean René, qui suit ; 2° Frédéric Harscouët de Saint-Georges, chevalier de la Légion-d'Honneur, qui épousa Olympe de Lambilly, dont : Henri, qui épousa Léontine de Perrien de Crénan, et Alix, mariée à Aymar, comte de Roquefeuil.

Jean-René Harscouët, comte de Saint-Georges, ancien député, épousa Pauline Chrétien de Tréveneuc, dont : 1° Paul, qui suit ; 2° Ernest Harscouët, vicomte de Saint-Georges. Il épousa, le 11 janvier 1831, Mathilde le Corgne de Bonabry, sa cousine-germaine, dont : **A.** Ernest de Saint-Georges, marié à Marie Brossaud de Juigné, dont : Louis, Marguerite et Raymond de Saint-Georges ; **B.** Royer de Saint-Georges, ancien officier de hussards, qui épousa mademoiselle de Chamillart de la Suze ; **C.** Mathilde de Saint-Georges, mariée à Charles Guillart, marquis de Fresnay.

Paul Harscouët, comte de Saint-Georges, ancien député, chevalier de la Légion-d'Honneur, épousa Emma de Kersauson-Vieux-Châtel, dont :

René Harscouët, vicomte de Saint-Georges, marié à Jeanne de la Bourdonnaye-Blossac.

X° DEGRÉ.

Extrait des registres de Saint-Jean de Lamballe.

1721. Haute et puissante dame Jacquemine de Brehant, dame de la Moussaye, de la Villegueriff, de la Vieuxville-au-Sénéchal, et autres lieux, est décédé dans la communion des fidèles, le vingt-et-unième septembre mil sept cent vingt-et-un, après avoir reçu tous les sacrements dans sa dernière maladie, son corps inhumé le lendemain dans l'église des Pères Augustins de Lamballe, où assistèrent audit convoy plusieurs noblesses et autres particuliers.

Guil. Jocet, recteur.

(V. *Généalogie de Brehant*, p. 98).

1722, 21 mars. Yvonne-Claude de Brehant (femme de Jean du Boisadam), signe au baptême de Marie-Louise-Marguerite Poullain, fille d'écuyer Thomas-René Poullain, et de dame Marguerite de Fontlebon, sieur et dame de la Villemoysan.

(V. *Généalogie de Brehant*, p. 98).

XIᵉ DEGRÉ.

« 1755. Il est mort ces jours-ci un conseiller du Grand Conseil qui » s'appelait Brehant (Claude-Agatif-Hyacinthe), du même nom que » madame d'Aiguillon. Il était fort riche et fort intéressé. »

« J'ai oublié de marquer que M. de Brehant, frère du grand-père de » madame d'Aiguillon, est mort. Il était conseiller au Grand Conseil. » Il laisse une fille, héritière des deux tiers de son bien, qui a épousé » M. du Bois de la Mothe, chef d'escadre, lequel est actuellement au » Canada et en chemin pour revenir. La succession de M. de Brehant, » est très considérable; on dit qu'il avait 500,000 écus en or, et 50,000 » livres de rente. »

(*Mémoires du duc de Luynes*, t. 13, p. 238, 301.)

Claude-Agatif-Hyacinthe de Brehant était cousin-germain et non frère du comte de Mauron, grand-père de la duchesse d'Aiguillon. Il résulte en outre clairement du passage de la lettre de l'abbé Lioult, précédemment cité, qu'il ne fut pas marié, et l'on ne connaît aucun acte établissant qu'il l'ait été.

(V. *Généalogie de Brehant*, p. 14 et 100.)

Le chef d'escadre du Bois de la Motte, mentionné dans les *Mémoires de Luynes*, était Emmanuel-Auguste de Cahideuc, marquis du Bois de la Motte, bien connu dans l'histoire de la marine française. Il mourut en 1764, vice-amiral et grand'croix.

XIVᵉ DEGRÉ.

Louise-Félicité de Brehant de Plélo, duchesse d'Aiguillon, est mentionnée dans les *Mémoires du duc de Luynes*, t. 2, p. 47; — t. 3, p. 105, 106; — t. 4, p. 237, 240, 241; — t. 5, p. 96, 300, 350; — t. 6, p. 371; — t. 7, p. 238; — t. 8, p. 361, 364, 461; — t. 9, p. 8, 67, 183, 340, 352, 377; — t. 10, p. 4, 172, 175, 200, 311; — t. 11, p. 179, 233, 254; — t. 13, p. 225, 295, 393, 405.

F. BRANCHE DE LA ROCHE ET DE BONNEUIL.

IX° DEGRÉ.

1706. — « Dame Marie de Brehant de la Roche-Bonneuil, épouse
» de M° Paul-Alexandre Petau, conseiller au Parlement, et com-
» missaire aux requêtes du Palais. Elle était d'une ancienne fa-
» mille originaire de Bretagne, établie depuis déjà longtemps à
» Paris où elle a donné plusieurs officiers aux cours supérieures. Cette
» dame était alliée à la maison de Montholon et à celle de Thou par
» plus d'un côté. M. Petau est d'une famille fort connue et fort es-
» timée dans la robe où elle a fourni des sujets d'un grand mérite.
» Le célèbre père Petau, jésuite, qui a enrichi le public de tant d'ex-
» cellents ouvrages, et qui a donné les véritables règles d'une bonne
» et sûre Chronologie estoit de cette famille. » (*Mercure Galant*,
année 1706, juin, p. 211).

L'on voit, par cette citation, que Marie de Brehant mentionnée à
la page 130 de la *Généalogie de Brehant*, comme appartenant à la
Branche de l'Isle, était fille de Louis de Brehant, et de Louise Hurault
(V. le *Supplément*, p. 25).

G. BRANCHE DU CHESNAYE, DE LOURME ET DE LA MARCHE.

VIII° DEGRÉ.

1675. — « Damoiselle Michelle de Brehant, dame de la Maison-
» Nanna, âgée de 83 ans environ, morte dans la communion de l'é-
» glise, ayant reçu dans sa dernière maladie les sacrements de péni-
» tence, d'eucharistie, et d'extrême-onction, le 8° jour d'avril 1675,
» a été inhumée le lendemain dans l'église de Saint-Martin, officiant
» à la sépulture le sieur Recteur, assistant au convoi et au service
» plusieurs personnes de qualité, et pour les proches, damoiselle
» Marie de Pontual, dame de la Villeguérin, et Anne Epert, filles de
» la dite défunte. *Signé :* Marie de Pontual, Anne Epert, Pierre
» Duchesne. »

(*Extrait des registres de la paroisse de Saint-Martin de
Lamballe*).

L'on a eu connaissance de cet acte trop tardivement pour qu'il
soit possible d'entrer à son sujet dans quelques explications qu'elle
nécessite ; cependant, en ce qui concerne Michelle de Brehant, l'on
ne croit pas se tromper en lui donnant pour père, Michel de Brehant,
fils de Thomas, et de Matherine de Kergu. (V. le présent *Supplément*,
p. 26 et 27.)

H. BRANCHE DE BREHANT DE L'ISLE.

XIII° DEGRÉ.

Vers sur la mort du marquis de Brehant, maréchal de camp, inspecteur général d'infanterie.

O toi, dont la candeur égala le courage,
Héros dont les vertus avaient devancé l'âge,
Dont la France comptait et la tête et le bras,
Appui des malheureux, amis de tes soldats,
Bon père, heureux époux (et si bien fait pour l'être!)
Pour tout dire, en un mot, bon sujet d'un bon maître,
Brehant, c'est toi qui meurs ! et dont le cœur gémit,
Comme a gémi Villars.... de mourir dans ton lit....
Reçois du haut des cieux, si tu daignes m'entendre,
Et l'hommage et les pleurs que je dois à ta cendre.

D. L. P.

Mercure de France, juillet, 1764, t. I, p. 37.

N. B. — Il est question de marquis de Brehant aux tomes 10 et 17 des *Mémoires du duc de Luynes.*

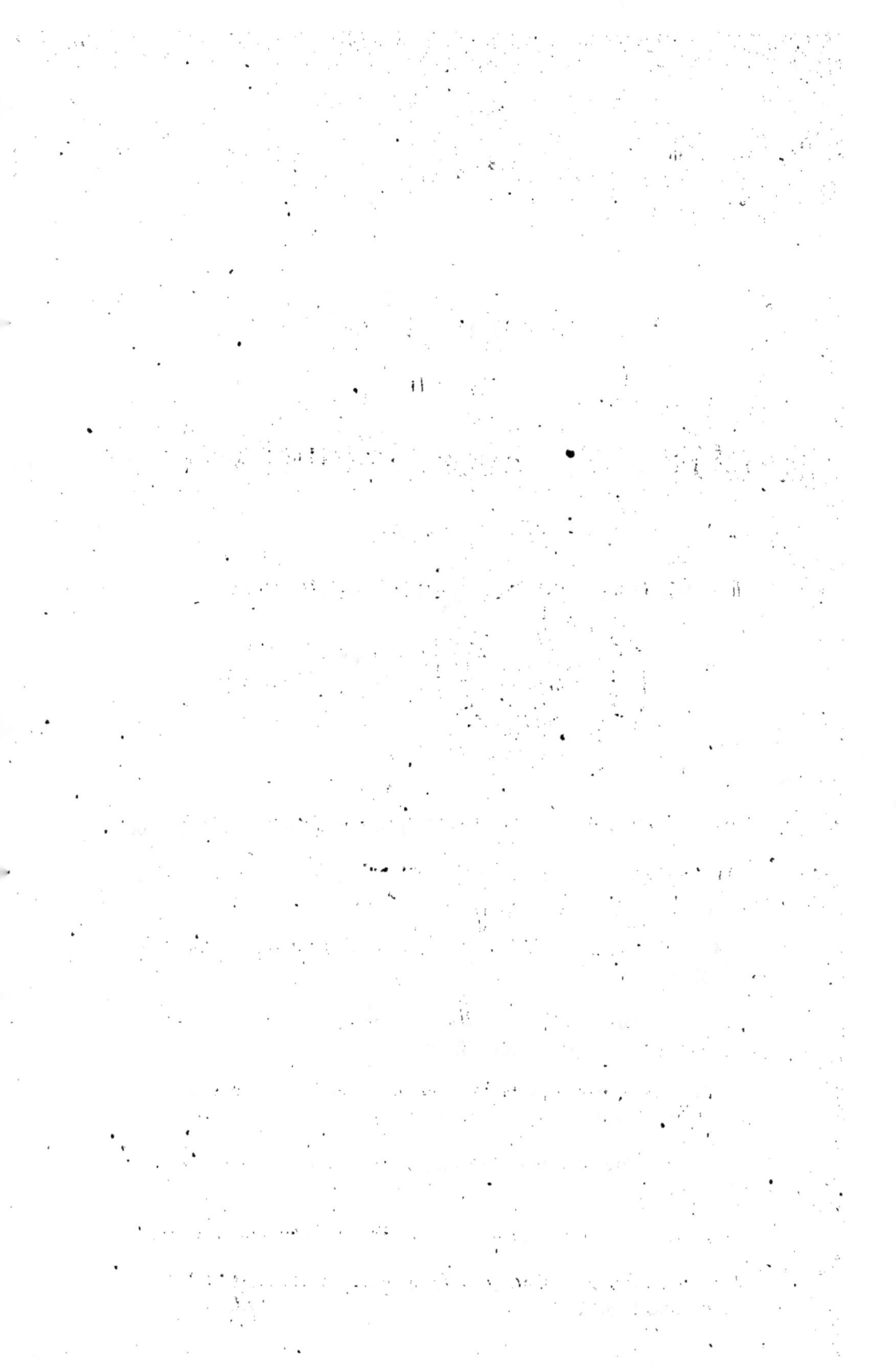

LISTE

DES

ACTES LES PLUS IMPORTANTS

REPRODUITS DANS LA

GÉNÉALOGIE DE LA MAISON DE BREHANT

ET DANS SON SUPPLÉMENT

1275. — *Extrait de la* Coutume du bail des mineurs en rachats. *G. de B.*, p. 76, et *S.*, p. 51.

1275.—Accord avec A. du Parc au sujet du fief de Portechar. *S.*, p.185.

1290. — Acte concernant Guillaume et Olivier de Breont. *S.*, p. 40.

1301. — Partage de Geoffroy de Brehant à Pierre, son frère puîné. *S.*, p. 51.

1309. — Accord entre Guillaume et Jean de Brehant. *S.*, p. 53.

1319. — *Extrait de* l'Assiette de 200 livres de rente faite par Guy de Bretagne à Simon de Montbourcher. *S.*, p. 57.

1322. — *Vidimus* de Lettres de Marguerite de Plancoët. *S.*, p. 57.

1347. — Acte concernant Pierre de Brehant. *S.*, p. 58.

1389. — Donation par Jeanne de Brehant à Perrotte du Gouray, sa fille. *S.*, p. 59.

1405. — Afféagement fait par Geoffroy de Brehant à Guillaume le Vaillant (d'Andel). *S.*, p. 62.

1416. — Actes concernant la fondation de l'hôpital et de la chapellenie de Sainte Catherine de Sévignac. *S.*, p. 63.

1435. — Acte concernant Eonnet de Brehant, un des cinq chapelains de la collégiale de Notre-Dame de Lamballe. *S.*, p. 172.

1461. — Transaction entre Eon de Brehant et Jean de Vaucouleurs-Lanjamet. *S.*, p. 71.

1462. — Acte concernant Robin de Brehant. *S.*, p. 65.

1462 et 1475. — Actes concernant Eonnet de Brehant et Jehan le Normand. *S.*, p. 71.

1453 et 1461. — Minu par Isabeau du Boisboissel pour le rachat de Pierre de Brehant (la Roche-Brehant), son mari. *S.*, p. 17.

1466. — Accord entre Jehan le Breton du Boisboissel et Eon de Brehant. *G. de B.*, p. 141.

1471. — *Extrait* du partage des biens de Guillaume Barac'h, entre Jeanne de Brehant, sa veuve, et Jean Budes. *S.*, p. 66.

1481. — Testament de Jeanne de Brehant, femme de Guillaume Barac'h. *S.*, p. 67.

1482. — Lettres de François, duc de Bretagne, concernant Julién de Brehant. *G. de B.*, p. 144.

1482. — Partage noble de Thibault de Brehant. *S.*, p. 165.

1485. — Transaction entre Eonnet de Brehant et Jean le Metaür. *S.*, p. 72.

1499. — Partage noble de Jehan de Brehant. *S.*, p. 75.

1513. — Partage noble de Marie de Brehant. *S.*, p. 73.

1519. — Titre concernant les prééminences et la chapelle dépendante de la seigneurie de Belleissue dans l'église de Notre-Dame de Lamballe. *G. de B.*, p. 146.

1519. et 1547. — Transactions entre Jehan de Brehant et les du Boudan. *S.*, p. 74.

1532. — Enquête de la cour de Lamballe sur Mathurin de Brehant. *S.*, p. 82.

1533. — Partage noble de Claude de Brehant et de ses frères et sœur. *S.*, p. 82.

1539. — Partage par Bertrand de Brehant (de la Plesse et de la Villehatte) à Isabeau et Jeanne de Brehant, ses sœurs. *G. de B.*, p. 204.

1548. — Aveu à Jean de Brehant par Jean de la Fruglaye. *S.*, p. 88.

1550. Décret de justice pour confirmer une transaction entre Jacques de Brehant et Bertrand Chapelle. *S.*, p. 88.

1558. — Transaction entre Marie de Brehant et Jean de Brehant. *S.*, p. 78.

1561. — Transaction entre Jehan de Rohan et Adelice de Brehant (Brehant-Glécoët), sa mère. *G. de B.*, p. 191.

1565. — Partage noble de Roland et François de Brehant. *S.*, p. 84, 85.

1570. — Acte concernant Antoine de Brehant (la Roche et Bonneuil). *G. de B.*, p. 60.

1572. — Contrat de mariage de Jean de Brehant et de Jeanne du Plessis-Mauron. *S.*, p. 89.

1579. — Vente de la terre de Marec. *G. de B.*, p. 105.

1596. — Commission du duc de Mercœur à Louis de Brehant. *G. de B.*, p. 148.

1601. — Lettres de gentilhomme de la chambre en faveur de Louis de Brehant. *G. de B.*, p. 149.

1601. — Contrat de mariage d'Hélène de Brehant et de Louis le Vayer. *S.*, p. 91.

1601. — Acte concernant la tutelle des enfants de Louis de Brehant (Brehant-Glécoët) et Françoise le Veneur. *G. de B.*, p. 19⁻

1621. — Testament de Jeanne du Plessis, douairière de Galinée. *S.*, p. 94.

1622. — Transaction au sujet de la succession de Jeanne du Plessis-Mauron. *S.*, p. 99.

1621. — Extrait du testament de Louis de Brehant. *S.*, p. 100.

1634. — Contrat de mariage de Maurille de Brehant et de Louise de Quélen. *G. de B.*, p. 161.

1655. — Erection de la seigneurie de Mauron en baronnie en faveur de Jean de Brehant. *G. de B.*, p. 151.

1658. — Partage de la succession de Jeanne de Brehant, dame de Glécoët. *G. de B.*, p. 107.

1659. — Enregistrement du droit de menée accordé à la baronnie de Mauron. *G. de B.*, p. 155.

1668. — Induction d'actes à l'occasion de la Réformation de la noblesse de Bretagne en 1668. *S.*, p. 105.

1668. — Arrêt de maintenue. *G. de B.*, p. 158.

1670. — Contrat de mariage de Claude de Brehant et de Françoise Bouan. *G. de B.*, p. 189.

1681. — Erection de la seigneurie de Plélo en baronnie en faveur de Maurille de Brehant. *S.*, p. 115.

1694. — Extrait de la Commission de Lieutenant des Maréchaux de France en faveur de Louis-Hyacinthe de Brehant, comte de Plélo. *S.*, p. 117.

1711. *Estat et Procez-verbal* de la chapelle et manoir seigneurial de Galinée. *G. de B.*, p. 165.

1738. — Extrait du testament de Jean-René-François-Almaric de Brehant, comte de Mauron. *G. de B.*, p. 170.

1758. — Extrait du partage de la succession de Jean-René-François-Almaric de Brehant, comte de Mauron. *G. de B.*, p. 170.

1768. — Honneurs de la Cour. *S.*, p. 123.

1770. — Extrait de l'acte de naissance d'Amand-Louis-Fidel, marquis de Brehant. *G. de B.*, p. 182.

1805. — Acte de baptême de Charles-Napoléon, marquis de Brehant. *G. de B.*, p. 192.

1808. — Lettres patentes du titre de baron en faveur de Louis-Amand-Fidel de Brehant. *G. de B.*, p. 183.

1828. — Extrait de l'acte de décès de Louis-Amand-Fidel, marquis de Brehant. *G. de B.*, p. 187.

1866. — État officiel des services militaires de Jean-Almaric de Brehant, comte de Mauron, marquis de Brehant. *S.*, p. 127.

1866. — Idem de Louis-Amand-Fidel, marquis de Brehant. *G. de B.*, p. 186.

ADDITION A LA LISTE * DES OUVRAGES

A CONSULTER AU BESOIN

Mercure galant, juin, 1706, p. 214.

Mercure de France : Mai, 1er vol., 1722, p. 194 ; — Juin, 2e vol., 1734, p. 1448 ; — Février, 1735, p. 611 ; — Mars, 1737, p. 610 ; — Juin, 1er vol., 1737, p. 1225 ; — Mars, 1738, p. 607 ; — Juin, 1er vol., 1758, p. 1223 ; — Novembre, 1743, p. 2526 à 2533 ; — Mai, 1750, p. 211 ; — Janvier, 2e vol., 1756, p. 250 ; — Février, 1756, p. 233.

Fonds d'André Duchesne, coté 9612 à la Bibliothèque impériale : « *Brehan*, en Bretagne, registre 37, lettres A, O, Généalogie. »

* Voir *Généalogie de Brehant*, page 213.

Mémoires du duc de Luynes. Firmin Didot, 1860

Montre de l'évêché de Saint-Brieuc de 1469, publiée par M. *Pol de Courcy.* Saint-Brieuc, L. Prud'homme, 1869. N. B. Sont mentionnés dans cette Montre 21 sujets du nom de Brehant.

DERNIÈRES CORRECTIONS ET ADDITIONS

Page 9, ligne 23, *lisez :* « 1686 » au lieu de « 1636 ».

Page 15, ligne 24, *lisez :* « 1669 » au lieu de « 1667 ».

Page 79, ligne 25, *lisez :* « Crec'hquérault » au lieu de « Queneguerant. »

Page 127, ligne 13, *lisez :* « Jean-Almaric, » au lieu de « Jean-René-François-Almaric. » L'erreur provient de la pièce officielle.

Page 97, ligne 31, *lisez :* « Les signes sont apposés en l'acte de décès (*sic*)? » au lieu de « Les signes sont apposés en l'acte de décès. »

L'on ne sait comment expliquer ce passage pris sur la minute du testament de Jeanne du Plessis, douairière de Galinée; testament portant sa signature, et dans lequel les additions, écrites *en marge,* sont de la main même de la testatrice.

INDEX ALPHABÉTIQUE

DE LA

GÉNÉALOGIE DE LA MAISON DE BREHANT

ET DE SON

SUPPLÉMENT

INDEX ALPHABÉTIQUE *

---

* L'on n'a fait figurer nominativement dans cet Index que ceux seulement des sujets du nom de Brehant sur lesquels l'on désire attirer plus particulièrement l'attention.

S veut dire *Supplément*.

14

BREHANT (DE) : ORIGINES ET PREMIERS SUJETS. *Généalogie de Brehant*, 69 à 75. *Supplément*, 36 à 47. *Preuves*, n° 26.

— BRANCHE DE GALINÉE, DE MAURON ET DE PLÉLO. *G. de B.*, 76 à 105. *S.* 1 à 13. — *Preuves*, n°s 1 à 17, S. 27.

— *A.* BRANCHE DE BREHANT-GLÉCOET. *G. de B.*, 106 à 109. *S.* 13 à 15.

— *B.* RAMEAU DEVENU BRANCHE AINÉE. *G. de B.*, 110, 111. *S.* 16. — *Preuves*, n°s 18, *S.* 28.

— *C.* BRANCHE DE LA ROCHE-BREHANT. *G. de B.*, 12 à 116. *S.* 117 à 119.

— *CC.* RAMEAU DE LA RIVIÈRE. *S.* 19 à 21.

— *D.* RAMEAU DU CHASTELLIER. *G. de B.*, 17. *Preuves*, n°s 20, 21, *S.* 29.

— *E.* BRANCHE DE LA PLESSE ET DE LA VILLEHATTE. *G. de B.*, 118 à 120. *S.* 22 à 24. *Preuves*, n°s 22, *S.* 30.

— *F.* BRANCHE DE LA ROCHE ET DE BONNEUIL. *G. de B.*, 121, 122. *S.* 24 à 26. — *Preuves*, n°s 23, *S.* 31.

— *G.* BRANCHE DU CHESNAYE, DE LOURME ET DE LA MARCHE. *G. de B.*, 123. *S.* 26, 27. — *Preuves*, n°s 24, *S.* 32.

— *H.* BRANCHE DE BREHANT DE L'ISLE. *G. de B.*, 124 à 131. *S.* 27 à 29.

— *I.* RAMEAU DE SAINT-ELOY. *G. de B.*, 132, 133. *S.* 30, 31. *Preuves*, n°s 25, *S.* 33.

— *J.* BRANCHE. *S.* 31, 32, 33. *Preuves*, n° 31.

— SUJETS DU NOM DE BREHANT DONT L'ATTACHE N'EST PAS CONNUE. *G. de B.*, 134, 135. *S.* 33.

PREMIERS SUJETS

A. BRANCHE DE BREHANT-GLÉCOET.

BRÉHANT (DE) : Madeleine-Angélique-Charlotte, duchesse de
Maillé. 64, 131. S. 191.

— Anne. 133, 208. S. 170.

J. BRANCHE.

— Guillaume. S. 31, 171.

— Pierre. S. 31, 173.

TABLE DES MATIÈRES

VERSAILLES. — IMPRIMERIE CERF, 59, RUE DU PLESSIS.